数字经济立法论

施禹之 顾问
黄尹旭 杨 东 著

A THEORY OF CHINESE DIGITAL ECONOMY LEGISLATION

法律出版社
LAW PRESS·CHINA
北京

图书在版编目(CIP)数据

数字经济立法论 / 黄尹旭，杨东著. -- 北京 : 法律出版社，2024
ISBN 978 -7 -5197 -8942 -8

Ⅰ. ①数… Ⅱ. ①黄… ②杨… Ⅲ. ①信息经济-经济法-立法-研究-中国 Ⅳ. ①D922.290.4

中国国家版本馆 CIP 数据核字(2024)第054391号

数字经济立法论
SHUZI JINGJI LIFALUN

施禹之 顾问
黄尹旭 杨 东 著

策划编辑 毛镜澄
责任编辑 毛镜澄
装帧设计 李 瞻

出版发行 法律出版社
编辑统筹 法治与经济出版分社
责任校对 王 丰 郭艳萍
责任印制 吕亚莉
经 销 新华书店

开本 A5
印张 8.75 字数 256千
版本 2024年5月第1版
印次 2024年5月第1次印刷
印刷 北京中科印刷有限公司

地址:北京市丰台区莲花池西里7号(100073)
网址:www.lawpress.com.cn
投稿邮箱:info@lawpress.com.cn
举报盗版邮箱:jbwq@lawpress.com.cn

销售电话:010-83938349
客服电话:010-83938350
咨询电话:010-63939796

书号:ISBN 978-7-5197-8942-8
定价:86.00元

凡购买本社图书,如有印装错误,我社负责退换。电话:010-83938349

数字法学系列丛书

编 委 会

顾问简介

施禹之

全国人民代表大会财政经济委员会调研室副主任、正局级巡视员。中国人民代表大会制度理论研究会个人会员。长期从事宏观经济研究、经济立法与监督工作，近年致力数字经济与立法、产业经济、区域经济等方面研究，成果丰硕。担任《电子商务法》起草具体负责人，《中小企业促进法》《资产评估法》等主要起草人。

作者简介

黄尹旭

中国人民大学交叉科学研究院讲师，中国人民大学民商事法律科学研究中心、未来法治研究院助理研究员，法学博士。兼任北京数字经济与数字治理法治研究会副秘书长。研究方向为数字经济、数字法学、数字治理等。在《中国社会科学》《中国人民大学学报》《社会科学》《华东政法大学学报》《东方法学》等发表数字经济相关论文多篇，部分成果被《新华文摘》全文转载；著有*Law and Practice of Crowdfunding and Peer-to-Peer Lending in Australia*，*China and Japan*（Springer出版社）等。曾获省部级奖励，主持中国博士后科学基金第17批特别资助项目“促进新质生产力发展的‘数据要素×’法律机制”（项目编号：2024T171028）等。

作者简介

杨　东

教育部“长江学者”特聘教授，中国人民大学交叉科学学术委员会主任、亚太法学研究院院长、交叉科学研究院副院长、区块链研究院执行院长。北京数字经济与数字治理法治研究会会长，中国计算机学会区块链专委会创始常委、中国计算机学会数据治理发展委员会常委。国务院反垄断反不正当竞争委员会专家咨询组成员，教育部高等学校创业教育指导委员会委员，教育部人工智能高层次人才培养专家委员会委员，公安部第六届党风政风警风监督员，工信部信息通信科技委员会委员，工信部通信经济专家委委员等，全国人民代表大会、司法部、国家市场监督管理总局数字经济促进法、电子商务法、证券法、反垄断法、反不正当竞争法等立法工作小组成员或咨询专家。出版《数据要素教程》《元宇宙教程》《区块链+监管=法链》等著作。相关成果荣获高等教育国家级教学成果一等奖、高等学校科学研究优秀成果奖二等奖、北京市优秀成果奖一等奖等。探索提出“数字文明”（digital civilization）、“双维监管”（twin-dimension regulatory system）、“共票”（Coken）、“法链”(RegChain）、“以链治链”、“金融统合法”、“市场型间接金融”和“众筹金融”(WeFinance)等中国原创概念。

前　言

党的二十大报告提出，“中国共产党的中心任务就是团结带领全国各族人民全面建成社会主义现代化强国、实现第二个百年奋斗目标，以中国式现代化全面推进中华民族伟大复兴”；提出应当加快建设“网络强国、数字中国”，“加快发展数字经济”。① 当前，新质生产力蓬勃发展、数据要素成为关键生产资料、人工智能技术多领域广泛应用，尤其是以大数据、区块链、云计算、人工智能等为代表的信息技术革命，正在以前所未有的速度重塑生产方式、分配方式乃至整个社会结构。在此背景下，推动数字经济立法具有回应时代的紧迫性。

此前，杨东教授数字经济研究团队承担了中国人民代表大会制度理论研究会课题“重点领域、新兴领域立法研究—数字经济立法研究报告”、国家社会科学基金重大项目“在法治轨道上促进平台经济、共享经济健康发展研究”（项目编号：21ZDA025）、国家自然科学基金专项项目“融合共票机制的元宇宙数字资产理论与方法研究”（项目批准号：62441206）等数字经济领域重要课题。基于上述课题的研究，本书认识到了数据要素在新质生产力体系中的基础性作用，不但从理论上剖析了作为生产要素的数据之法律属性及其对传统法学理论的影响，还就如何

① 参见习近平：《高举中国特色社会主义伟大旗帜　为全面建设社会主义现代化国家而团结奋斗——在中国共产党第二十次全国代表大会上的报告》，人民出版社2022年版，第21页。

建立基于中国原创数据理论“共票”的数据利益分配制度、促进数据流通与共享、保障数据安全与隐私等关键环节，尝试构建以利益范式为主轴的公正数据收益分配模式，为立法提供参考。

结合本书内容，在《“利益—权利”双元共生：“数据要素×”的价值创造》① 一文中，我们也强调探索中国自主知识体系原创的“共票”、数据要素“利益—权利”双元共生理论等，以这些理论为基础优化数据要素激励与分配机制，打通数据价值链，促进数据广泛开放共享，并在此过程中使所有参与者获益。数据价值创造的激励与分配机制超越单一主体数据利用的效能，通过激励措施激活数据要素市场中的多元主体参与者，实现整体社会价值最大化。在数据要素价值创造中，公平与激励一体两面，个体利益与公共利益相融共生，数据要素价值创造依赖社会广泛参与和普遍循环，个体参与数据要素利用循环，既贡献了数据，也获得了使用价值，既是贡献也是分配的过程，实现个体利益的同时也实现了公共利益。

在“人工智能＋”的框架下，本书探讨了人工智能技术在各行业、各领域普遍应用所产生的潜在法律与伦理挑战，通过对具体案例的分析与对各国政策的差异比较，总结提炼了构建适应人工智能发展需求的法律框架的实践与理论的必要性，并尝试提出与技术发展相适应的法律规范框架优化路径。在鼓励技术创新与维护社会秩序之间寻找平衡点，通过立法明确人工智能系统的开发、使用、监管标准，在促进技术进步惠及人类社会的同时，有效防范潜在风险。

本书强调实现数字经济的社会价值，主张引导掌握数据的主体开放数据以获取利益，打破“数据孤岛”，促进开放共享的数据价值创造，在“财富增长—社会效益—公正分配”三个维度上促进共同富裕：其

---

① 黄尹旭、杨东：《“利益—权利”双元共生：“数据要素×”的价值创造》，载《中国社会科学》2024 年第 2 期。

一，数据要素参与经济生产，形成新质生产力，促进社会财富的普遍增长；其二，数据要素社会大循环带来普遍的社会效益；其三，多元个体依照贡献度参与分配，重塑数据的分配正义。数据要素可以实现进一步的社会化大生产，为更多主体和更多方式提供介入空间，建立数据要素价值利益公正分配机制，可以激励多元主体以各种方式创造数据价值、参与分红，并可通过转让共票促进数据资产流通。

本书重视理论和实践融合，多学科互相交叉。团队与中国光大银行、中国工商银行等合作，全面推进数字普惠金融、数据入表、数据资产化等工作；与深圳数据交易所、北京国际大数据交易所等合作，落地数据要素登记、流通与激励分配等具体制度；与中国移动咪咕公司合作，共同探索元宇宙经济生态。随着这些理念与建议逐步转化为具体的立法实践，为数字经济促进法、人工智能法等法律的制定提供有益参考。

目 录

CONTENTS

绪 论

加快数字经济立法，做强做优做大我国数字经济

党的二十大报告提出了全面建成社会主义现代化强国、以中国式现代化推进中华民族伟大复兴的宏伟目标，并明确提出加快建设网络强国、数字中国，加快发展数字经济。

中国式现代化是数字经济时代的现代化。站在统筹中华民族伟大复兴战略全局和世界百年未有之大变局的高度，必须加快数字经济发展与立法，在发展中规范、在规范中发展，做强做优做大我国数字经济，全面建成社会主义现代化强国。

一、中国式现代化与数字经济发展

当今世界，人类社会正在进入数字经济时代（信息时代）。从人类社会的历史进程来看，我们历经农业革命、工业革命到数字革命（或信息革命）；农业经济、工业经济到数字经济；农业社会、工业社会到数字社会（信息社会）。农业经济、工业经济之后，数字经济成为新的主要经济形态。数字经济作为一种全新的经济形态，其关键要素是数据资源，主要载体是现代信息网络，它把通信技术融合应用、全要素数字化转型作为重要推动力，实现了公平与效率的统筹推进。简言之，数字经

济是与数字技术和网络信息技术相关的一系列经济形态和经济活动。在数字经济背景下，数据要素扮演举足轻重的角色，它对经济组织、社会关系和行为方式产生了深远影响，并对数字经济、数字政府和数字社会的整体发展起到了巨大的推动作用。数字经济已成为全球资源要素重组、经济结构重塑和竞争格局演变的关键力量，数字经济规则和治理体系构建将对数字经济发展产生重要影响。以美、欧、日等发达经济体为代表的国家或地区，纷纷出台中长期数字经济发展战略，构建数字驱动的经济体系和治理体系。要抓住新一轮科技革命、产业变革的新机遇，实现中国式现代化，就必须大力发展数字经济。

习近平总书记高度重视数字经济发展与治理，作出过一系列重要论述。“长期以来，我一直重视发展数字技术、数字经济。”早在 2000 年，习近平同志在福建率先提出建设“数字福建”；2003 年在浙江又提出建设“数字浙江”。党的十八大以来，习近平总书记就数字经济发展与治理发表了一系列重要论述，科学回答了“为什么要发展数字经济、怎样发展数字经济”的命题，指引我们积极发展数字经济、走中国式现代化道路。习近平总书记以对新一轮科技革命和产业变革的高度敏锐性和深刻洞察力，多次强调要发展数字经济。2014 年 11 月，习近平总书记在致首届世界互联网大会的贺词中指出，当今时代，以信息技术为核心的新一轮科技革命正在孕育兴起，互联网日益成为创新驱动发展的先导力量，深刻改变着人们的生产生活，有力推动着社会发展。2015 年 12 月，习近平总书记在第二届世界互联网大会的讲话中提出，网络空间是人类共同的活动空间……各国应该加强沟通、扩大共识、深化合作，共同构建网络空间命运共同体。2016 年 10 月，习近平总书记在十八届中央政治局第三十六次集体学习时提出，世界经济加速向以网络信息技术产业为重要内容的经济活动转变，我们要把握这一历史契机，以信息化培育新动能，用新动能推动新发展……做大做强数字经济，拓展经济发展新空间。2017 年 12 月，习近平总书记在十九届中央政治局第二次集体学习时指出，“大数据是信息化发展的新阶段”，“要构建以数据为关键要素的数字经济”。2018 年 11 月，习近平总书记在致第五届世界互联网大会的贺信中指出，当今世界，正在经历一场更大范围、更深层次的科技革命和产业变革。互联网、大数据、人工智能等现代信息技术不断取得突破，数字经济蓬勃发展，各国利益更加紧密相连。为世界经济发展增添新动能，迫切需要我们加快数字经济发展，推动全球互联网治理体系向着更加公正合理的方向迈进。2021 年 10 月，习近平总书记在十九届中央政治局第三十四次集体学习时强调，发展数字经济意义重大，是把握新一轮科技革命和产业变革新机遇的战略选择。2022 年 6 月，习近平总书记在金砖国家领导人第十四次会晤上的讲话指出：“谁能把握大数据、人工智能等新经济发展机遇，谁就把准了时代脉搏。”数字经济健康发展，有利于推动构建新发展格局，有利于推动建设现代化经济体系，有利于推动构筑国家竞争新优势。数字经济具有创新性高、渗透性强、覆盖面广等特点，既是新的经济增长点，又是对传统产业进行改造提升的支点，是构建现代化经济体系的一个重要发动机。当今时代，数字技术和数字经济引领着全球的科技革命和产业变革，是新一轮国际竞争的重点领域，我们必须把握住先机、抢占未来发展制高点。

党的十八大以来，党中央作出一系列重大决策部署，深入实施数字经济发展战略、网络强国战略和数字中国战略。党的十八大报告提出，推动信息化和工业化深度融合，促进工业化、信息化、城镇化、农业现代化同步发展。2015 年，国务院出台《促进大数据发展行动纲要》和《关于积极推进“互联网 +”行动的指导意见》。党的十九大报告提出，推动互联网、大数据、人工智能和实体经济深度融合，建设网络强国、数字中国。2021 年 3 月，《中华人民共和国国民经济和社会发展第十四个五年规划和 2035 年远景目标纲要》将“加快数字化发展　建设数字中国”作为专篇，提出“迎接数字时代，激活数据要素潜能，推进网络强国建设，加快建设数字经济、数字社会、数字政府，以数字化转型整体驱动生产方式、生活方式和治理方式变革”。2021 年年底，国务院出台《“十四五”数字经济发展规划》。党的二十大报告明确提出，实现高质量发展是中国式现代化的本质要求，要加快建设网络强国、数字中国，加快发展数字经济。2023 年 2 月，中共中央和国务院出台《数字中国建设整体布局规划》。2023 年 3 月，中共中央、国务院出台《党和国家机构改革方案》，组建国家数据局。

数字经济新结构的核心要素与基础是数据。与传统农业经济、工业经济不同，数字经济以数据为革新动力，数据作为关键性生产要素，能够推动经济发展，革新生产函数，从而提高全要素生产率。2019 年，党的十九届四中全会明确将数据列为新的生产要素，并指出要健全劳动、资本、土地、知识、技术、管理、数据等生产要素由市场评价贡献、按贡献决定报酬的机制。习近平总书记在主持召开中央全面深化改革委员会第二十六次会议时强调：“数据基础制度建设事关国家发展和安全大局，要维护国家数据安全，保护个人信息和商业秘密，促进数据高效流通使用、赋能实体经济，统筹推进数据产权、流通交易、收益分配、安全治理，加快构建数据基础制度体系。”数字经济新结构的核心是算法算力。算法算力是数字平台汇集分析和利用数据、强化市场力量的基础。通过各类算法设计操作和算力运行，创造多元动态的市场价值。数字经济新结构的核心主体是数字平台。数字平台是一个以数据为核心，通过算法技术，突破时间和空间的限制，将各种经济主体连接起来，提供信息、搜索、交易、金融等多种服务的新型经济组织。在信息网络、海量数据和算法算力的支持下，数字平台持续地驱动数字产品和服务的创新，改变产业生态，优化市场结构。数据、算法算力和平台的三维新结构，构筑起数字经济的新格局。

数字经济已成为推动我国经济社会高质量发展、实现中国式现代化的重要引擎。根据中国信通院测算，2022 年我国数字经济产业规模达 9.2 万亿元，产业数字化规模 41 万亿元，两者合计数字经济规模 50.2 万亿元，占 GDP 的比重为 41.5%。我国数字经济规模居世界第二，2012～2022 年，年均增速超过 15.9%，高于同期 GDP 平均增速 7 个百分点。

二、我国数字经济立法主要成果与有待完善之处

综观世界人类文明史，深刻洞察人类农业革命、工业革命、数字革命（信息革命），每一次产业技术革命都给人类生产生活带来了巨大深刻的影响，数字经济引领了社会生产新变革，创造了人类生活新空间，拓展了国家治理新领域。习近平总书记明确提出，“完善数字经济治理体系。要健全法律法规和政策制度，完善体制机制，提高我国数字经济治理体系和治理能力现代化水平”。经济社会领域已受到数字革命（信息革命）的深度渗透，数字生态系统具有丰富性、多样性，对工业革命时代形成的经济结构和社会结构产生影响、带来改变。实现中国式现代化，推动生产力发展与经济基础变革，势必需要重新构建与此相适应的上层建筑。

（一）数字经济立法取得重要成果：“一典五法”

为贯彻落实习近平新时代中国特色社会主义思想和习近平总书记一系列关于数字经济发展与治理的重要论述，顺应数字经济的发展需要，我国正在积极推进数字经济方面的立法。目前，已经形成《民法典》《网络安全法》《电子商务法》《数据安全法》《个人信息保护法》《电子签名法》“一典五法”。以“一典五法”为基本框架，以相关法律、行政法规、部门规章和地方性法规规章为主要依托，数字经济立法为数字经济发展提供了有力保障。

我国对数字经济的研究及立法起步较早，早在 2000 年，全国人大常委会即已发布《关于维护互联网安全的决定》，对网络安全及信息安全提出了具体要求，为早期的经济信息化、数字化提供了法律依据。2004 年《电子签名法》通过，这是我国第一部数字经济方面的法律。党的十八大以来，全国人大及其常委会认真贯彻落实习近平新时代中国特色社

会主义思想、习近平总书记关于数字经济的重要论述和重要指示批示，高度重视、积极加快数字经济立法，我国数字经济立法进入快车道。2018年8月通过的《电子商务法》是全世界第一部综合性、基础性的电子商务立法，为数字经济的发展提供了坚实的法治保障。《网络安全法》（2016年11月通过）、《数据安全法》（2021年6月通过）、《个人信息保护法》（2021年8月通过）为数字经济划定了安全底线。《民法典》（2020年5月通过）适应数字经济发展的需要，对数据电文、电子合同、数据财产、网络侵权责任、个人信息保护等均作出原则性规范，为数字经济方面的法律行为和法律关系提供了基本依循，并为相关立法预留了空间。

在数字经济立法和监督工作中，全国人大及其常委会着力推动数字经济的发展创新和治理制度构建。2022年10月，十三届全国人大常委会第三十七次会议听取和审议了国务院关于数字经济发展情况的报告。国家发改委、工信部、市场监管总局和网信办等国务院有关部门积极制定数字经济法规和政策，建立数字经济的监管体制机制，为数字经济发展提供更加具体的制度规范和政策指引。各地在实践中积极探索数字经济地方立法。2021年3月1日，全国首部数字经济地方性法规《浙江省数字经济促进条例》正式施行。2021年9月1日，《广东省数字经济促进条例》正式施行。2022年以来，地方数字经济立法加速推进，《河南省数字经济促进条例》于2022年3月1日正式施行；《江苏省数字经济促进条例》于2022年8月1日正式施行。贵州、上海、福建、安徽、北京等地纷纷出台数字经济或数据相关的促进条例和发展条例。地方数字经济的立法着重从数字基础设施、数据资源、数字产业化、产业数字化、数字化治理、数字经济安全和保障措施等方面对地方数字经济发展进行系统的法规制度设计。

（二）数字经济立法有待继续完善

随着数字经济迅猛发展，以传统工业形态为基础的立法架构已经难以适应新形势的迫切需求。数字经济“一典五法”为数字经济的发展提供了基础性的法治保障，但从数字经济未来的健康可持续发展来看，由于数字经济迅猛发展，相关立法问题层出不穷，法治保障仍需与时俱进、不断完善。

一是立法系统性有待继续完善。工业经济和数字经济的经济基础和经济形态不同，工业经济时代的立法系统已经难以适应数字经济时代的发展需求，立法系统亟待系统性调整和结构性创新，不断创新完善立法体系。在中国式现代化进程中，数字技术发展迭代迅速，推动产业形态和商业模式日益创新演进，不断引发新的法律问题。随着数字经济在广度和深度上的拓展，其与传统领域跨界融合产生了新的法律问题，这不仅涉及经济运行的基本制度，也关乎公民的基本权利，均需在立法层面推动解决。例如，在资本扩张推动下数字平台业务呈现横向拓展趋势，超大型数字平台在自身核心业务领域之外同时经营金融、交通运输、文化娱乐、医疗健康等多个领域，跨界混业经营特征明显，需要协调不同部门的监管关系与监管职责，必须通过综合立法提高对数字平台监管的系统性，才能有效解决现实问题。又如，目前条块分割、多头管理的数字经济监管模式难以适应数字经济跨地区、跨行业、跨层级的特点，容易造成系统性战略碎片化，难以有效应对不断出现的新业态、新模式、新问题的挑战。必须全面统筹协调数字经济立法，有效应对数字经济发展的问题。

二是立法空白有待继续填补。数字经济时代，法律需要调整的范围已经从某一部门及单一领域扩展到全社会。同数字经济迅猛发展的形势相比，数字经济领域法律法规建设仍然存在诸多空白。如随着数字技术的发展和大规模商业化应用，算法歧视、深度伪造、机器人侵权等新问题不断出现，亟须法律予以系统规制。作为数字经济发展重要支持的数据要素基础制度更是迫切需要系统筹划，协调数据产权、数据流通交易、数据收益分配与数据安全之间的关系，在国家利益、公共利益和个人利益保护之间寻求适当的平衡。

三是立法前瞻性有待继续加强。法律存在滞后性，往往难以及时回应数字经济发展的新问题和新需求。在国家治理体系和治理能力现代化的要求下，“放管服”改革日益深化，加强对市场主体的事中、事后监管是政府职能转变的重要内容。为此，需要立法者及时加强制度供给，完善监管规则与监管责任。如我国已基本形成网络和数据安全法律体系，但数据产权和促进数据开发利用等方面还存在制度供给的不足甚至滞后，数据要素市场化配置存在障碍，导致数据权益纠纷不断，甚至滋生数据“灰色”交易，影响不同市场主体参与数据流通的积极性。

三、加快数字经济立法，做强做优做大我国数字经济

习近平总书记指出，要“加快数字经济、互联网金融、人工智能、大数据、云计算等领域立法步伐”。我国应立足中国式现代化，面对全球竞争格局，着力提高我国数字经济治理体系和治理能力现代化水平。要着眼立法全局性和系统性、前瞻性和战略性、针对性和有效性，在既有立法成果的基础上，按照系统思维，加强顶层设计，完善数字经济立法，解决实际问题，做强做优做大我国数字经济。

（一）系统集成，构建数字经济法律体系，促进数字经济健康有序可持续发展

为了满足从工业经济到数字经济的系统转变需求，要对有关的法律进行系统的改革与重组，制定新的法律，修订滞后的法律，积极构建数字经济法律体系。根据我国数字经济发展现实，从数字经济发展的新动向、新趋势出发，构建面向数字经济全过程、全面发展与规范相统一、风险与效率兼顾的法律体系。建议研究制定更具有综合性、全局性、基础性的数字经济法律，如数字经济法或数字经济促进法，提出数字经济发展的基本原则和主要目标，明确主管部门、监管机构权责和权限划分，确定数字平台等主体的行为规范和市场规范。积极制定数字经济基本法，

对特定领域的立法进行补充和完善，并与国务院行政法规、部门规章配套，开展地方性法规试点工作。在此基础上，根据我国现行部门立法的实际情况，结合产业发展特点，在数字经济基础法下，强化对数字平台等主体具体行为的规范，构建“综合法（基本法）+部门法”与“国家立法+地方立法”的数字经济法律体系。在数字金融与数字资产领域，建议研究制定数字金融、数字货币、数字资产以及数字金融管理等方面的法律法规。根据数字经济时代劳动者权益保障和消费者权益保护的新形势、新要求，修改《劳动法》《劳动合同法》《消费者权益保护法》等法律，对数字劳动者权益保障、数字消费者权益保护等予以规范。

（二）重点突破，加快建立健全数据基础制度

建议制定规范数据要素的法律法规，为数据要素提供制度支持。加快数据产权制度建设，构建以激发数据要素流通交易为目标的数据制度体系，明晰数据要素产权、数据分级分类管理制度等。数据产权制度应聚焦于数据依法合理有序自由流动，结合数据要素的流动进行制度设计，实现个人数据、企业数据和公共数据间的平等保护和权益均衡分配，针对不同数据确权场景和数据流通交易形式进行数据产权规则设计。健全数据流通交易制度，全面细化数据流通交易规则体系与监管框架。结合数据的具体使用场景、数据安全和隐私保护等因素，进一步廓清可流通数据范围，切实推动公共数据、企业数据和个人数据依法合规进入数据市场，强化数据供给与授权管理的透明性。加快培育多元化数据中介，探索中国特色数据中介生态服务体系。加强对数据要素收益分配的规范，优化数据要素收益分配路径，健全成本核算制度，探索相关环节的税收机制，出台激励数据要素使用的税收政策。建设国家公共数据开放平台，以开放共享推动数据要素收益共创共享。

（三）填补空白，加快推动人工智能、区块链等数字技术立法，促进数字经济创新发展

建议在具有良好应用基础的细分领域，对数字技术立法存在空白的地方进行补足，加快对人工智能、区块链等领域的专门立法。以多元共治作为核心治理方式，规范多方参与机制和行业自律。引进新的治理理念和方法，如“科技维度”，强化科技治理、科技监管和科技助推，在安全和效率、发展和包容、创新和稳定之间取得平衡。在此基础上，推动建立人工智能应用、大数据应用、算法责任及算法应用、区块链应用管理、无人驾驶车辆管理等制度。在我国的数字技术领域，应设立“科学技术伦理学”。阐明科学技术发展过程中应遵守的基本伦理准则，包括增进人类福祉、尊重生命权利、公正公平、风险控制、公开透明。健全科技伦理的运行机制，提高科学道德的管理水平，完善科技伦理标准，制订科学的科技伦理监督与检查体系，进一步提高科技伦理的法治化水平。

（四）增强立法科技维度，保障数字经济安全

近年来，科技与经济融合渗透，加速推进数字经济市场变革，传统的事后监管模式已经难以适应技术创新频发的市场环境。必须建立全方位、多层次、立体化的监管体系，改进提高监管技术，丰富监管手段，实现事前、事中、事后全链条全领域监管，切实防范监管漏洞，提高监管效能。建议研究制定数字监管科技促进条例，提升监管水平，推进国家治理能力现代化。立法本身也要积极引入数字技术，运用数字技术监管数字经济，提高立法的前瞻性、及时性和包容性，构建智慧监管体系。着重处理好技术发展与安全保障的关系，增强监管科技维度，更好应对数字经济、数字技术引发的监管与风险挑战，切实保障数字经济安全。

（五）明确数字平台主体责任，完善数字平台法治

数字平台是一种新型的生产力组织形式，是经济发展的新动能，对优化资源配置、推动跨界融合发展、实现大众创业万众创新、促进产业升级、扩大消费市场、扩大就业具有重要的推动作用。为了保障数字平台的健康发展，必须要不断创新监管观念和方法，健全包容审慎的监管制度，并根据其发展特征，制定出一套符合其发展特征的新的监管制度，着力构建公平竞争的市场环境。建议制定数字平台监管方面的法律，明确数字平台的法律地位、主体责任，推动数字平台共同参与到平台行业准则构建的过程中去，倡导行业自律，构建互联互通的信息网络环境，健全数字平台控制者和平台内部参与主体（尤其是使用者，即用户）协同治理的机制。加强对数字平台竞争的规范、标准和可操作性等方面的研究。完善《反不正当竞争法》，设立专门规范数字经济的章节，对数据封锁、大数据“杀熟”等不正当竞争行为进行界定。加强对数字经济超级平台的反垄断监管力度，促进数字平台在法治轨道上健康有序可持续发展。

（六）完善数字经济涉外法治，积极参与国际规则制定

当前，数字经济国际规则制定，已经成为全球数字经济与贸易竞争的“制高点”。我国应当在包括数字技术、数字交易、数字服务、数字内容提供、数字安全和风险防控等方面在内的数字经济的国际规则制定中积极参与并领导。制定跨境数据流动法律法规，研究制定跨境数字贸易法规、数据流动规则等，确定数据跨境流动及数字贸易的发展趋势，在保障国家安全和数字贸易自由化的基础上，赋予企业、消费者等相关市场主体相应的权利与义务。积极参与联合国、世界贸易组织、二十国集团（以下简称 G20）、亚太经合组织、金砖国家、上合组织等多边框架下数字领域的交流合作，优化与“一带一路”共建国家和东盟成员国等友好国家的数字经济合作发展机制。积极加入《数字经济伙伴关系协定》，积极参与电子商务规则、数据跨境流动规则、数字贸易规则等相关国际规则的制定工作，提升中国在数字经济国际规则制定中的话语权，为世界提供中国智慧、中国经验和中国方案，增强中国在数字经济领域的话语权、主导权和国际影响力。加强沟通，扩展共识，深化合作，互联互通，共享共治，推动构建人类命运共同体、网络空间命运共同体。

经中央批准的十四届全国人大常委会立法规划已将数字经济促进法纳入立法项目，并对人工智能、数据权属和网络治理等的立法作出研究论证的安排部署。

第一章

我国数字经济发展与立法演进

人类社会已经进入数字经济时代。数字经济是与数字技术、信息网络技术相关的经济活动和经济形态。其发展速度之快、辐射范围之广、影响程度之深前所未有，数字经济正推动生产方式、生活方式和治理方式深刻变革，成为重组全球要素资源、重塑全球经济结构、改变全球竞争格局的关键力量。党的二十大报告指出："加快发展数字经济，促进数字经济和实体经济深度融合，打造具有国际竞争力的数字产业集群。"

习近平总书记对数字经济的发展一直非常重视。2016 年习近平总书记在十八届中央政治局第三十六次集体学习时强调要做大做强数字经济、拓展经济发展新空间；同年，习近平总书记在二十国集团领导人第十七次峰会上首次提出发展数字经济的倡议，得到各国领导人和企业家的普遍认同；2017 年习近平总书记在十九届中央政治局第二次集体学习时强调要加快建设数字中国，构建以数据为关键要素的数字经济，推动实体经济和数字经济融合发展；2018 年习近平总书记在中央经济工作会议上强调要加快 5G、人工智能、工业互联网等新型基础设施建设；2021 年习近平总书记在致世界互联网大会乌镇峰会的贺信中指出，要"激发数字经济活力，增强数字政府效能，优化数字社会环境，构建数字合作格局，筑牢数字安全屏障，让数字文明造福各国人民"。2022 年习近平总书记在《求是》杂志撰文指出要完善数字经济治理体系。强调要健全法律法规和政策制度，完善体制机制，提高我国数字经济治理体系和治理能力现代化水平。中共中央政治局于2023年7月24日召开会议，会议指出，要大力推动现代化产业体系建设，加快培育壮大战略性新兴产业、打造更多支柱产业。要推动数字经济与先进制造业、现代服务业深度融合，促进人工智能安全发展。会议强调，要着力建设现代化产业体系，推动战略性新兴产业的培育壮大、打造更多支柱产业。要将数字经济与先进制造业、现代服务业深度融合，确保人工智能发展的安全性、有序性。

以习近平同志为核心的党中央站在中国式现代化全局的高度，为我国数字经济的发展指引着方向，逐步探索出一条具有中国特色的数字经济发展道路，使我国数字经济不断发展壮大。

第一节　我国数字经济发展现状

数字经济是农业经济、工业经济之后的主要经济形态。关于“数字经济”的定义，2016年9月，中国作为G20杭州峰会主席国，首次将“数字经济”列为G20创新增长蓝图中的一项重要议题。《二十国集团数字经济发展与合作倡议》提出：“数字经济”是指以使用数字化的知识和信息作为关键生产要素、以现代信息网络作为重要载体、以信息通信技术的有效使用作为效率提升和经济结构优化的重要推动力的一系列经济活动。2021年3月，《中华人民共和国国民经济和社会发展第十四个五年规划和2035年远景目标纲要》将数字经济作为专篇，即第五篇“加快数字化发展　建设数字中国”。2021年年底，《“十四五”数字经济发展规划》由国务院印发，明确提出了数字经济的概念和内涵，指出数字经济是一种全新的经济形态，关键要素是数据资源，主要载体是现代信息网络，由全要素数字化转型、信息通信技术融合应用推动，目标在于促进公平与效率更加统一。《“十四五”数字经济发展规划》全面系统地阐述了我国数字经济发展的指导思想、基本原则和发展目标，在五年规划中明确提出数字经济的概念内涵，聚焦数字经济发展的主要内容，助力数字经济在横向层面和纵向层面协同发展。《“十四五”数字经济发展规划》作为我国在数字经济领域的首部国家级专项规划，为我国数字经济的未来发展指明了方向。

总体而言，我国数字经济始终呈现稳中向好的发展态势，产业规模持续快速增长，已经成为当前最具活力、最具创新力、辐射最广泛的经济形态，是我国国民经济的核心增长极之一。国家统计局公布的数据显示，2020 年我国数字经济核心产业增加值占 GDP 比重达 7.8%。① 经中国信通院测算，2022 年我国数字经济规模达 50.2 万亿元，占 GDP 比重为 41.5%，总量稳居世界第二。其中，产业数字化占 GDP 比重为 33.9%，达 41 万亿元；数字经济产业规模达 9.2 万亿元，占 GDP 比重为 7.6%；2012～2022 年，数字经济年均增速高于 15.9%，显著高于同期 GDP 平均增速。② 截至 2022 年 6 月底，全国核心产业企业达 509.5 万户，占全部企业的 10%。③ 数字经济已成为推动经济增长的主要引擎之一。包括数字基础设施建设、数据要素开发利用、数字产业化和产业数字化、数字经济治理、数字经济国际合作等在内的数字经济都得到了较全面的发展。

---

① 参见《新动能茁壮成长　新经济方兴未艾——党的十八大以来经济社会发展成就系列报告之九》，载国家统计局官网，http://www.stats.gov.cn/xxgk/jd/sjjd2020/202209/t20220926_1888675.html。

② 参见中国信息通信研究院：《中国数字经济发展白皮书（2022 年）》，2022 年 7 月 8 日发布。

③ 参见中国信息通信研究院：《中国数字经济发展报告（2022 年）》。

一、数字基础设施建设迈上新台阶

数字基础设施是数字经济全面发展的必要物质基础和关键支撑，主要包括信息与通信网络、物联网、通信卫星等。目前，我国已建成全球领先的数字基础设施体系，打通了经济社会发展的数据“大动脉”。累计开通318.9万个5G基站，5G移动电话用户达7.37亿户，5G行业虚拟专网超2万个，5G标准必要专利声明数量在全球的占比达42%。① 建成全球最大的光纤网络和移动宽带网络，北斗三号全球卫星导航系统开通。宽带用户普及率明显提高，光纤用户占比超过94%，移动宽带用户普及率达到108%，互联网协议第六版（IPv6）活跃用户数达到7.63亿名。② 我国“物联网关键核心技术形成阶段性突破，尤其是在感知、网络、平台、融合应用等技术方向取得显著进展”。③ 这些都为我国数字经济的发展提供了坚实的基础设施保障。

二、数据要素开发利用和流通交易加快

在数字经济时代，数据要素已经上升为关键性和基础性的生产要素，成为数字经济新引擎的源动力。党的十九届四中全会首次提出将数据作为生产要素参与分配。2020年中共中央、国务院发布的《关于构建更加完善的要素市场化配置体制机制的意见》进一步将数据纳入了生产要素的范围，明确要用市场化配置来激活数据这一生产要素。我国以收集、储存、加工以及流通等环节为中心的数据要素市场增加尤为迅速，据国

---

① 参见《2023年中国5G发展大会在上海召开》，载中华人民共和国工业和信息化部官网2023年10月21日，https://wap.miit.gov.cn/xwdt/gxdt/ldhd/art/2023/art_77d1919a2dcc4ecab99b10858ceb743f.html。

② 参见锐观产业研究院：《2024－2028年中国第六版互联网协议（IPv6）产业投资规划及前景预测报告》，2023年9月。

③ 李伯虎等：《智慧物联网系统发展战略研究》，载《中国工程科学》2022年第4期。

家工业信息安全发展研究中心测算，2021 年我国数据要素市场规模达到 815 亿元，预计“十四五”期间市场规模复合增速将超过 25%，整体将进入群体性突破的快速发展阶段。① 2012～2023 年，我国网民规模从 5.64 亿人增长到 10.79 亿人，互联网普及率从 42.1% 提高至 76.4%。② 数字要素的价值化在我国已经受到各方重视，并在开发利用和流通交易层面取得了显著成效，数字要素使用价值得到了进一步的提升。

三、数字产业化稳步推进

数字产业化是数字经济的发展基础及核心产业。目前，我国数字技术与各行业加速融合，电子信息行业整体运行态势良好，电子信息制造业、软件和信息技术服务业快速增长，互联网和服务业持续健康发展。2022 年我国数字产业化规模达到 9.2 万亿元。③ 截至 2022 年 6 月底，电子信息制造业、软件业、通信业和互联网业收入总规模突破 10 万亿元。目前，我国数字技术自主创新能力、数字化产品和服务供给质量、新产业新业态新模式竞相发展。

其一，电子信息制造业、软件和信息技术服务业运行态势良好。2020 年我国软件和信息技术服务业规模以上企业达 4 万家，累计完成软件业务收入 8.2 万亿元，同比增长 13.3%。信息技术服务业加速发展，2020 年信息技术服务业实现收入接近 5 万亿元，同比增长 15.2%，增速高出全行业平均水平 1.9 个百分点，占全行业收入的比重为 61.1%。2021 年我国累计完成软件业务收入 94,994 亿元，同比增长 17.7%，软

---

① 参见国家工业信息安全发展研究中心：《中国数据要素市场发展报告（2021—2022）》，2022 年 11 月。

② 参见中国互联网络信息中心：《中国互联网络发展状况统计报告》，2023 年 8 月 28 日。

③ 参见中国信息通信研究院：《中国数字经济发展报告（2022 年）》，2022 年 7 月。

件产品收入 24,433 亿元，同比增长 12.3%；信息技术服务业收入 60,312 亿元，同比增长 20.0%。① 2022 年我国累计完成软件业务收入 10.81 万亿元，同比增长 11.2%，电子信息制造业实现营业收入 15.4 万亿元，同比增长 5.5%；工业互联网核心产业规模超 1.2 万亿元，同比增长 15.5%。② 2022 年上半年，我国“规模以上电子信息制造业增加值同比增长 10.2%，增速分别超出工业、高技术制造业 6.8 个百分点和 0.6 个百分点”。③

其二，电子商务市场迈上新台阶。2023 年 2 月，国家统计局发布的《中华人民共和国 2022 年国民经济和社会发展统计公报》显示：2022 年全年电子商务交易额 438,299 亿元，按可比口径计算，比 2021 年增长 3.5%。电子商务市场通过消费者网上购物和网上支付，为消费者提供了更多的便利和选择，降低了交易成本，提升了交易效率，也为加快产业走出去、构建双循环新发展格局提供了行之有效的路径。在各类实体经济出现萧条之势的背景下，电子商务并未受到很大的打击，以电子商务为代表的数字经济反而迈上快车道。不仅如此，跨境电子商务已经成为带动经济全球化深化发展的重要部分。在全球电子商务市场稳步向前发展的环境下，我国电子商务市场依然是全球规模最大、最具活力的电子商务市场。

其三，移动支付业务模式不断成熟。基于互联网、终端设备和金融机构的有机衔接，以及终端设备用户、相关机构和网络平台之间的相互信任，我国移动支付在各行各业中已经得到了普遍应用，甚至成为替代

---

① 参见《2021 年软件和信息技术服务业统计公报》，载中华人民共和国工业和信息化部官网 2022 年 1 月 21 日，https://www.miit.gov.cn/gxsj/tjfx/rjy/art/2022/art_7953d1abafe14f00a1b24e693ef73baa.html。

② 参见国家互联网信息办公室：《数字中国发展报告（2022 年）》，2023 年 4 月。

③ 《2022 年上半年电子信息制造业运行情况》，载中华人民共和国工业和信息化部官网 2022 年 7 月 28 日，https://www.miit.gov.cn/gxsj/tjfx/dzxx/art/2022/art_3ae309f17ed545e1984a8c6cc23b2d51.html。

纸币支付的主要支付方式，在应用层面也处于世界领先地位。总而言之，移动支付正在塑造一种全新的商业模式，随着业务的持续性增长和规范化发展，移动支付的用户黏性将进一步增强，安全性将进一步提升，金融属性将进一步凸显，生物识别等支付技术也将进一步成熟，支付场景与服务或将成为市场竞争的“主战场”。

四、产业数字化进入加速轨道

产业数字化是数字生产力与经济发展新动能的重要来源，是建设现代化经济体系的有效抓手。我国产业数字化规模在 2020 年达 31.7 万亿元，占 GDP 比重为 31.2%，较上年实现了 10.3% 的增长。① 2021 年，产业数字化规模达 37.2 万亿元，在 GDP 中占 32.5%，实现了 17.2% 的同比名义增长。② 我国产业数字化规模在 2022 年达 41 万亿元，占 GDP 比重为 33.9%，较上年实现了 10.3% 的增长。③ 我国农业、工业、服务业等产业不断向数字化、网络化、智能化发展。互联网、大数据、人工智能与传统产业的融合也日益加深，各类相关企业相继入驻“云端”，在提高生产效率的同时，也实现了全链条数字化水平的提升。

目前，我国工业互联网融合应用已进入快速轨道，应用广度、应用深度和应用水平正在不断提高。车联网稳步发展，在 5G、人工智能等技术的推动下，车联网应用将催生巨大市场。我国车联网标准体系建设基本完备，车联网成为汽车工业产业升级的创新驱动力。农业数字化也取得了显著成效，数字技术深度赋能种植、养殖、畜牧等各领域，信息化、精准化农业生产大幅增加了农业总产量。农村电商加快了农产品销售速

---

① 参见中国信息通信研究院：《中国数字经济发展白皮书》，2021 年 4 月。

② 参见中国信息通信研究院：《中国数字经济发展报告（2022 年）》，2022 年 7 月。

③ 参见中国信息通信研究院：《中国数字经济发展研究报告（2023 年）》，2023 年 4 月。

度，扩大了销售范围，不断推进乡村振兴，2022 年全国农村网络零售额已经达到 2.17 亿元，比 2021 年增长 9.2%，增速提高了 6.4 个百分点。① 但是，由于数字农业生产工具以及设备成本太高，而中小型农户难以承担现代信息技术设备的使用费用，这导致我国农业数字化发展速度相对缓慢。

五、数字经济治理取得积极成效

我国数字政府建设成效显著，各级政府业务信息系统建设和应用成效显著，数据共享和开发利用取得积极进展，一体化政务服务和监管效能大幅提升，② 近 90% 的省级行政许可事项实现网上受理，“最多跑一次”“一网通办”“一网统管”等创新实践不断涌现。我国电子政务在线服务指数全球排名不断提升，数字治理工具发挥了至关重要的作用，这也使我国电子政务和数字治理能力得到了实践的检验。2022 年 6 月，国务院印发的《关于加强数字政府建设的指导意见》就主动顺应经济社会数字化转型趋势，充分释放数字化发展红利，全面开创数字政府建设新局面作出部署。我国政府数字化监管能力日益加强，政府主导、多元参与、法治保障的数字经济治理格局基本形成。

数字经济立法步伐加快。《电子商务法》在电子商务领域乃至数字经济领域发挥着基础性、综合性作用。该法强调鼓励创新、公平诚信、规范监管、社会共治、线上线下一致、数据信息开发利用和保护均衡等基本原则，妥善处理发展与规范、政府与市场、线上与线下、法律规范与网络自律、国内立法与国际规范间的辩证关系，充分体现了数字经济时代的法律思维，树立了新时代立法的标杆，具有突出的创新价值。在

---

① 参见中国信息通信研究院：《中国数字经济发展研究报告（2023 年）》，2023 年 4 月。

② 参见国务院《关于印发“十四五”数字经济发展规划的通知》（国发〔2021〕29 号），2021 年 12 月 12 日发布。

数据安全方面，《网络安全法》《数据安全法》《个人信息保护法》共同组成系统调整网络空间安全管理关系的基础性法律，这些法律以维护网络空间主权、网络安全和信息化发展并重、网络利益相关者共同治理为指导原则，旨在明确网络安全、数据安全、个人信息保护治理目标，完善网络安全监管体制，全面提升关键信息基础设施的安全保障能力。为网络安全、数据安全和个人信息保护提供了系统的法律支撑，保障我国数字治理规范有序发展。数据是数字经济时代的核心资源，平衡数据红利与数据安全间的关系、打破“数据孤岛”和强化隐私数据保护将始终作为各国数字经济立法的重要方向。

六、数字技术创新能力快速提升

数字技术是推动数字经济发展的新动能，对经济循环中的生产、分配、流通、消费等各环节均具有重要的驱动作用。我国核心技术创新能力大幅提升，人工智能、云计算、大数据、区块链、量子信息等新兴技术跻身全球第一梯队。这些技术催生着新产品、新模式、新业态、新产业的产生与发展，也为我国经济发展带来了“换道超车”的机遇。

新兴前沿技术的发展正改变传统经济的发展模式。特别是金融与科技的高度融合，已经对当前的金融业态产生了巨大的影响。新兴科技在加速金融业发展的同时，也缩短了转化为金融产品的周期。两者高度结合形成的金融科技在根本上改变了传统金融的信息来源、风险控制模式和产业发展策略，增强了金融风险监管能力，为国家供给侧结构性改革提供了动能。而且在金融科技的推动下，网络借贷、数字保险、网络众筹等数字金融业态纷纷兴起，并形成了一批新业态、新产业和新模式，整体上推动了数字经济的体系化和规模化发展。此外，数字金融的有序发展对产业和金融的融合创造，也使不同产业之间的边界变得更模糊，使产融结合成为未来金融发展的必然趋势。

技术革新不仅给金融市场带来了颠覆式发展，也在全球掀起了一阵金融监管变革的浪潮。应当说，科技颠覆式发展引发金融风险的量变乃至质变，技术性风险、操作性风险和系统性风险等日渐突出，基于审慎监管、功能监管、行为监管等理念的传统监管体系既应对乏力，又使金融企业面临较大的合规压力。故而科技的创新发展应当与监管制度相衔接。一方面，应当将科技融入或者嵌入监管制度之中，以提升监管能力和监管水平；另一方面，也应当防范市场主体利用技术来规避市场监管，避免监管套利和监管空白的问题出现。总而言之，为有效克服传统条块监管乏力和过度监管的问题，全面深入地保护消费者权利，维护金融秩序的稳定，我国仍需加强创新监管手段，构建科技驱动型监管体系，提高监管科技的融合度、嵌入度和合规效能，实现金融安全与金融创新的动态平衡。

七、数字经济国际合作持续深化

数字经济是全球化的经济，只有加强国际合作才能共赢。目前，国际社会尚未就跨境数据流动的基础性规则达成共识，各国的立法模式和数据标准之间存在严重分歧。在此背景下，中国正以积极的态度提倡国际数字经济合作，主动参与数字经济国际规则的制定。2021 年 7 月，商务部、中央网信办、工信部印发的《数字经济对外投资合作工作指引》也明确指出要“积极融入数字经济全球产业链”。应当说，从推动通过《二十国集团数字经济发展与合作倡议》到发布《网络空间国际合作战略》，再到发布《携手构建网络空间命运共同体行动倡议》，我国不断地在数字经济国际合作上贡献中国智慧，提出中国方案，这些倡议也在国际上引起了广泛的共识，推动着中国倡议转化为具有约束力的国际规则。2017 年我国与老挝、泰国等国家共同发起《“一带一路”数字经济国际合作倡议》，这一倡议推动了“数字丝绸之路”的建设，也标志着“一带一路”数字经济合作开启了新篇章。截至 2022 年年底，我国已与 16 个国家签署“数字丝绸之路”合作谅解备忘录，与 23 个国家建立“丝绸电商”双边合作机制，在网络基础设施建设、数字产业、网络安全等方面，与世界各国共享数字经济发展红利。2022年金砖国家领导人第十四次会晤达成了《金砖国家数字经济伙伴关系框架》，就深化金砖国家数字经济合作形成重要共识，为加强金砖国家之间的数字经济合作提供了支撑。

总而言之，快速增长的数字经济正向其他经济领域广泛渗透，重塑全球经济增长方式，并日益成为各国经济快速、包容和可持续增长的强大驱动力。数字经济代表着未来的经济发展方向，其发展速度和水平将决定着一个国家（地区）在未来世界中的经济地位。鉴于此，各国（地区）间围绕数字经济的竞争日益加剧，国际数字经济技术创新合作和数据跨境流通变得困难，这也导致我国数字经济发展处于复杂、不确定的国际环境之中。不仅如此，我国数字经济的发展还存在一些亟须解决的问题，首先，数字经济发展水平和数据人才分布不均衡，不同省市以及城乡之间“数字鸿沟”较大。其次，不同行业和产业之间的发展水平差异较大，主要表现为服务业数字化水平远高于农业数字化水平。最后，数字经济代际差异明显，应当说，年轻群体是数字经济发展的最大获益者，而老年群体则成为“数字贫困户”。这些都有可能导致不同地区、不同行业、不同群体间的经济发展水平差距扩大。

第二节　我国数字经济立法演进

我国数字经济正呈现稳中向好的发展态势，产业规模持续快速增长。数字经济的良性发展离不开数字经济相关法律的保驾护航，同时也催促着数字经济立法的完善，以满足数字经济时代的各类需求。我国数字经济立法可以按照立法内容的不同，划分为初步探索阶段和全面推进阶段。

一、数字经济立法初步探索阶段（2000～2012 年）

"数字经济"一词最早由唐·泰普斯科特在《数字经济：网络智能时代》一书中提出，① 之后引起了广泛的关注。随着数字经济的不断发展，与之相关的立法也逐渐颁行。联合国国际贸易法委员会 1996 年通过的《电子商务示范法》和 2000 年通过的《电子签名示范法》一定程度上开启了全球数字经济立法进程。其中，《电子商务示范法》承认通过网络以电子方式达成的合同形式，对电子商务基本法律问题作出了规定，填补了全球电子商务领域的法律空白。② 而《电子签名示范法》则规范了电子签名行为，统一了电子签名规则。这两部示范法深远地影响了许多国家和地区的电子商务立法，也推进了我国数字经济立法进程。

在法律层面，2000 年全国人民代表大会常务委员会《关于维护互联网安全的决定》（已被修改）明确了"互联网安全"的概念，采取列举的方式界定了网络犯罪，保障了我国互联网的运行安全与信息安全，使我国互联网产业在法治轨道上飞速发展。2004 年通过的《电子签名法》在法律层面专门规范了电子签名行为，明确赋予电子签名和电子认证以法律效力。这有效地解决了电子商务发展过程中的身份确认等法律障碍，为我国电子商务安全、稳定、繁荣的发展提供了法律保障。

在行政法规层面，2000 年 9 月颁布了两部仍有效的相关行政法规：一部是《互联网信息服务管理办法》，③ 该办法规范了互联网信息服务活动，促进了互联网信息服务健康有序发展。另一部是《电信条例》，该条例的主要目的是规范电信市场秩序，维护电信用户和电信业务经营者的合法权益，保障电信网络和信息安全。2006 年 5 月颁布的《信息网络

---

① See Tapscott D., *The Digital Economy: Promise and Peril in the Age of Networked Intelligence*, McGraw - Hill, 1995, p. 1.

② 参见曹晖编：《电子合同理论与应用》，东南大学出版社 2020 年版，第 23 页。

③ 该办法于 2011 年 1 月 8 日被修订。

传播权保护条例》① 明确规定，著作权人、表演者、录音录像制作者享有信息网络传播权，并规范了作品、表演和录音录像制品的网络传播行为，这部条例在很大程度上促进了电子作品的流通和交易。2007 年 4 月颁布的《政府信息公开条例》② 明确了政府信息公开范围，规定了行政机关公开政府信息的义务与责任，为市场主体依法获取政府信息提供了法律依据。

在部门规章层面，2007 年 6 月公安部、国家保密局、国家密码管理局、国务院原信息工作办公室印发的《信息安全等级保护管理办法》规范了信息安全的等级保护管理制度，保障和促进信息化建设。2009 年工业和信息化部颁布的《电子认证服务管理办法》规范了电子认证服务行为，③ 对电子认证服务提供者实施监督管理。2011 年商务部颁布的《第三方电子商务交易平台服务规范》规范了第三方电子商务交易平台的经营活动，④ 保护了企业和消费者的合法权益。

在国务院规范性文件层面，1999 年国务院办公厅转发信息产业部国家计委《关于加快移动通信产业发展若干意见的通知》指出，要加强对移动通信产业的宏观调控与管理，促进产业协调发展。2005 年 1 月颁布的国务院办公厅《关于加快电子商务发展的若干意见》明确了发展电子商务的指导思想和原则，确立了促进其发展的六大举措，包括完善政策法规环境、提升电子商务技术和服务水平、加强电子商务国际交流合作等。2009 年 4 月国务院办公厅发布的《电子信息产业调整和振兴规划》明确了发展电子信息产业的指导思想、基本原则和目标，指出了电子信息产业调整和振兴的主要任务，提出了落实扩大内需措施、完善投融资

① 该条例于 2013 年 1 月 30 日被修订。

② 该条例于 2019 年 4 月 3 日被修订。

③ 该办法第 43 条规定："2005 年 2 月 8 日发布的《电子认证服务管理办法》（中华人民共和国信息产业部令第 35 号）同时废止。"该办法于 2015 年 4 月 29 日被修订。

④ 该规范于 2016 年 8 月 18 日被修正。

环境、强化自主创新能力建设等政策措施。2012 年通过的全国人民代表大会常务委员会《关于加强网络信息保护的决定》首次在法律层面将信息主体的“同意”作为我国个人信息处理的合法性基础，并规定网络服务提供者和其他企业事业单位在业务活动中收集、使用公民个人电子信息，应当明示收集、使用信息的目的、方式和范围。具体还规定了收集、使用公民个人电子信息应当遵循的基本原则，网络服务提供者和其他企业事业单位及其工作人员的信息安全保障、保密等义务和责任，以及公民所享有的相关权利和负担的义务等。

在数字经济初步探索阶段，我国主要颁布实施的是互联网、电子商务以及政府信息公开相关的法律法规。2000 年前后是我国互联网发展的起步阶段,① 以互联网信息技术为载体的电子商务和电子政务逐渐出现在人们的日常生活之中，这加速了我国与之相关的法律法规的制定和颁布，为我国电子商务的发展提供了基础性法律保障，为后期我国数字经济的加速发展和全面立法奠定了基础。

二、数字经济立法全面推进阶段（2012 年至今）

在 2012 年之后我国互联网经济、数字经济更是加速发展，数字经济也进入了全面推进阶段。截至 2023 年，在法律层面，我国形成了以《民法典》《网络安全法》《电子商务法》《数据安全法》《个人信息保护法》《电子签名法》“一典五法”为核心，多部门法共同规制的法律格局。

（一）数字经济相关法律

1.《民法典》

《民法典》对数字经济的发展作出了回应，主要体现在：（1）将数据、网络虚拟财产纳入民法的保护范围内。其第 127 条规定“法律对数

① 参见王丽巍、苏炜、安佳：《我国数字货币研究热点、演进路径与研究前沿的可视化分析》，载《北京邮电大学学报（社会科学版）》2021 年第 4 期。

据、网络虚拟财产的保护有规定的，依照其规定”，这为数据权利的归属预留了立法空间，对保障数字经济的创新活力非常必要。(2) 规范“数据电文”的生效规则。第137条中规定了“以非对话方式作出的采用数据电文形式的意思表示”的生效规则，即（知道或者应当知道）“数据电文”进入（特定）系统时生效。(3) 明确电子商务合同的成立时间，《民法典》第491条第2款吸收《电子商务法》第49条的规定，重申电子合同成立的时间点为提交订单成功之时，而非付款成功之时或其他时间；还明确了采用数据电文形式订立合同的，合同成立地点为“收件人的主营业地”，若收件人没有主营业地，其“住所地”为合同成立的地点。(4) 规范个人信息的处理和保护。《民法典》不仅在总则编“民事权利”部分明确自然人的个人信息受法律保护，而且还在人格权编下面设专章规定了“隐私权和个人信息保护”，主要内容包括：处理个人信息应当遵循合法、正当、必要和不得过度处理等原则；个人信息中的私密信息，先适用“有关隐私权的规定”，再适用“有关个人信息保护的规定”；信息处理者应当采取技术措施和其他必要措施，确保其收集、存储的个人信息安全。(5) 规定网络侵权责任制度。《民法典》在原《侵权责任法》的基础上对网络侵权处理机制进行了整体修改和完善。例如，《民法典》第1195条明确了网络服务提供者对于权利人通知的转通知义务；规定了错误通知造成损害的应当承担侵权责任。又如，《民法典》第1197条将网络服务提供者承担间接侵权责任的主观要件明确为“知道或者应当知道”等。

2.《网络安全法》

数字经济以现代信息网络为主要载体，其快速发展也必须建立在安全可靠的网络的基础上。《网络安全法》作为我国第一部全面规范网络空间安全管理方面问题的基础性法律，在维护网络空间主权和国家安全、社会公共利益，保护公民、法人和其他组织的合法权益，促进经济社会信息化健康发展等方面发挥了重要作用。该法将信息安全等级保护制度上升为法律规定，明确了网络产品和服务提供者的安全保护义务和个人信息保护义务，规定了关键信息基础设施的范围和关键信息基础设施保护制度，明确了建立国家统一的监测预警、信息通报和应急处置制度和体系等，提升了我国网络安全防护能力，为数字经济的发展保驾护航。

3.《数据安全法》

数据安全是国家数字治理的重要议题，是数字经济健康发展的重要保障。《数据安全法》作为数据领域的基础性法律，在规范数字经济方面主要体现在：（1）明确了关于数字经济的要求，鼓励和推进数字经济的发展。该法明文规定，"鼓励数据依法合理有效利用，保障数据依法有序自由流动，促进以数据为关键要素的数字经济发展"，还提出了"省级以上人民政府应当将数字经济发展纳入本级国民经济和社会发展规划，并根据需要制定数字经济发展规划"的要求。（2）构建了体系化的数据安全管理制度。《数据安全法》所规定的数据分类分级管理，数据安全审查，数据安全风险评估、监测预警和应急处置等基本制度，提升了我国数据安全保障能力，为我国数字经济的安全与发展保驾护航。（3）强化了数据安全保护和对数据主权的保护。这在一定程度上减轻或者消弭了人们对数据处理不安全的担忧，增强了社会各界对数字经济能够合法有序发展的信心。

4.《个人信息保护法》

《个人信息保护法》在个人信息的利用和保护中探寻着最佳平衡点，明确了个人信息利用的范围和方式，也明确了需要保护的个人信息的范围，这为个人信息进入数字经济发展之中提供了法律依据。主要内容包括：明确了个人信息的范围，以及处理个人信息需要遵循的原则和要求；制定了个人信息处理（收集、存储、使用、加工、传输、提供、公开、删除等）的规则；明确了个人信息处理过程中的权利和义务，以及个人信息保护部门的职责等；规定了个人信息的处理规则，特别是敏感个人信息的处理规则。这些对于保障个人信息权益、推动数字经济发展大有裨益。不仅如此，《个人信息保护法》还规定了“可携带权”，即信息主体有权请求将其个人信息转移至其指定的个人信息处理者，这对于实现个人信息的财产利益提供了新的路径。《个人信息保护法》还规定，信息主体撤回同意不具备溯及力，即个人撤回同意的，不影响撤回前基于个人同意已进行的个人信息处理活动的效力。对于数据的处理与分析并不因个人撤回同意而无效，这“为数据财产权的形成奠定了法律基础”。①

5.《电子商务法》

在电子商务和数字经济领域具有基础性、综合性地位的立法是《电子商务法》。该法从多个方面开创了电子商务法治的先河，突破了法国《民法典》、德国《民法典》、日本《民法典》等传统民事商事法治的惯例，首创“电子商务合同”，突破了传统合同法治的线下束缚，在网络时代重塑了电子商务合同法律关系的全新时代。② 该法基本构建起了全面、综合、统一的基础性电子商务法律架构，全面囊括电子商务各主体之间的法律关系、电子商务市场的准入和退出机制、电子商务合同、电子支付、知识产权和消费者保护等多个方面，③ 及时地回应了社会需求，如将微商、直播销售等经营方式纳入监管范围，禁止利用大数据“杀熟”的行为，明确平台经营者未尽义务将承担连带责任等。这些规定都有利于促进我国电子商务健康迅猛发展，提升我国数字经济整体发展水平。

此外，《刑法》《反垄断法》《消费者权益保护法》《反不正当竞争

---

① 金耀：《数字治理逻辑下数据财产权的限度与可能》，载《暨南学报（哲学社会科学版）》2022年第7期。

② 参见赵宏瑞等：《在WTO全球电子商务谈判中分享中国〈电子商务法〉经验：基于后疫情时代背景》，载《北京航空航天大学学报（社会科学版）》2021年第4期。

③ 参见张荣刚、尉钏：《〈民法典〉之数字经济治理效能论析》，载《北京理工大学学报（社会科学版）》2022年第2期。

法》《著作权法》等法律也在各自调整范围内规定了与数字经济相关的内容。特别是在现有法律尚未解决数字确权问题的背景下，《反不正当竞争法》和《著作权法》中的相关规定成为解决当前纠纷的主要法律依据。

总而言之，这一阶段颁布实施的法律均在各自调整范围之内吸收和规定了与数字经济相关的内容，在一定程度上规范了数字经济发展的法律行为和法律关系，保障了数字经济健康有序发展。但是，目前我国在法律层面上尚缺乏专门性的数字经济立法，以至于数字经济活动还难以受到系统性的规制，在数据确权、数据交易、数字税务、数字监管与治理等方面法律规定不够明确，可操作性不强。

（二）数字经济相关行政法规和部门规章

2013 年 1 月，我国颁布了《征信业管理条例》，该条例主要规范了征信机构的设立、业务开展和金融信用信息基础数据库的运行等，积极地引导和促进着征信业健康发展，推进了社会信用体系的建设。征信业是以信用信息的收集和利用为基础展开的，本身可以归入数字经济的范畴之中。而且有序的征信业也可以为数字经济的发展建立信任基础机制，推进数字经济的“有信”发展。2019 年 4 月颁布的国务院《关于在线政务服务的若干规定》围绕促进和保障一体化在线平台的建设作出了有针对性的规定，明确政务服务原则上应在线办理，指出建设全国统一身份认证系统，明确了电子签名、电子印章、电子证照、电子档案的法律效力。这些规定不仅促进了政务服务更加高效和便捷，也进一步优化了营商环境。2021 年 3 月国家市场监督管理总局颁布的《网络交易监督管理办法》的立法目的就包括规范网络交易活动，“促进数字经济持续健康发展”。该办法还细化了《电子商务法》的相关规定，制定了一系列规范交易行为、压实平台主体责任、保障消费者权益的具体规则，进一步规范了我国网络交易秩序，促进了我国数字经济的持续健康发展。

2021 年 5 月国家统计局颁布的《数字经济及其核心产业统计分类

(2021)》将“数字经济核心产业”定义为“为产业数字化发展提供数字技术、产品、服务、基础设施和解决方案，以及完全依赖于数字技术、数据要素的各类经济活动”，将数字经济活动分为5个大类、32个中类和156个小类。其中的“5个大类”是数字产品制造业、数字产品服务业、数字技术应用业、数字要素驱动业以及数字化效率提升业，而前面4个大类则属于数字经济核心产业。2021年7月颁布的《关键信息基础设施安全保护条例》为建立健全关键信息基础设施安全保护体系、提升网络安全防护能力提供了更具有操作性的法律依据，切实将《网络安全法》所规定的关键信息基础设施保护制度落到实处，保障了数字经济运行“底座”的安全，助推数字经济有序发展。

（三）中共中央、国务院相关数字经济文件

《中华人民共和国国民经济和社会发展第十四个五年规划和2035年远景目标纲要》于2021年3月通过，该纲要在“加快数字化发展　建设数字中国”这一章强调，要开发数据要素潜能，建设网络强国，建设数字经济、数字社会、数字政府，把数字化转型作为生产方式、生活方式和治理方式变革的整体驱动力。该纲要第十五章“打造数字经济新优势”对关键数字技术创新应用、数字产业化、产业数字化进行了阐述，并且在第十八章指出应“构建与数字经济发展相适应的政策法规体系”。

中共中央和国务院发布的相关公告和意见多次就与数字经济相关的数据要素市场问题作出了指示。2019年10月发布的《中共中央关于坚持和完善中国特色社会主义制度　推进国家治理体系和治理能力现代化若干重大问题的决定》首次提出，“健全劳动、资本、土地、知识、技术、管理、数据等生产要素由市场评价贡献、按贡献决定报酬的机制”。2020年3月发布的中共中央、国务院《关于构建更加完善的要素市场化配置体制机制的意见》专门撰写了“加快培育数据要素市场”相关内容，提出要促进政府数据的开放共享，提高社会数据资源价值并提升数据整合效率和安全保护能力，并对数据交易规则和服务的建设提出了一

些明确的要求。2022 年 3 月发布的中共中央、国务院《关于加快建设全国统一大市场的意见》指出要“加快培育数据要素市场，建立健全数据安全、权利保护、跨境传输管理、交易流通、开放共享、安全认证等基础制度和标准规范，深入开展数据资源调查，推动数据资源开发利用”。

（四）国务院及其部委颁布的与数字经济相关的规范性文件

1. 国务院规范性文件

2022 年 7 月国务院办公厅《关于同意建立数字经济发展部际联席会议制度的函》同意建立由国家发展改革委牵头的数字经济发展部际联席会议制度。并明确了该联席会议的主要职责包括：推进实施数字经济发展战略，统筹数字经济发展工作，研究和协调数字经济领域重大问题，指导落实数字经济发展重大任务并开展推进情况评估，研究提出相关政策建议等。此类联席会议的设立有助于推进我国数字经济的协同、全面和系统发展。2022 年 6 月国务院《关于加强数字政府建设的指导意见》提出“以数字政府建设为牵引……提高数字经济治理体系和治理能力现代化水平”，“完善数字经济治理体系，探索建立与数字经济持续健康发展相适应的治理方式，创新基于新技术手段的监管模式，把监管和治理贯穿创新、生产、经营、投资全过程”，以及“完善数据产权交易机制，规范培育数据交易市场主体”等意见。2021 年 12 月《“十四五”数字经济发展规划》对数字基础设施、产业数字化、数字产业化、公共服务数字化水平、数字经济治理体系、数字经济安全体系、数字经济国际合作以及数字经济相关保障措施等方面进行了系统的规划。2021 年 12 月国务院《关于印发“十四五”市场监管现代化规划的通知》提出要“建立数据要素市场化流通标准和规则，保护数字经济领域各方主体权益”，还指出，应当“深入参与数字经济国际治理，主动参与数字领域国际标准制定”。这些规范性文件从宏观层面明确了我国数字经济发展的总体思路、基本要求以及主要内容，指引着我国数字经济朝着健康、稳定、有序的方向发展。

此外，国务院规范性文件还涉及以下内容：（1）促进地区数字经济发展；①（2）组建产业知识产权联盟；②（3）促进数字经济领域就业创业；③（4）研究提出放宽数字经济领域市场准入的改革举措；④（5）加强语言技术成果转化及推广应用，支持数字经济发展；⑤（6）建设数字经济试验区（数字经济发展示范区）；⑥（7）全面推进“互联网+”，打造数字经济新优势，促进数字经济加快成长；⑦（8）主动参与引领全球数字经济交流合作；⑧（9）鼓励各类资本在具备条件的国家级经济技术开发区投资建设信息技术基础设施；⑨（10）培育新一代信息技术、高端装备、生物医药、新能源汽车、新材料等新兴产业集群，壮大数字经济；⑩（11）推动区域数字经济合作；等等。⑪ 这反映出我国所规划和发

---

① 参见国务院《关于支持北京城市副中心高质量发展的意见》（国发〔2021〕15号），2021年8月21日发布。

② 参见国务院《关于印发“十四五”国家知识产权保护和运用规划的通知》（国发〔2021〕20号），2021年10月9日发布。

③ 参见国务院《关于印发“十四五”就业促进规划的通知》（国发〔2021〕14号），2021年8月23日发布。

④ 参见国务院办公厅《关于印发全国深化“放管服”改革优化营商环境电视电话会议重点任务分工方案的通知（2020）》（国办发〔2020〕43号），2020年11月1日发布。

⑤ 参见国务院办公厅《关于全面加强新时代语言文字工作的意见》（国办发〔2020〕30号），2020年9月14日发布。

⑥ 参见国务院《关于印发北京、湖南、安徽自由贸易试验区总体方案及浙江自由贸易试验区扩展区域方案的通知》（国发〔2020〕10号），2020年8月30日发布。

⑦ 参见国务院《关于落实〈政府工作报告〉重点工作部门分工的意见（2020）》（国发〔2020〕6号），2020年6月6日发布。

⑧ 参见国务院《关于印发中国（上海）自由贸易试验区临港新片区总体方案的通知》（国发〔2019〕15号），2019年7月27日发布。

⑨ 参见国务院《关于推进国家级经济技术开发区创新提升打造改革开放新高地的意见》（国发〔2019〕11号），2019年5月18日发布。

⑩ 参见国务院《关于落实〈政府工作报告〉重点工作部门分工的意见（2019）》（国发〔2019〕8号），2019年3月29日发布。

⑪ 参见国务院《关于印发“十三五”国家信息化规划的通知》（国发〔2016〕73号），2016年12月15日发布。

展的数字经济极其宏大，这在一定程度上涵盖了市场经济的各个方面。

2. 国务院部门规范性文件

2021 年 12 月国家发展改革委等部门《关于推动平台经济规范健康持续发展的若干意见》指出，“积极参与跨境数据流动、数字经济税收等相关国际规则制定”，“鼓励依托各类高等学校、职业院校和研究机构加强对数字经济高端人才、实用人才的培养。加强全民数字技能教育和培训”，“依托国家数字经济创新发展试验区……探索建立适应平台经济发展的监管模式，构建与平台经济创新发展相适应的制度环境”。2021 年 11 月工业和信息化部《关于印发“十四五”大数据产业发展规划的通知》指出，“‘十四五’时期是我国工业经济向数字经济迈进的关键时期”，“我国要抢抓数字经济发展新机遇，坚定不移实施国家大数据战略，充分发挥大数据产业的引擎作用，以大数据产业的先发优势带动千行百业整体提升，牢牢把握发展主动权”。在开放合作上，应“坚持引进来和走出去，遵循产业发展规律，把握全球数字经济发展方向，不断完善利益共享、风险共担、兼顾各方的合作机制”。2021 年 7 月商务部、中央网信办、工业和信息化部《关于印发〈数字经济对外投资合作工作指引〉的通知》总结了以下 11 项重点工作：积极融入数字经济全球产业链、加快推进数字基础设施建设、推动传统产业数字化转型、优化数字经济走出去布局、打造具有国际竞争力的数字经济企业、建设数字化境外经贸合作区、强化数字经济走出去的指导监管、提高数字经济走出去公共服务水平、积极参与国际数字规则标准制定、做好数字经济走出去风险防范、营造数字经济国际合作良好环境。2021 年 5 月工业和信息化部、中央网信办《关于加快推动区块链技术应用和产业发展的指导意见》指出，到 2030 年“区块链成为建设制造强国和网络强国，发展数字经济，实现国家治理体系和治理能力现代化的重要支撑”。并提出“利用区块链打破数据孤岛，实现数据采集、共享、分析过程的可追溯，推动数据共享和增值应用，促进数字经济模式创新”。

此外，国务院部门规范性文件还包括以下内容：（1）支持数字经济、平台经济企业加强硬科技创新；①（2）遴选一批两化融合管理体系贯标示范企业，引导企业构建完善数字经济时代的新型能力体系；②（3）支持残疾人灵活就业和依托数字经济、平台经济等新业态自主创业；③（4）试点与平台经济和数字经济发展相适应的监管与服务模式；④（5）探索在数字经济领域促进技术技能人才融合发展；⑤（6）构建国家能源基础信息及共享平台，整合能源全产业链信息，推动能源领域数字经济发展；⑥（7）面向集成电路、人工智能、储能技术、数字经济等关键领域加强交叉学科人才培养；⑦（8）加快培养全民数字技能，实现信息服务全覆盖；⑧（9）以数字经济发展驱动民航业与红色旅游深度融合创新发展；⑨（10）促进文化产业与数字经济、实体经济深度融合；⑩

---

① 参见科技部、财政部《关于印发〈企业技术创新能力提升行动方案（2022—2023年）〉的通知》（国科发区〔2022〕220号），2022年8月5日发布。

② 参见工业和信息化部办公厅《关于组织开展2022年新一代信息技术与制造业融合发展试点示范申报工作的通知》（工信厅信发函〔2022〕196号），2022年8月2日发布。

③ 参见人力资源和社会保障部办公厅、中国残联办公厅《关于开展残疾人就业帮扶活动的通知》（人社厅函〔2021〕63号），2021年4月22日发布。

④ 参见市场监管总局《关于印发〈网络市场监管与服务示范区创建管理办法（试行）〉的通知》（国市监网监发〔2022〕49号），2022年4月26日发布。

⑤ 参见人力资源和社会保障部《关于健全完善新时代技能人才职业技能等级制度的意见（试行）》（人社部发〔2022〕14号），2022年3月18日发布。

⑥ 参见国家发展改革委、国家能源局《关于完善能源绿色低碳转型体制机制和政策措施的意见》（发改能源〔2022〕206号），2022年1月30日发布。

⑦ 参见教育部、财政部、国家发展改革委《关于深入推进世界一流大学和一流学科建设的若干意见》（教研〔2022〕1号），2022年1月26日发布。

⑧ 参见人力资源和社会保障部、教育部、发展改革委、财政部《关于印发"十四五"职业技能培训规划的通知》（人社部发〔2021〕102号），2021年12月15日发布。

⑨ 参见中国民用航空局、文化和旅游部《关于促进民航业与红色旅游深度融合创新发展的指导意见》（民航发〔2021〕19号），2021年5月7日发布。

⑩ 参见文化和旅游部《关于推动数字文化产业高质量发展的意见》（文旅产业发〔2020〕78号），2020年11月18日发布。

（11）鼓励在数字经济新产业等计量应用场景，研究开发新型计量比对技术和方法；等等。①

（五）各地颁布的数字经济相关条例

为指导和规范本地区数字经济的快速发展，自2020年开始，浙江省、广东省、河南省、河北省、江苏省等省市先后颁布了专门性的数字经济促进条例。这些条例所规定的内容主要包括：数字基础设施建设、数据资源开发利用、数字产业化、产业数字化、数字经济协同发展、数字治理和监管等，构建了适合本地区的数字经济促进条例框架，为全国统一的数字经济专门立法提供了立法参考和实践经验。

关于中央和地方与数字经济相关的主要法律法规和规范性文件颁行情况，详见表1－1、表1－2、表1－3。

表1－1　与数字经济相关的主要法律法规和规范性文件

数字经济相关法律		
名称	相关内容	时效
全国人民代表大会常务委员会《关于维护互联网安全的决定》	采取列举的方式界定了网络犯罪。明确侵害互联网运行安全、国家安全、社会稳定、市场经济秩序、社会管理秩序以及个人、法人和其他组织的人身、财产权利等的一些具体行为为犯罪行为	2000年12月通过，2009年修正
《电子签名法》	规范电子签名行为，确立电子签名的法律效力	2004年8月通过，2019年最后修正

① 参见市场监管总局《关于加强计量比对工作的指导意见》（国市监计量〔2020〕127号），2020年7月31日发布。

续表

数字经济相关法律		
名称	相关内容	时效
全国人民代表大会常务委员会《关于加强网络信息保护的决定》	首次在法律文件中确立“知情同意”规则	2012 年 12 月通过
《消费者权益保护法》	明确数字化商品不适用“七日内退货”规则；明确消费者在网络交易平台购买商品或者接受服务时相关主体的权利、义务内容以及权益保护和责任承担方式	1993 年 10 月通过，2013 年最后修正
《网络安全法》	规范网络的建设、运营、维护和使用活动，以及网络安全的监督管理	2016 年 11 月通过
《公共文化服务保障法》	地方各级人民政府应当加强基层公共文化设施的数字化和网络建设，提高数字化和网络服务能力	2016 年 12 月通过
《中小企业促进法》	国家支持中小企业在研发设计、生产制造、运营管理等环节应用互联网、云计算、大数据、人工智能等现代技术手段，创新生产方式，提高生产经营效率	2002 年 6 月通过，2017 年修订
《电子商务法》	规范电子商务活动，明确电子商务数据信息的提供与保护、电商经营者的责任以及不得滥用优势地位等义务、电子商务合同的订立与履行、电子商务促进以及法律责任等内容	2018 年 8 月通过
《反不正当竞争法》	经营者不得以电子侵入或者其他不正当手段获取权利人的商业秘密；经营者利用网络从事生产经营活动应当承担的义务和责任	1993 年 9 月通过，2019 年最后修正

续表

数字经济相关法律		
名称	相关内容	时效
《基本医疗卫生与健康促进法》	国家推进全民健康信息化，推动健康医疗大数据、人工智能等的应用发展	2019 年 12 月通过
《著作权法》	复制权是指以印刷……翻拍、数字化等方式将作品制作一份或者多份的权利	1990 年 9 月通过，2020 年最后修正
《民法典》	对于网络虚拟财产、数据电文、电子合同、个人信息利用与保护规则、网络侵权责任等作出了规定	2020 年 5 月通过
《数据安全法》	规范数据处理活动及其安全监管、促进数据的合理利用与有序流动等	2021 年 6 月通过
《个人信息保护法》	规范个人信息收集、存储、使用、加工、传输、提供、公开、删除等活动。明确个人信息处理过程中相关主体的权利和义务，以及个人信息保护部门的职责	2021 年 8 月通过
《反垄断法》	经营者不得利用数据和算法、技术、资本优势以及平台规则等从事本法禁止的垄断行为；具有市场支配地位的经营者不得利用数据和算法、技术以及平台规则等从事前款规定的滥用市场支配地位的行为	2007 年 8 月通过，2022 年修正
《刑法》	涉及数字经济的罪名包括：侵犯公民个人信息罪，窃取、收买、非法提供信用卡信息罪，利用未公开信息交易罪，拒不履行信息网络安全管理义务罪，帮助信息网络犯罪活动罪，侵犯商业秘密罪等	1979 年 7 月通过，2023 年最后修正

续表

数字经济相关行政法规和部门规章		
名称	相关内容	时效
《互联网信息服务管理办法》	规范互联网信息服务活动，促进互联网信息服务健康有序发展	2000 年 9 月发布，2011 年修订
《电信条例》	规范电信市场秩序，维护电信用户和电信业务经营者的合法权益，保障电信网络和信息安全	2000 年 9 月发布，2016 年最后修订
《信息网络传播权保护条例》	保护权利人的信息网络传播权，鼓励有益于社会主义精神文明、物质文明建设的作品的创作和传播	2006 年 5 月发布，2013 年修订
《政府信息公开条例》	明确政府信息“公开为常态、不公开为例外”的原则；规定了政府信息公开的主体、范围和程序，以及政府信息公开工作监督和保障制度	2007 年 4 月发布，2019 年修订
《征信业管理条例》	规范征信机构的设立、征信业务的开展以及金融信用信息基础数据库的运行等	2013 年 1 月发布
国务院《关于在线政务服务的若干规定》	明确电子签名、电子印章、电子证照、电子档案的法律效力；提出政务服务事项全国标准统一，规范化、标准化编制办事指南，实现电子证照跨地区、跨部门共享和全国范围内互信互认等	2019 年 4 月发布
《关键信息基础设施安全保护条例》	对关键信息基础设施运营者提出了一系列安全要求，并明确了违反本条例的惩罚措施	2021 年 7 月发布

续表

数字经济相关行政法规和部门规章		
名称	相关内容	时效
《个人信用信息基础数据库管理暂行办法》	规定了个人信用信息基础数据库的报送、整理、查询、异议处理、安全管理、责任承担等相关内容	2005 年 8 月发布
《电子认证服务管理办法》	明确了电子认证服务的概念和相关主体的权利义务，对电子认证服务暂停和终止等行为进行了规范，明确了电子签名认证证书的内容和撤销、审查等规则，对电子认证服务提供者实施监督管理	2005 年 2 月发布，2015 年最后修订
《区块链信息服务管理规定》	明确了区块链信息服务（提供者）的定义和范围；规定了区块链信息服务提供者的权利义务和责任；规定了区块链信息服务业的监管制度和法律责任	2019 年 1 月发布
《网络交易监督管理办法》	明确了网络交易监管坚持鼓励创新、包容审慎、严守底线等监管原则，对网络经营主体登记、新业态监管、平台经营者主体责任、消费者权益保护、个人信息保护等重点问题作出了明确规定	2021 年 3 月发布
《数字经济及其核心产业统计分类（2021）》	明确数字经济核心产业的具体类型和划分标准	2021 年 5 月发布
《数据出境安全评估办法》	规范了数据出境活动，保护个人信息权益，维护国家安全和社会公共利益，促进数据跨境安全、自由流动。对数据出境安全评估等进行了系统的规定	2022 年 7 月发布

表 1－2　数字经济相关地方性法规

名称	时效
《上海市促进电子商务发展规定》	2008 年 11 月通过
《贵州省大数据发展应用促进条例》	2016 年 1 月通过
《杭州市跨境电子商务促进条例》	2016 年 10 月通过
《贵阳市政府数据共享开放条例》	2017 年 1 月通过，2021 年修正
《贵阳市大数据安全管理条例》	2018 年 6 月通过，2021 年修正
《贵阳市健康医疗大数据应用发展条例》	2018 年 8 月通过，2021 年修正
《天津市促进大数据发展应用条例》	2018 年 12 月通过
《贵州省大数据安全保障条例》	2019 年 8 月通过
《海南省大数据开发应用条例》	2019 年 9 月通过
《山西省大数据发展应用促进条例》	2020 年 5 月通过
《沈阳市政务数据资源共享开放条例》	2020 年 6 月通过
《贵州省政府数据共享开放条例》	2020 年 9 月颁布
《山西省政务数据管理与应用办法》	2020 年 11 月通过
《吉林省促进大数据发展应用条例》	2020 年 11 月通过
《浙江省数字经济促进条例》	2020 年 12 月通过
《安徽省大数据发展条例》	2021 年 3 月发布
《深圳经济特区数据条例》	2021 年 6 月通过
《广东省数字经济促进条例》	2021 年 7 月颁布
《山东省大数据发展促进条例》	2021 年 9 月通过
《浙江省电子商务条例》	2021 年 9 月公布
《汕头经济特区跨境电子商务促进条例》	2021 年 11 月通过
《上海市数据条例》	2021 年 11 月通过
《河南省数字经济促进条例》	2021 年 12 月通过
《浙江省公共数据条例》	2022 年 1 月通过

续表

名称	时效
《重庆市数据条例》	2022 年 3 月通过
《广州市数字经济促进条例》	2021 年 12 月通过
《黑龙江省促进大数据发展应用条例》	2022 年 5 月通过
《河北省数字经济促进条例》	2022 年 5 月通过
《江苏省数字经济促进条例》	2022 年 5 月通过
《辽宁省大数据发展条例》	2022 年 5 月通过
《深圳经济特区数字经济产业促进条例》	2022 年 8 月通过
《深圳经济特区人工智能产业促进条例》	2022 年 8 月通过
《上海市促进人工智能产业发展条例》	2022 年 9 月通过
《陕西省大数据条例》	2022 年 9 月通过

表 1－3　中共中央和国务院及其部门有关数字经济的规范性文件

名称	时效
国务院办公厅《关于加快电子商务发展的若干意见》	2005 年 1 月发布
《信息安全等级保护管理办法》	2007 年 6 月发布
《第三方电子商务交易平台服务规范》	2011 年 4 月发布，2016 年修正
国务院《关于大力发展电子商务加快培育经济新动力的意见》	2015 年 5 月发布
国务院办公厅《关于促进跨境电子商务健康快速发展的指导意见》	2015 年 6 月发布
国务院《关于积极推进“互联网＋”行动的指导意见》	2015 年 7 月发布
《促进大数据发展行动纲要》	2015 年 8 月发布

续表

名称	时效
国务院办公厅《关于促进农村电子商务加快发展的指导意见》	2015 年 10 月发布
《新一代人工智能发展规划》	2017 年 7 月发布
《关于推动资本市场服务网络强国建设的指导意见》	2018 年 3 月发布
商务部等十二部门《关于推进商品交易市场发展平台经济的指导意见》	2019 年 2 月发布
《数字乡村发展战略纲要》	2019 年 5 月发布
国务院办公厅《关于促进平台经济规范健康发展的指导意见》	2019 年 8 月发布
《国家新一代人工智能开放创新平台建设工作指引》	2019 年 8 月发布
《中共中央关于坚持和完善中国特色社会主义制度推进国家治理体系和治理能力现代化若干重大问题的决定》	2019 年 10 月发布
中共中央、国务院《关于构建更加完善的要素市场化配置体制机制的意见》	2020 年 3 月发布
国务院国资委办公厅《关于加快推进国有企业数字化转型工作的通知》	2020 年 8 月发布
文化和旅游部《关于推动数字文化产业高质量发展的意见》	2020 年 11 月发布
交通运输部《关于促进道路交通自动驾驶技术发展和应用的指导意见》	2020 年 12 月发布
工业和信息化部、中央网信办《关于加快推动区块链技术应用和产业发展的指导意见》	2021 年 5 月发布
《数字经济对外投资合作工作指引》	2021 年 7 月发布

续表

名称	时效
《“十四五”大数据产业发展规划》	2021 年 11 月发布
《“十四五”数字经济发展规划》	2021 年 12 月发布
《“十四五”市场监管现代化规划》	2021 年 12 月发布
国家发展改革委等部门《关于推动平台经济规范健康持续发展的若干意见》	2021 年 12 月发布
中共中央、国务院《关于加快建设全国统一大市场的意见》	2022 年 3 月发布
国务院《关于加强数字政府建设的指导意见》	2022 年 6 月发布
国务院办公厅《关于同意建立数字经济发展部际联席会议制度的函》	2022 年 7 月发布
《关于加快场景创新以人工智能高水平应用促进经济高质量发展的指导意见》	2022 年 7 月发布
工业和信息化部办公厅、财政部办公厅《关于开展财政支持中小企业数字化转型试点工作的通知》	2022 年 8 月发布
国务院《关于数字经济发展情况的报告》	2022 年 10 月发布
中共中央、国务院《关于构建数据基础制度更好发挥数据要素作用的意见》	2022 年 12 月发布

第三节　数字经济立法的必要性

经济社会领域被数字革命（信息革命）深度渗透，数字生态系统的丰富性、多样性对工业革命时代形成的经济结构和社会结构产生了影响、带来了改变。人类社会处在从工业经济的“生产大爆炸”向数字经济的

“交易大爆炸”转型的特殊时期，各类数字行为全天候无国界地裂变。因此，需要调整既有法律体系与监管规范，完善数字经济立法，以适应数字时代和数据地球的需要。

数字经济的核心要素与基础是数据。与传统农业、工业经济不同，数字经济以数据为革新动力。数据作为关键性生产要素，能够有效驱动经济运行。一方面，数据经过采集、流通、聚合等过程，极大地助推了产业发展，催生出众多新产业、新业态、新模式，成为新的经济增长引擎。另一方面，作为一种新型生产要素，数据具有非竞争性、弱排他性和零边际成本等特点，其特征还表现为渗透性强和特定条件下规模报酬递增。数据通过创新生产要素供给方式，高效驱动劳动、资本、技术、管理等其他生产要素网络化共享、集约化整合、协作化开发和高效化利用，有利于促进传统产业转型升级和提升经济发展整体效率。党的十九届四中全会结合新的社会与经济形势，明确把数据列为新的生产要素，强调“由市场评价贡献、按贡献决定报酬”的机制要持续健全，推动了我国对数据要素属性的认识。2020 年中共中央、国务院《关于构建更加完善的要素市场化配置体制机制的意见》明确要求，加快培育数据要素市场，推进政府数据开放共享，提升社会数据资源价值，加强数据资源整合和安全保护。数据要素价值的实现与作用最大化需要以适应其发展规律的法律和社会机制为保障，然而当前基于工业经济的法律体系并未能完全适应数据生产要素的需求，数据要素基础制度相关立法亟待健全。

数字经济新结构的核心主体是数字平台。数字平台是一种新经济业态，它以数据生产要素为核心并与企业相融合。数字平台通过利用数据和算法技术提供信息、搜索、竞价、调配、社交、金融等服务，打破了时空限制，链接起各类主体，建立起新型经济组织。借助算法技术、智能手机及海量数据，数字平台不断推动以金融科技为代表的产品与服务创新，颠覆了以往传统的产业生态，变革了市场结构。数字平台带来的不是简单的数字技术加成，而是新的生态、新的组织、新的规则。与其他市场主体不同，数字平台向市场提供的商品或服务是市场本身的组织行为，即双边或多边集团之间相互作用和匹配的组织行为，其扮演市场参与者与组织者的双重角色，企业与市场作为两种资源配置方式的界限变得模糊。数字平台作为新主体突破了传统法律的规制，在种种特性驱使下数字平台不断跨界竞争，并通过跨市场数据强化自身在各个市场的优势地位。在垄断利益的诱惑下，平台不断实行自我优待、屏蔽断链、封锁数据，对竞争产生了逆向激励，对于数据的争夺和滥用也直接对数据隐私、产品质量等消费者福利新面向构成了威胁。超大平台在一定程度上逐渐演变成为具有准公共品属性的新的经济和社会基础设施，对于此类新型基础设施（元平台）的法律规制同样处于空白状态，需要通过数字经济立法与制度设计予以回应。

数字经济新结构的核心行为是算法。算法是数字平台汇集、分析和利用数据强化市场力量的基础。通过设计与操作各类算法创造了多元动态的市场价值，驱动了平台、数据、算法三维结构的市场竞争新格局。在行政领域，算法也成为推行自动化行政的重要工具，极大提升了行政效率，促成了平台型政府的建设。科技变革改变了数字经济市场的交易规则，也带来了新的风险。首先，数字经济业务发展有赖于先进的算法技术和交易平台系统，算法技术和交易平台系统选择失误会带来较大风险，算法技术漏洞或编程错误均会对数字经济市场产生巨大影响，衍生新的系统性风险。其次，算法使市场结构特征被改变，使本易被监测到的隐性合谋的市场结构变得不易，导致非寡头垄断结构市场形成默示合谋，算法协助平台调整价格使“维持转售价格、掠夺性定价、针对进入者快速作出反制”等传统市场中出现的垄断行为更容易付诸实践，给竞争与价格监管带来挑战。最后，通过排序、分类、关联和过滤实现自动化决策是算法最为核心的功能，然而这一过程中可能伴生算法歧视问题。人类社会对于个体的判断通常是综合和动态的，而算法无法获取或处理用户的全部数据，在黑箱一般的自动化处理过程中，算法的滥用和误用会引发风险分配的不公平，建立在数据基础之上的算法系统也会犯错、带有偏见，而且比以往的歧视行为更加隐秘。剥削消费者剩余、继续固化和扩大偏见、侵害自我决定权、破坏信息多样性等算法可能导致的风险需要以积极的法律规制进行防范。

亚马逊、苹果、谷歌、脸书等国际大型数字平台的快速发展及各国频繁的立法动作都昭示着，数字经济领域的竞争正在演变为平台间的竞争，数据、算法等新问题成为各国规制的重点，从生产大爆炸到交易大爆炸所带来的用户端强大的数据与流量已经深刻变革了数字经济竞争形态。数字经济的诸多特征决定了传统法律分析方法具有局限性，在数据市场的损害、行为、分析框架、监管范式等方面，嵌套传统的价格中心型分析工具后，当前面临的诸多法律挑战仍无法被彻底解决。数字经济的发展及市场经济活动的日益复杂化需要加强并重塑法律规制。

党的十八大以来，我国深入实施数字经济发展战略，推动社会经济数字化转型，目前已取得显著成效。作为国民经济的“稳定器”与“加速器”，数字经济成为推动经济社会高质量发展的重要引擎。但由于数字经济与传统经济在驱动力与模式上都有所差异，故其发展逻辑截然不同。数字经济在结构上与工业经济的差异，导致了既有立法规制措施与数字经济秩序需求的错配。以传统工业经济理论为基础构建的制度体系显然难以适应新型经济模式，无法有效支撑数字经济未来的健康可持续发展，需要探索构建新的立法体系以更好地应对新的价值创造形式与生产关系，回应数字经济高速发展过程中的制度需求。

在日益复杂严峻的国际形势下，数字经济已经成为国际竞争的主赛道，数字经济正在成为重组全球要素资源、改变全球竞争格局的关键力量，而数字经济规则和治理体系的构建将对数字经济发展产生重要影响。美国、日本及欧洲的一些发达经济体均已出台中长期数字经济发展战略，为了在激烈的国际竞争中占据一席之地，其他国家也加紧了以数字为驱动的经济体系和治理体系的建设。结合本国经济法律环境，其他国家快速推动数据安全、平台治理、数据跨境、数字税等规则的制定，并积极寻求国际同盟，通过国际协定塑造数字经济治理新格局，力争赢得未来发展和国际竞争的主动权。

综上所述，我国应立足未来国际经济竞争格局，通过基础性、统筹性和前瞻性的制度设计，尽快构建数字经济发展的法律框架，抓住百年未有之大变局的机遇，与国际数字经济治理规则接轨，更好地推动数字经济发展，提升我国在国际上的话语权与影响力。

第二章

数据要素立法

第一节　数据要素立法现状

一、数据要素立法紧迫性凸显

数字经济的蓬勃发展推动重组全球要素资源、重塑全球经济结构、改变全球竞争格局，促进数字经济高质量发展是把握新一轮科技革命和产业变革新机遇的战略选择。然而，数字经济与传统农业经济和工业经济有所不同，其革新动力来源于数据，数据是推动经济运行的重要生产要素。一方面，数据经过感知、采集、流通、融合等过程，扩展经济发展边界，带动产业共生耦合，催生众多数字经济新产业、新业态、新模式，成为新的增长引擎。① 另一方面，数据具有非竞争性、非排他性、复制成本低等特点，并表现出渗透性强、规模报酬递增等特征。作为新型生产要素，数据创新生产要素供给方式，有效驱动其他生产要素的网络共享、集约整合、协作开发和高效利用，对传统产业转型升级和经济

---

① 参见蔡继明等：《数据要素参与价值创造的途径——基于广义价值论的一般均衡分析》，载《管理世界》2022 年第 7 期。

发展效率提升发挥了重要作用。① 数字技术和数据的融合应用在恢复生产生活方面更发挥了重要作用，成为支撑我国数字经济和社会稳定发展的关键动能。

2020 年发布的中共中央、国务院《关于构建更加完善的要素市场化配置体制机制的意见》将数据作为一种新型生产要素写入文件中，使之与土地、劳动力、资本、技术等传统要素并列为生产要素之一，并明确提出加快培育数据要素市场，推进政府数据开放共享、提升社会数据资源价值、加强数据资源整合和安全保护。2022 年，中共中央、国务院正式印发的《关于构建数据基础制度更好发挥数据要素作用的意见》创造性地提出了资源持有权、加工使用权和产品经营权分置的中国特色数据产权制度框架，并强调研究数据产权登记新方式。指出“建立体现效率、促进公平的数据要素收益分配制度”，明确“建立安全可控、弹性包容的数据要素治理制度”。在数据的产权、收益分配以及安全治理等方面提出制度构建方案，对我国构建体系化的数据要素基础制度具有重大的理论和实践意义。

二、数据要素市场加速建设，数据流通交易稳步推进

市场在资源配置中发挥决定性作用，培育发展数据要素市场是遵循数据价值实现机理、促进数据流通交易与高效配置利用，最大限度地释放数据价值的关键举措。近年来，我国数据交易场所快速兴起。自 2015 年贵阳大数据交易所挂牌以来，已建成包括上海数据交易中心、北京国际大数据交易所等在内的 20 余家数据交易所或交易中心，深圳、广州等地也正在积极筹建辐射全国的数据交易场所（见表 2 – 1、表 2 – 2）。其中，上海数据交易中心 2020 年数据流通总量超过百亿条，山西数据交易

---

① 参见白永秀、李嘉雯、王泽润：《数据要素：特征、作用机理与高质量发展》，载《电子政务》2022 年第 6 期。

平台以人工智能数据为特色，累计完成交易额超 5000 万元。与此同时，部分数字平台企业依托庞大的云服务和数据资源体系，构建起各自的数据交易平台（如京东万象等）以服务自身发展战略。数据流通的现实需要与要素市场的发展，也催生了一批与新型数据相关的市场主体，据统计，截至 2022 年 11 月，以数据要素采集、加工、流通等为主业的数商企业达 192 万家，在数据采集、数据标注环节初步形成了产业体系。

为开展数据交易，各地积极探索数据确权、定价、交易的实践路径。深圳、上海等地以地方立法形式赋予数据主体对其数据享有人格权益或者财产权益；广东、浙江等多地借助区块链技术推动数据资产凭证在信用贷款领域的应用。贵阳大数据交易所等根据平台自有的数据质量评估体系对数据进行定价；南方电网在 2021 年 2 月发布电网数据资产定价方法，探索解决电力数据资产交易定价的难题。

表 2－1　目前已有的地方性或区域性数据交易场所

序号	交易场所名称	成立时间
1	中关村数海大数据交易平台	2014 年
2	贵阳大数据交易所	2015 年
3	武汉东湖大数据交易中心	2015 年
4	长江大数据交易中心	2015 年
5	西咸新区大数据交易所	2015 年
6	华东江苏大数据交易平台	2015 年
7	华中大数据交易所	2015 年
8	河北大数据交易中心	2015 年
9	杭州钱塘大数据交易中心	2015 年
10	哈尔滨数据交易中心	2016 年
11	浙江大数据交易中心	2016 年
12	上海数据交易中心	2016 年

续表

序号	交易场所名称	成立时间
13	河南中原大数据交易中心	2016 年
14	山西数据交易平台	2020 年
15	陕西省大数据交易所	2020 年
16	安徽大数据交易中心	2020 年
17	北部湾大数据交易中心	2020 年
18	山东数据交易平台	2021 年
19	北京国际大数据交易所	2021 年
20	北方大数据交易中心	2021 年
21	上海数据交易所	2021 年
22	西部数据交易中心	2021 年
23	深圳数据交易所	2022 年
24	广州数据交易所	2022 年

表 2-2　部分数据交易场所的对比分析

名称	场所类型	数据来源	产品类型
贵阳大数据交易所	综合数据服务平台	政府公共开放渠道；企业提供；网页爬虫	API；数据包
中关村数海大数据交易平台	第三方数据交易平台	数据供应方提供的数据	API
西咸新区大数据交易所	综合数据服务平台	政府公开数据；企业内部数据；数据供应方提供的数据；网页爬虫数据	API；数据包
武汉东湖大数据交易中心	综合数据服务平台	政府公开数据；企业内部数据	数据包；解决方案；云服务

续表

名称	场所类型	数据来源	产品类型
华中大数据交易所	第三方数据交易平台	数据供应方提供的数据	API；数据包
华东江苏大数据交易中心	综合数据服务平台	政府公开数据；数据供应方提供的数据；网页爬虫数据	API；数据包；数据定制服务；解决方案；数据产品
数多多	综合数据服务平台	网页爬虫数据	数据包；数据定制服务
京东万象	综合数据服务平台	企业内部数据；数据供应方提供的数据；合作伙伴数据	API；数据包；数据定制服务；解决方案；数据产品
数据堂	综合数据服务平台	政府公开数据；企业内部数据；数据供应方提供的数据；网页爬虫数据	数据包；数据定制服务；数据产品

资料来源：王卫、张梦君、王晶：《国内外大数据交易平台调研分析》，载《情报杂志》2019 年第 2 期。

在数据开放共享方面，公共数据流通有序推进，相关数据显示我国开通公共数据开放网站的地方政府从 2017 年的 20 个快速增长到 2023 年 8 月的 204 个，22 个省级行政区上线公共数据开放平台，省级政府数据开放网站开通率超过 70%，国家公共数据开放平台也即将上线。企业数据开放以市场化为主，一些企业以特色化的数据服务获得了大量用户，特别是提供金融服务、企业信用、股市投资等数据的服务商，加大了数据开放力度。与此同时，政企数据共享探索推进，通过搭建政企数据共享平台和将公共数据授权给企业进行运营，推动形成社会治理强大合力，提高公共数据的开放利用水平。

三、数据要素立法步伐加快，数据基础制度不断完善

党的十八大以来，我国数据政策出台与立法逐步加快。2014 年，“大数据”首次写入政府工作报告。2015 年，党的十八届五中全会提出实施国家大数据战略，我国成为世界上最早提出数据战略和部署大数据发展的国家之一。2019 年，党的十九届四中全会将“数据”明确定义为一种新的生产要素，并提出健全生产要素，由市场评价贡献、按贡献决定报酬的机制，推动了我国对数据要素属性的认识。2020 年，中共中央、国务院先后印发《关于构建更加完善的要素市场化配置体制机制的意见》和《关于新时代加快完善社会主义市场经济体制的意见》，将数据要素市场作为统一开放、竞争有序的市场体系的重要组成部分，正式提出“加快培育数据要素市场”。《中华人民共和国国民经济和社会发展第十四个五年规划和2035 年远景目标纲要》对建立健全数据要素市场规则作出部署安排。“十四五”规划提出，要充分发挥数据要素作用，加快数据要素市场化流通。

2022 年 6 月 22 日，中央全面深化改革委员会第二十六次会议审议通过了《关于构建数据基础制度更好发挥数据要素作用的意见》，习近平总书记在主持会议时强调，“数据基础制度建设事关国家发展和安全大局”，指示要“统筹推进数据产权、流通交易、收益分配、安全治理，加快构建数据基础制度体系”。该意见提出，要建立数据产权制度，建立公共数据、企业数据、个人数据的分类分级确权授权制度，建立数据资源持有权、数据加工使用权、数据产品经营权等分置的产权运行机制，健全数据要素权益保护制度；要建立合规高效的数据要素流通和交易制度，完善数据全流程合规与监管规则体系，统筹构建规范高效的数据交易场所；要完善数据要素市场化配置机制，更好发挥政府在数据要素收益分配中的引导调节作用，建立体现效率、促进公平的数据要素收益分配制度；要把安全贯穿数据治理全过程，守住安全底线，明确监管红线，

加强重点领域执法司法，构建政府、企业、社会多方协同的治理模式，强化分行业监管和跨行业协同监管，压实企业的数据治理责任。该意见为加快数据基础制度建设指明了大方向。

在具体立法方面，在《民法典》《刑法》《著作权法》《反不正当竞争法》《反垄断法》等法律的基础上，近年来，我国先后制定《网络安全法》《电子商务法》《数据安全法》《个人信息保护法》等法律，为保障数据安全、促进数据要素的交易和应用、维护市场秩序提供了基本法律规范。《征信业管理条例》《电信条例》《政府信息公开条例》《数据出境安全评估办法》《个人信息出境标准合同规定（征求意见稿）》等行政法规、部门规章、规范性文件细化了相关制度。

地方层面也在如火如荼地开展数据规范制定工作。据不完全统计，全国31个省、自治区和直辖市出台的地方性数据规范性文件目前已经达150部之多，其中东部发达省市更是出台了多部专门数据立法。整体来看，地方性数据规范性文件主要呈现立法领域集中、阶段性迭进以及响应中央政策等特征。

现有地方数据立法主要着眼于加快数字经济发展和数字政府的建设，重点规范政府数据与公共数据开放利用等领域。贵州、山西和浙江等地分别出台了政府数据共享开放条例，加强政府数据的汇聚、融合、共享、开放和开发利用，从而促进数据依法有序的流动，提高政府决策的科学化水平和管理服务效率。《天津市公共数据资源开放管理暂行办法》强调，发挥公共数据资源在提高社会治理能力等方面的作用，加快数据要素有效流动，推动数字经济发展。

从重点规范内容上划分，可将地方数据立法划分为3个阶段。① 第一阶段的地方数据立法数量较少且主要集中于政府信息公开，代表性的

① 参见朱开鑫：《当下地方数据立法热潮应当秉持的四维意识——基于地方数据立法基本特征和面临问题的思考》，载《中国信息安全》2020年第12期。

立法有2004年的《吉林省政务信息公开管理办法》等。随着数字经济的勃发，地方数据立法实践进入第二阶段，以大数据应用和价值挖掘为重点。如2016年的《贵州省大数据发展应用促进条例》、2018年的《天津市促进大数据发展应用条例》等。第三阶段着力探索公共数据开发利用的新模式，立法体例也从单一立法逐渐转向综合立法。如2020年公布的《青岛市公共数据开放管理办法》与《浙江省公共数据开放与安全管理暂行办法》等，2021年通过的《深圳经济特区数据条例》更是在个人数据保护、公共数据管理和应用、数据要素市场培育、数据安全管理等方面建构起的一部综合性的地方数据法规。

各地积极回应中央在数据领域新政策的出台，进而在区域数据战略竞争中获得先发优势。例如，2016年9月，国务院印发了第一份关于政务信息资源共享的制度化和规范化的重要文件——《政务信息资源共享管理暂行办法》，用于规范政务部门间政务信息资源共享。随后，各地便密集进行了一系列的政府数据开放立法活动。又如，2020年3月，中央出台了《关于构建更加完善的要素市场化配置体制机制的意见》，明确提出，推进政府数据开放共享，提升社会数据资源价值，加强数据资源整合和安全保护。上海、天津、浙江、深圳等地则加速出台了多部公共数据领域和整体性的数据规范性文件（见表2-3）。

表2-3　部分地方数据规范性文件

序号	规范名称	施行时间
1	《重庆市数据条例》	2022年7月1日
2	《浙江省公共数据条例》	2022年3月1日
3	《福建省大数据发展条例》	2022年2月1日
4	《上海市数据条例》	2022年1月1日
5	《深圳经济特区数据条例》	2022年1月1日
6	《山东省大数据发展促进条例》	2022年1月1日

续表

序号	规范名称	施行时间
7	《安徽省大数据发展条例》	2021 年 5 月 1 日
8	《吉林省促进大数据发展应用条例》	2021 年 1 月 1 日
9	《山西省政务数据管理与应用办法》	2021 年 1 月 1 日
10	《贵州省政府数据共享开放条例》	2020 年 12 月 1 日
11	《山西省大数据发展应用促进条例》	2020 年 7 月 1 日
12	《海南省大数据开发应用条例》	2019 年 11 月 1 日
13	《天津市促进大数据发展应用条例》	2019 年 1 月 1 日
14	《贵州省大数据发展应用促进条例》	2016 年 3 月 1 日

第二节　数据要素立法主要问题

一、数据产权规范不够明确

目前，以“物权说”、“知识产权说”、① “侵权法与合同法保护说”、② “新型财产权说”、③ “场景化确权说”以及“数据权说”等观点为代表的数据产权理论存在与现行法相悖、与其他权利相冲突以及难以适应数据流通交易等缺陷，④ 上述数据产权理论脱离数据生产机制与数

---

① 参见林华：《大数据的法律保护》，载《电子知识产权》2014 年第 8 期。

② 参见梅夏英：《数据的法律属性及其民法定位》，载《中国社会科学》2016 年第 9 期。

③ 参见龙卫球：《数据新型财产权构建及其体系研究》，载《政法论坛》2017 年第 4 期。

④ 参见胡凌：《数据要素财产权的形成：从法律结构到市场结构》，载《东方法学》2022 年第 2 期。

据价值发挥机制的确权出发点,①难以适用于数据要素市场。中共中央、国务院《关于构建数据基础制度更好发挥数据要素作用的意见》提出了相对有效的制度设计方案，从建立公共数据、企业数据、个人数据的分类分级确权授权制度和建立数据资源持有权、数据加工使用权、数据产品经营权等分置的产权运行机制等方面入手，推进数据产权制度建设，将淡化所有权和促进数据流通交易作为核心目标，这在数据产权配置尚未达成广泛共识的当下，是一种合理做法，也为后续政策和立法的颁布实施留出了空间。当然，具体内容仍需相关部门后续及时出台配套规则予以细化。

现有产权体系难以适用于数据要素。我国现有产权体系主要借鉴了西方民法产权体系,②其发端于资本主义工业革命时期，以所有权、债权等传统民事权利为主，强调先进行产权确权，才能进行定价和交易。然而，数据属性与价值的实现依赖具体应用场景，涉及个人、企业和国家等多方主体的利益，且处于不断流动之中。故此，以民法静态赋权为主的传统产权规则范式难以适应数据要素市场。将其界定为新型财产权或者数据权等的规制方式又面临数据主体和客体难以界定从而阻碍数据利用与保护以及与个人信息权等现有权利和立法相冲突的问题。故此，数据要素的产权体系亟待改进甚或重构。

新型数据产权分置机制有待进一步细化。中共中央、国务院《关于构建数据基础制度更好发挥数据要素作用的意见》提出了对数据资源持有权、数据加工使用权、数据产品经营权等分置的产权运行机制，采用了“模糊所有权”的制度进路，这是一种颇为务实的产权制度设计，旨在充分实现数据要素流通利用。然而，数据产权的分置化运行可能会面

---

① 参见付新华:《企业数据财产权保护论批判——从数据财产权到数据使用权》,载《东方法学》2022年第2期。

② 参见韩旭至:《数据确权的困境及破解之道》,载《东方法学》2020年第1期。

临如下问题：如何理解数据的持有权？数据资源持有权的认定是从数据的实际控制权角度出发，承认持有即占有是否还是需要看前置授权？配置主体是个人还是企业？持有、加工使用、经营与现有数据立法中的“数据处理”有何区别、如何衔接？经营权是否等同于收益权？如何理解数据、数据资源、数据产品？此外，数据权利内容会随场景而变化，形成新的数据权属，因此事先确定其权利归属比较困难。因此，中共中央、国务院《关于构建数据基础制度更好发挥数据要素作用的意见》所确立的数据产权分置运行制度是指导相关部门出台具体政策和进行立法的纲领性文件，但其具体规则有待未来立法和政策的细化。

二、数据流通交易制度尚未完善

当前需要进一步界定公共数据、企业数据、个人数据以更好支持现实流通的需要，数据确权难、数据定价难以及入场交易难等因素导致数据交易市场活跃度不高，数据流通交易制度尚处于起步阶段，数据要素市场处于“瓶颈”期。①

宏观规划层面缺乏以场景、行业为中心的数据交易分级分类制。中共中央、国务院《关于构建数据基础制度更好发挥数据要素作用的意见》中明确指出，要建立数据产权制度，推进公共数据、企业数据、个人数据分级分类确权授权使用。以“分级分类”为前提抓住了当前数据要素流通障碍的关键，有利于后续的确权和授权使用，同时与现有数据立法确立的授权机制相协调。目前，我国数据的类型划分体系仍不完善，以“公共数据、企业数据、个人数据”为主要类型的划分标准尚不能准确界定目前数据要素市场中存在的各种数据。在不同类型的数据的认定上，需要设定差异化的规则，采取复合型的认定标准，尤其在公共数据

① 参见王建冬、于施洋、黄倩倩：《数据要素基础理论与制度体系总体设计探究》，载《电子政务》2022 年第 2 期。

的范围上，应注重私益与公共利益之间的权衡。

现有数据交易所发展不充分，数据市场化面临严峻挑战。从目前来看，全国各地建立了10余个数据交易中心，并出台了相应的数据条例，致力推进统一交易规则和交易制度下的数据资产化。但据有关数据，大数据交易市场的活跃度并不高，难以发挥时效的原因在于：其一，数据确权难，数据生成具有多主体、过程多变的特征，同时存在国家主权、人格权等权利交叠的情形；其二，数据定价难，主要存在双向不确定性与非标准化定价困境；① 其三，构建互信难，缺乏针对交易对方数据产品的评估体系与可信的交易第三方监管；其四，入场难，绝大多数数据交易主体对于入场合规交易存在疑虑；其五，监管难，事前监管、条块监管与线下监管模式不适应数据要素市场的快速发展。②

缺乏多元化的数据交易合规模式和场景，场外大量灰黑交易缺乏监管。目前的集中交易模式主要聚焦于纯粹的场内交易，这会导致供需双方信息流通困难，不能有效发挥数据要素市场的体制机制优势。在场内交易之外，由于数据权属、数据安全、数据价值等难以确定，多数个人、企业或持观望的态度不交易，或选择绕开数据交易所以“点对点”的方式进行私下交易，这催生了大量场外无序数据交易以及个人信息售卖、电信诈骗等灰色产业链的形成，引发了信息泄露和数据滥用等方面的安全风险。③

从数据交易生态体系建设的角度而言，当前数据交易市场主体大多以单纯撮合交易、传输交易数据业务为主，从事数据聚合分析、深度加

---

① 参见丁晓东：《数据交易如何破局——数据要素市场中的阿罗信息悖论与法律应对》，载《东方法学》2022年第2期。

② 参见于施洋、王建冬、郭巧敏：《我国构建数据新型要素市场体系面临的挑战与对策》，载《电子政务》2020年第3期。

③ 参见林镇阳等：《数据要素生态系统视角下数据运营平台的服务类型与监管体系构建》，载《电子政务》2022年第8期。

工处理等创造更多附加价值的业务的主体较少，且相应的人才也较为匮乏。此外，面向数据产品与服务的从事质量评估、登记托管等第三方服务的机构尚未形成规模，相应的数据争议仲裁、权益保护等配套服务供给不足。

在数据开放共享方面，政府部门间、企业间、政企间数据流通不畅，壁垒严重形成“数据孤岛”，数据质量管理和标准体系不健全，不利于数据汇聚融合，影响数据要素供给。① 受制于公共数据开放共享和开发利用的规则不健全，公共数据开放的整体质量较低，金融、医疗、基础科学等领域的高价值数据的开放相对较少。政府部门横向和纵向共享数据不足，据测算，当前政府可共享数据量占比低于5%，实际共享占比不足1%，绝大多数数据仍在单部门使用甚至单次使用。政府和社会数据融合共享不够，政企之间数据对接机制缺失、范畴局限、数据不足、应用不深等问题普遍存在。企业数据开放应用尚处于探索阶段，企业间数据开放程度低，融合应用的广度深度不够。互联网领域的企业数据高度集中，一些大型互联网企业不断巩固数据垄断地位。

三、数据收益分配规则有待探索

数据要素价格机制尚未形成，数据要素收益的初次分配受到制约。市场对要素贡献的评价通过市场价格体现，但当前我国数据要素市场尚不健全，难以形成大规模流转、使用和交易的市场机制，② 定价机制的不完善，加之数据对经济增长所作贡献的复杂性使数据要素价格并不能真实反映数据要素在实际生产经济活动中的贡献大小，数据要素的非竞争性、可复制性以及规模报酬递增等特性，也使依赖市场供需关系和资

① 参见石庆波、黄其松：《我国政府数据聚通用的难点与优化路径——以贵阳市为例》，载《电子政务》2022年第3期。

② 参见黄倩倩等：《超大规模数据要素市场体系下数据价格生成机制研究》，载《电子政务》2022年第2期。

源稀缺程度的传统定价策略难以适配数据要素贡献评价机制，基于工业经济的传统收益分配思维难以在数据要素收益的初次分配中充分落实“市场评价贡献，按贡献决定报酬”的机制。①

数据要素收益再分配缺位，区域间数据红利共享不协同。② 在一般意义上，二次分配强调政府在收益分配中的协调功能，以税收和财政转移支付等手段确保分配公平性。然而，就数据要素收益再分配而言，当前并未探索出适当的数据财税措施。近年来，域外国家对数据税立法进行了尝试，但由于大型数字平台的反对以及对限制数字经济发展的担忧，立法计划几乎搁置。就数据收益区域分布而言，相关报告显示，我国数据资源存量主要集中在东部地区，得益于信息化发展水平优势和数字经济规模，东部地区率先享受到数据带来的经济收益。相比之下，西部数字经济规模普遍低于全国平均水平，参与数据红利共享面临着数字基础设施落后与数据存量少的双重现实困境，也未能充分发挥其自身能源优势承接东部数据存储与算力需求。

数据要素收益三次分配缺乏制度性激励机制且参与形式有待丰富。在共同富裕进程中，三次分配是对分配领域市场机制和政府机制的有益补充和完善，强调企业等主体基于自愿原则和道德准则以公益方式对所属资源和财富进行分配。当前数字平台几乎独占了数据要素收益，③ 在数据要素收益三次分配中应当扮演中坚力量，事实上，一些数字平台企业也正在以补贴或提供免费增值服务等方式对参与三次分配进行尝试。然而，由于制度性激励与约束机制的匮乏，这些探索与尝试并未取得广

① 参见李清逸、罗敬蔚：《数据价值链视角下数据要素定价机制研究》，载《价格理论与实践》2022 年第 3 期。

② 参见杨铭鑫、王建冬、窦悦：《数字经济背景下数据要素参与收入分配的制度进路研究》，载《电子政务》2022 年第 2 期。

③ 参见蔡万焕、张紫竹：《作为生产要素的数据：数据资本化、收益分配与所有权》，载《教学与研究》2022 年第 7 期。

泛的效果与影响。同时，就具体形式而言，数字平台参与三次分配的方式仍然过于单一，补贴等形式更造成三次分配与初次分配混同，一定程度上导致三次分配的功能虚化。

四、数据安全治理法律体系仍需完善

数据安全事关国家安全，数据安全立法是我国数据立法的重中之重。近年来，通过出台《个人信息保护法》《数据安全法》《网络安全法》等法律法规，我国已初步建构起数据安全治理法律体系。其中，《网络安全法》是我国第一部全面规范网络空间安全管理方面问题的基础性法律；《数据安全法》是完善我国数据安全治理法律体系的最重要的一块“拼图”，其从数据安全与发展、数据安全制度、数据安全保护义务、政务数据安全与开放等多个角度对数据安全保护的义务和相应的法律责任进行了规定，明确了数据安全主管机构的监管职责，建立了健全的数据安全协同治理体系，提高了数据安全保障能力，保障了数据出境安全和自由流动，维护了国家主权、安全和发展利益，为我国数据安全合规建设指明了方向，让数据安全有法可依、有章可循，为数字化经济的安全健康发展提供了有力支撑。

然而，从数据流通的视角进行审视，当前的数据安全治理法律体系仍亟待完善。首先，需要回应数据流通交易环节的安全治理问题。目前，我国在数据要素流通交易制度方面以数据交易中心的集中交易模式为主，尚未形成完善的多层次多样化的数据市场体系，较高的交易成本催生了场外黑灰色数据交易。公安部 2021 年公布的一起案例显示，犯罪嫌疑人搭建对外提供非法查询服务的数据库，非法获取医疗、出行、快递等公民个人信息数十亿条，并借以出售牟取不法利益。大量黑灰产架空了数据集中交易模式建立的合规机制，为数据流通安全带来较大隐患，需要以专门数据安全规范应对数据流通交易环节的安全问题。

其次，现有数据安全法律确立的监管难以满足数据要素市场化配置的超大规模数据协作式流通诉求。数据要素具有跨行业渗透的特点，一方面，各方都有保护自己拥有的数据的诉求和义务；另一方面，各方又希望有一种高效的合作方式来最大限度地让这些数据变成生产资料，这导致了数据安全和流通的冲突。但当前的条块式的基于法规的治理难以适应数据流通的跨行业特点，传统的线下监管也不适应数据要素线上线下流通交易的现状，进而难以满足数据协作式流通诉求，亟须形成全链条与全生命周期的线上线下结合的数据安全监管机制。

最后，当前数据安全立法并未将数据交易平台、数据经纪商等数据中介主体视为受特别监管的主体。在大规模数据要素流通的背景下，数据交易平台、数据经纪商等数据中介往往作为受托主体汇聚、存储、加工海量数据，因此成为网络攻击重点目标，网络安全事件频发。据科技期刊《比较技术》（*Comparitech*）报道，国外曾发生过严重的数字经纪人数据泄露事件，该事件导致2.35亿份社交媒体资料的泄露，包括在没有适当安全措施的情况下上传的个人信息，此类数据可能被用于垃圾邮件、网络钓鱼、冒充、诈骗，甚至用于非法的面部识别。数据中介主体控制的数据的规模较大，其中更可能有未脱敏的个人数据与重要政府部门数据，核心数据或敏感数据的泄露将引发更大的安全风险，因而数据安全法律需要尽快将此类主体视为特殊受监管主体或对其课以更严格的数据安全义务。

第三节　数据要素立法建议

为更好支撑数据要素市场化配置、加速数据要素基础制度建设，建议在协调现有的《民法典》《网络安全法》《电子商务法》《数据安全法》《个人信息保护法》《反垄断法》《反不正当竞争法》《刑法》等与数据相关的制度规则的同时，研究制定一部数据要素法加强顶层设计，同时以专门的数据要素立法体系，推进数据基础制度建设，促进数据要素流通交易、充分释放数据要素价值。

一、构建以激发数据要素流通交易为目标的柔性产权制度体系

现阶段，我国数据要素市场建设仍处于起步阶段，可以通过构建以激发数据要素流通交易为目标的柔性规则体系和基于区块链技术的共票（Coken）机制完善数据产权制度和规则，在有效规制数据要素市场运行的前提下为后续政策的出台和立法提供空间。

建议研究制定数据要素产权条例，构建以激发数据要素流通交易为目标的柔性规则体系。数据具有规模效应，单个主体的数据很难具有现实经济价值，其价值实现仰赖聚合和数字技术处理；同时数据也具有边际性特征，复制不仅成本低廉，也不会影响数据价值，反复利用更可能创造更大的价值。鉴于《个人信息保护法》《数据安全法》《网络安全法》等法律已然为数据处理行为划定安全底线，数据流通交易的安全问题已经得到法律规范层面的保障。所以，促进数据高效有序流通交易应被视为当下数据产权制度的核心，还应结合数据要素流转的运行进行规划，促进实现个人数据、商业数据和公共数据的平等保护和权益均衡。应以界定可交易与不可交易的数据范围为前提，以确保个人隐私及数据安全为第一要义，以促进数据合法合理流动为原则，以维护数据开发和利用的市场秩序为目的，根据具体场景为不同主体确权，构建柔性数据产权制度。① 在具体的制度设计上，目前我国《民法典》等相关法律规范已对数据产权作出原则性规定，承认数据的合法民事权益地位，而理论界和实务界在数据产权专门立法上仍存在较大争议，所以数据产权专门立法的必要性存疑。鉴于数据确权问题本身的复杂性、数据产权场景

① 参见童楠楠等：《中国特色数据要素产权制度体系构建研究》，载《电子政务》2022 年第 2 期。

的多元化和数据流通交易飞速嬗变等，可以通过制定根据已有立法制定在不同的数据确权场景和数据流通交易形式下的具体的规范性文件，形式可以包括细则、规定、办法、专条等，在兼顾各方数据主体、考量多重数据场景、广泛借助区块链等数字技术的基础上，直击权属配置背后的利益分配问题，强化与现有立法的衔接，由此为数据产权快速多样的发展形态提供具有包容性的制度供给。

借助共票机制跳脱产权束缚。无论是以所有权、债权为核心的传统产权体系还是以数据权、新型财产权等为核心的现有产权理论，均存在明显缺陷，难以适用于数据要素市场，因此可考虑跳出将产权作为数据要素市场化配置前提的思维窠臼，以流通交易和利益分配的结果作为数据基础制度的核心。在此过程中可引入共票机制。共票是基于区块链等技术对数据进行定价、交易、开放、共享、赋能，构建集政府、劳动者、投资者、消费者与管理者等于一体的数据共享分配机制。① 具体而言，中共中央、国务院《关于构建数据基础制度更好发挥数据要素作用的意见》提出的持有权、加工使用权以及经营权等分置的产权运行机制仍然需要以权属登记实现确权、方便授权，这可被视为数据价值实现链条的前端问题。借助共票机制内嵌的智能合约与区块链不可篡改的记录性质，可实现数据聚合、匹配与追踪，从而可对海量的数据进行自动化分析，淡化数据所有权，赋予数据主体对数据集合的持有权、加工使用权以及许可他人使用等经营性权利，最大限度地满足数据流通交易的现实需要。在共票机制激励数据要素更好流通和分配后，就解决了中端和后端的问题，所谓前端的产权配置问题也就迎刃而解。

二、全面细化数据流通交易规则体系与监管框架

应由网信办、工信部、市场监管总局研究制定数据分级分类管理办

① 参见杨东：《“共票”：区块链治理新维度》，载《东方法学》2019年第3期。

法，以《数据安全法》为基础构建流通视角下的数据分级分类标准。市场中存在的数据类型日益多样化，简单而笼统的划分标准已经很难适应数据要素应用场景不断扩大、日趋复杂的需要，有必要结合数据的具体使用场景、数据安全和隐私保护等因素，在《数据安全法》有关数据分级分类管理标准的基础上，进一步细化流通视角下的数据分级分类规则。具体来说，关于数据的分类，需要考虑不同的主体、不同的行为方式、不同的活动类型、不同的应用环境、不同的监管和观察工具，以及不同的技术实现和创新能力。在制度构建的过程中一方面要有前瞻性，要面向未来而给后续的市场探索与制度创新留下余地；另一方面要考虑所面对的数据的本身性质，例如，数据作为生产资料更多地体现一般性还是服务性。

在数据分级分类的基础上，研究制定数据要素市场化条例、非个人数据流通条例、数据要素交易条例、公共数据授权运营条例。加快培育多元化数据中介，探索中国特色数据中介生态服务体系。数据交易中介具有降低交易成本，提供数据交易合规服务，提供数据共享激励，降低交易风险，促进数据公益价值实现等功能。从国内外的实践来看，目前主流的数据中介形式有数据交易平台、数据经纪商、个人信息管理系统、数据信托、开放银行服务商、数据沙箱等。其中，数据经纪商是进行数据收集、处理并对外提供数据服务的机构。个人信息管理系统是为数据主体提供个人数据控制权服务的机构。数据信托模式是将数据纳入信托法律关系，在受托人、委托人、受益人三方之间建立相互信赖和责任的法律机制。开放银行服务商模式使银行开放自身服务和数据，通过数据聚合、产品创新等方式与合作伙伴一起获得新客户、增加客户触点。数据沙箱则是一种数据访问的安全环境，主体可以访问和分析数据，但无法从环境中复制或提取任何原始数据。

研究制定数据要素交易场所与交易商管理办法。针对我国数据交易所模式存在的问题，可以在立足本国国情的基础上，考察国内外的实践经验，以证券交易体系为参考，探索具有中国特色的数据交易体系。首先，通过赋予数据交易所、数据商不同的职能定位，划分数据交易所的公益属性与数据商的盈利属性间的界限。其次，从数据要素流通全生命周期视角构建起数据产品服务生态体系，在数据合规评估、数据登记备案、数据质量评估、数据定价评估、交易撮合、签订合同、生产交付、事后评价、数据资产评估等环节赋予数据交易所、数据商不同服务职能与责任，并引入第三方监管模式，实现由数据单点交易到数据生态化交易体系的构建发展的转变，完善数据全流程合规和监管规则体系，建设规范的数据交易市场。①

积极发挥政府的引导作用，发展“点对点”的去中心化数据交易模式。在数据要素实现资源配置的过程中，政府与企业的合作是必不可少的，应当秉持政府先行的理念，鼓励政府给予政策上的指导。在没有达成广泛共识的领域可以通过区域性试点和市场的广泛实践厘清答案。此外，还需要探索更丰富的交易场景，即合规化的“点对点”的去中心化数据交易模式。相较数据灰色产业，“点对点”的交易模式的数据来源相对更加合法且准确性更高，价格也相对合理。相对中心化的数据交易所，其酬劳分配也相对更加合理。因此，应当探索多元化的数据交易模式，② 一方面让数据可以进行场内交易，另一方面使数据这种“点对点”的交易可行，建立合适的交易规范。这可以借鉴大型平台企业的数据交易模式。从目前来看，这类交易模式通常以安全技术加持，交易多方都非常注重数据交换、融合过程中的安全和用户隐私保护等问题。应当在结合中国具体实际的基础上，建立起更多的企业与企业之间、企业与个人之间的侧重“点对点”的去中心化交易模式，让数据的价值在服务商

① 参见李爱君：《数据要素市场培育法律制度构建》，载《法学杂志》2021 年第 9 期。

② 参见欧阳日辉：《我国多层次数据要素交易市场体系建设机制与路径》，载《江西社会科学》2022 年第 3 期。

和消费者之间完成的交易中充分体现。

三、推动数据互联互通落到实处

我国的数据要素尚未充分地流动和联通，而我国互联网公司之间彼此割裂市场，在以社交平台为代表的元平台为中心形成多个排挤其他主体、以自身作为核心枢纽营造的数字经济生态系统是问题的核心所在。①平台对外封禁屏蔽、对内自我优待导致中小平台必须依附某一超级平台，这种平台之间的彼此对立导致数字市场被严重割裂，数据要素无法充分流动，形成所谓的腾讯系、阿里系等彼此割裂的“数字王国”。由于“数字王国”之间的数据无法互联互通，彼此之间在存量用户市场上相互制约、恶性竞争。就如同开发出 ChatGPT 的 OpenAI 公司一般，其成功得益于相对开放的数据环境和数据生态机制。对此，我国的超级平台也需要在数据上秉持着“开放”与“共赢”的理念，摒弃先前的数字封建主义，携手应对国际竞争的严峻挑战。

考虑数字新技术的发展需要海量数据“喂养”，我国应当加大针对数据垄断的规制力度，避免超级平台之间恶性竞争和过度竞争，促进平台与平台之间数据共享、互联互通，尤其是推进占据不同市场流量入口的元平台之间的互联互通。在数据互联互通的规制路径上，重点强调数据作为生产要素自身所具有的信息载体与生产要素的双重属性，统筹数据开发利用与数据安全以构建符合我国战略需求的数据基础制度，② 对超级平台课以更高的平台主体责任，完善竞争执法。针对我国存在的数据垄断、数据屏蔽、数据自我优待等问题，应在《反不正当竞争法》的

① 参见杨东、黄尹旭：《元平台：数字经济反垄断法新论》，载《中国人民大学学报》2022 年第 2 期。

② 参见时建中：《数据概念的解构与数据法律制度的构建　兼论数据法学的学科内涵与体系》，载《中外法学》2023 年第 1 期。

修法过程中通过构建体系化的专章予以重点规制。① 应在我国互联网市场内形成发展合力，推动我国统一大市场数据利益共享共治。对于违反互联互通要求的相关企业，应当强化其对数据的开放义务，元平台应当以开放为原则，以不开放为例外。

数据要素开辟了数字经济发展的新场景，在产生巨大流量的同时也创造了新的生产和生活方式，在加速数据流通时亦推动数据价值的充分实现。因此，数据流量入口必定是未来国际数据激烈竞争的“主战场”。数字新技术的落地应用需要场景扶持，而数据流量入口与新兴技术的结合能够更好地推动技术的发展和迭代。首先，我国应当大力扶持元宇宙、NFT 等新兴流量入口，在数字技术支持的虚实相融的世界中积极主动地参与、主导国际数据竞争，通过流量入口对数据资源的充分供给，实现从流量入口到数据资源优势的转化，为我国的数字经济产业实践提供丰富场景和强力支撑。其次，我国应加强对新兴流量入口的正面引导和灵活监管，以法律规制作为促进元宇宙良性发展的手段而非目的，以便于除弊兴利。在元宇宙治理中应强调“以链治链”的理念，最大可能地发挥区块链所提供的科技信任之维，围绕构建多维信任和动态风险治理设计制度，探索塑造基于技术自身特征和风险类型的内嵌型、技术辅助型规制路径。最后，在流量数据价值分配上应采用“共票”制度构建相应的规制体系，其将技术治理内嵌入数据流通与价值实现过程之中，让参与数据价值实现的多方（包括新兴技术研发者）均能在价值创造过程中参与利益分配，在激励数据要素流通共享的同时实现利益的合理分配，使人民共享数字经济发展成果。②

构建完善数据基础制度体系有利于充分发挥数据要素作用，赋能实

① 参见杨东、李子硕：《论反不正当竞争法的重构：以数据要素规制体系为核心》，载《法律适用》2022 年第 11 期。

② 参见杨东、李佩徽：《畅通数据开放共享促进共同富裕路径研究》，载《法治社会》2022 年第 3 期。

体经济，做强做优做大数字经济，应对科技革命和产业变革，构筑国际竞争新优势。在中共中央、国务院《关于构建数据基础制度更好发挥数据要素作用的意见》出台之后，我国数据要素基础制度的发展迈上了新台阶，但在多层次数据交易市场体系建设、数据利益共享和防止数据剥削、数据要素登记平台建设、公共数据授权运营开发机制设计上仍留有大量工作需要展开和推进。

在 2023 年 3 月国务院的新一轮机构改革中，拟组建国家数据局的方案对数据要素基础设施建设的意义重大。国家数据局的成立有利于充分发挥新型举国体制优势协调推进数据基础制度建设，统筹数据资源整合共享和开发利用，对构建全国统一大市场、推动中国式现代化高质量发展具有重要意义。在人工智能前沿技术的开发上，其成立有利于我国整合海量数据资源，推动数据要素离开“闲置库”从而成为前沿技术研发的“燃料”。

我国应当进一步明确构建数据要素基础制度、深度挖掘数据要素潜在价值的重要性，强调数据的流通交易与价值实现在数据基础制度中的根本性，推动数据要素基础制度的构建和生态培育，推动构建以国内大循环为主体、国内国际双循环相互促进的双循环格局，为数据要素开发利用奠定坚实框架。

以 ChatGPT 为代表的新兴人工智能技术在运算过程中所呈现的认知、理解、推理、反馈都与算力密切关联，能源费用与设施费用将占据未来该产业成本的重要部分。电力成就了过去几百年的工业经济，而算力会成为未来的基础能源。OpenAI 公司在报告中将人工智能的算力发展分为两个阶段：第一阶段是 1960～2012 年，人工智能系统训练中所使用的计算量大概两年翻一倍，这大致上契合摩尔定律；第二阶段是 2012 年之后，计算量只需 3. 4 个月就会翻倍，算力呈现新的演进规律,① 凸显了算力的重要性与迫切需求。同时，超大模型与海量数据语料库所对应的是高额的资金消耗，有报告指出，GPT－3 模型为满足算力要求前期训练成本需要近 10 亿美元，后期运行的单日电费亦需数万美元，随着模型进一步扩大，这一能源消耗成本会进一步增加。②

我国“十四五”规划提出的“东数西算”工程，可为我国企业算力的能耗与用电成本问题提供优质解决方案。该工程强调优化我国的国家算力资源布局，将算力配置给能源算力相对丰富的中西部地区，进而支持我国主要集中于东部地区的 AI 产品研发企业，缓解其在东部面临的算力基础设施资源紧张的一系列问题。“东数西算”工程的推进能够为我国人工智能产业参与国际竞争提供坚实的算力保障和算力成本优势。通过优化数字基础设施建设与应用的全国空间布局，有利于形成按需分配、高效共享的全国性算力资源市场，促进以数据、算法为纽带的东中西区域协同发展,③ 支持参数更大、功能更强的中国版人工智能内容生成产品的训练，为我国技术顺应全球趋势进行发展奠定坚实的算力保障。

四、坚持总体国家安全观，立法鼓励科技驱动数据安全治理

研究制定网络数据安全管理办法、数据要素流通合规与安全审计管理办法，强化网络空间数据要素主权，完善数据要素主体责任。在以移动互联网、云计算、大数据、物联网、人工智能等为代表的新一代信息技术蓬勃发展的时代背景下，跨境数据的管辖及控制问题催生了数据主

① See *OpenAI and Compute*, Accessed 28 Feb. 2023, https://openai.com/research/ai-and-compute.

② 参见《ChatGPT 需要多少算力》，载新浪财经，https://finance.sina.com.cn/stock/stockzmt/2023－02－13/doc-imyfpfsz2563335.shtml。

③ 参见王建冬、于施洋、窦悦：《东数西算：我国数据跨域流通的总体框架和实施路径研究》，载《电子政务》2020 年第 3 期。

权诉求。数据主权涉及数据的生成、收集、存储、分析、应用等环节，关系国家、企业和个人的切身利益，是国家主权的重要组成部分，有必要将保护数据安全置于国家战略高度，强化数据主权要素，完善数据要素主体责任。应参照关键信息基础设施的认定标准与重要数据的处理者特殊义务，从控制数据的量级、规模或范围等角度确立标准，明晰包括数据交易平台、数据经纪商、开放银行服务商在内的数据中介等在数据安全法律上的特殊受监管地位，设置区别于一般数据处理者的更严格的数据安全义务。

研究制定区块链应用管理办法。建构“以链治数 + 以法入链”的协同治理体系，将区块链应用到核心数据储存中有利于在信息对称的基础上实现信任对称，助力数据高质量运用，进而保障数据流通安全。中央机构系统整体或构件缺失在传统中心化的数据存储模式下会加大数据丢失或泄露的风险，对数据应用安全性产生不利影响。区块链技术不可篡改和安全追溯的特征在具体应用中也有助于保障数据安全，可靠保证了数据的实时高质量应用。

“以链治数”的监管模式可以满足链上数据的安全风险防护需求。互联网跨链技术对区块链技术向更高维度演进起到了推动作用，但也暴露出了区块链技术的问题。应建立起协同监管技术框架和共性安全风险指标体系以应对区块链生态中存在的安全风险和多维监管需求。应以落实数据分级分类管理机制为基础，使开放共享政府数据先行，先实现政务数据上链，此后推动平台数据与政府数据的互联互通。

“以法入链”的智能化监管对节约监管成本和提升监管效率具有积极作用。“以法入链”利用 Petri 网等形式化方法构建监管法规的形式化表征机制，通过智能合约或共识机制映射到监管链，生成监管合约或协议。其本质在于将监管法律法规的语言转化，使其成为计算机可识别的干代码，该校验机制具有精确性、一致性和完备性，能够为实现区块链安全风险合规监管提供业务支撑。

构建“法律+科技”双维数据安全治理体系。① 从历史发展来看，治理体系呈现规则治理、原则治理、科技治理的脉络，与规则治理相比，原则治理强调对期望的治理结果的一般和抽象的指导原则，从而使治理目标更易于实现，但原则的模糊性和弹性可能导致多重解读。因此，有必要引入科技治理，实现双维治理。②

研究出台相关管理办法，加快推进数据流通基础设施建设，为数据要素提供低成本、高效率、可信赖的流通环境。在总体层面可以着重做好以下几个方面的工作：其一，建立全面完善的数据收集系统。科技驱动型监管要求监管机构重点关注数据流通交易机构的持续运营能力和风险控制能力，并以人工智能、大数据和云计算等技术实现对风险及数据流通交易机构运营能力的精准评估。其二，构建大数据分析和风险预警机制。依靠大数据、人工智能、云计算和区块链等技术，有利于提前发现数据安全风险从而防止其发生，也可实现同步监管跟踪，为事中事后监管提供强有力的证据依据。其三，完善配套保障措施。监管机构应重点监管数据流通交易机构的技术基础设施，对其基础性和关键性信息系统进行定级备案和等级测试。

研究制定隐私计算应用管理办法。在双维数据安全治理体系中，“隐私计算”是纾解数据流通安全隐忧的重要工具。③“隐私计算”也称“隐私增强技术”，是隐私度量、隐私泄露代价、隐私保护与隐私分析复杂性的可计算模型与公理化系统。从产业角度来看，隐私计算可广泛应用于不同场景，确保数据安全，促进数据流通，释放数据要素的价值。

---

① 参见杨东：《数据要素市场化重塑政府治理模式》，载《人民论坛》2020 年第 34 期。

② 参见杨东：《监管科技：金融科技的监管挑战与维度建构》，载《中国社会科学》2018 年第 5 期。

③ 参见赵精武：《破除隐私计算的迷思：治理科技的安全风险与规制逻辑》，载《华东政法大学学报》2022 年第 3 期。

隐私计算首先在金融领域有大面积的落地与应用，包括银行风控、信贷业务和反欺诈。同时，医疗的辅助诊断、政务数据开放、智慧城市和物联网等多种场景也在积极探索与实践隐私计算。从社会角度来看，隐私计算可解决“数据孤岛”问题。数据治理面临着数据共享与融合挑战，一方面，这些数据包含或掺杂着大量的个人信息和敏感数据，数据安全与隐私法规不允许直接共享；另一方面，数据分布在各个系统、各个企业和各个行业，“数据孤岛”成为一个普遍现象。隐私计算技术能够帮助不同领域的主体实现数据共享，填补信任鸿沟，推动数据进入流通经营环节，实现更优的数据协作。①

五、优化地方数据立法

各地在数据要素法的引领下需要进一步完善优化地方数据立法。一方面，要处理好不同位阶数据相关制度的协调关系，《立法法》规定“基本民事制度”“基本经济制度”等领域的立法权专属国家，地方数据立法工作应当遵循中央和地方的立法权划分，尊重已有数据相关法律的制度规定，克服立法冲动，回避高风险领域，不能突破立法权限与范围导致中央和地方之间的数据相关制度规定冲突或地方立法过于超前。②

另一方面，地方数据立法既要体现综合性也要有所侧重。地方数据立法大体有两条路径：一是制定一部涵盖不同类型数据的包括数据利用、保护全周期的综合性规范性文件；二是制定一部只涉及特定类型数据及特定数据处理阶段的专门性规范性文件。虽然从当下实践来看，制定一部综合性规范性文件是主流趋势，但仍应根据数据要素市场发展阶段及数据开发技术的现有发展水平有所聚焦和侧重。中共中央、国务院《关

---

① 参见唐林垚：《数据合规科技的风险规制及法理构建》，载《东方法学》2022年第1期。

② 参见宗珊珊：《我国地方数据立法的特征、挑战与展望》，载《信息通信技术与政策》2022年第8期。

于构建更加完善的要素市场化配置体制机制的意见》对于“加快培育数据要素市场”的第一项要求便是“推进政府数据开放共享”，后续地方数据立法工作可以突出对政府数据共享开放相关规则的构建与完善。

第三章

数字平台立法

第一节　数字平台发展现状

数字平台是数字经济时代的新型市场主体。数字平台利用大数据、云计算、人工智能、区块链、物联网等新技术，突破时空限制，连接各类主体，构建联动交互的数字经济生态，其采集、共享、利用各类主体的数据提高交易效率，是支撑和稳定经济运行的一种新型基础设施。

一、数字平台是新型主体

数字平台，是指通过网络信息技术，使相互依赖的双边或者多边主体在特定载体提供的规则下交互，以此共同创造价值的商业组织形态。根据《韦氏词典》，“数字平台”（platform），是指“提供服务的基础的应用程序或网站”①。进言之，“数字平台”是一个网站、应用程序或其他进行商业互动的数字场所，服务一组或多组对象，双边数字平台涉及至少两个相互依赖的对象群体。② 从纯粹技术的定义而言，数字平台是

① *Merriam-Webster's Collegiate Dictionary*，Merriam-Webster Inc.，2003，p. 950.

② See Herbert Hovenkamp，*Antitrust and Platform Monopoly*，130 The Yale Law Journal 1952，1982（2021）.

“基于软件的系统的可扩展代码库，它提供的核心功能，可由与其互操作的应用程序共享，以及它们互操作的接口”,① 从组织业态的定义而言，国务院反垄断委员会《关于平台经济领域的反垄断指南》将“平台”（互联网平台）定义为“是指通过网络信息技术，使相互依赖的双边或者多边主体在特定载体提供的规则下交互，以此共同创造价值的商业组织形态”。数字平台有力推动市场资本主义向信息资本主义转向，信息资本主义即一个以“知识积累和信息处理的更高水平复杂性”实现利润最大化的经济社会系统。② 一些学者将在此过程中发挥作用的数字平台理解为在线中介网络，允许主体访问以及允许数字平台使用便利技术向这些主体推销商品或者服务。③

数字平台涉及多种平台生态系统，日益成为当下社会经济运转的枢纽。《互联网平台分类分级指南（征求意见稿)》依照功能等将数字平台划分为“网络销售类”、“生活服务类”、“社交娱乐类”、“信息资讯类”、“金融服务类”以及“计算应用类”六类，依照规模和业务种类等将平台分为“超级平台”、“大型平台”以及“中小平台”三级。超级或者大型数字平台往往涉及多种业务，跨市场经营，融汇线上线下业务，形成强大的网络效应和锁定效应。数字平台具有跨界发展的“冲动”和便利条件，API 等机制为平台拓展提供了一组接口，允许外部网站、其他数字平台和应用程序与原数字平台进行交流、互动以及其他互操作，以原本数字平台作为基础设施，延展其功能。④

---

① Amrit Tiwana, *Platform Ecosystems*, Morgan Kaufmann, 2014, p. 8.

② See Julie E. Cohen, *Between Truth and Power: The Legal Constructions of Informational Capitalism*, Oxford University Press, 2019, p. 43.

③ See Julie E. Cohen, *Law for the Platform Economy*, 51 U. C. Davis Law Review 133, 140 (2017).

④ See Amrit Tiwana, Benn R. Konsynski & Ashley A. Bush, *Research Commentary—Platform Evolution: Coevolution of Platform Architecture, Governance, and Environmental Dynamics*, 21 Information Systems Research 675, 681 (2010).

二、数字平台是新型基础设施

基础设施和数字平台在架构的开放性和利用的公共性上具有一定的近似性，而在规制上有不同特点，因此当基础设施和数字平台融合后，其既具有时间维度上的必然性，又具有规制维度上的挑战性。① 作为基础设施的数字平台在数字社会中必然出现。信息时代的数字化全面革新社会经济生活，很多传统业态通过数字碰撞产生变革。数字平台是数字经济中十分特殊的主体，它呈现互连性、模块化和交流场所性的特征：数字平台可以通过互联网端口广泛连接线上线下不同主体，继而成为流量中转的枢纽，这是数字平台互连性的体现；数字平台是由可编程的模块组成的，可以自由替换自身或者第三方组件，因而可以广泛接纳第三方参与，形成特殊竞争优势，这是数字平台模块化的体现；数字平台的互连性和模块化的特征使其天然适合成为数字经济各种交往交流的场所，其既可以成为社交场所，也可以成为交易场所，是数字经济中的主要市场。在此背景下，数字平台所具有的模块化、互连性和交流场所性等特征极易形成一种生态系统的格局，② 俯视这种格局，可看出其是一种“嵌套式的平台结构”，③ 小型平台依附于核心平台，分支业务依附核心业务，具有核心功能的数字平台不断“以平台构建平台”，以自己为圆

---

① See K. Sabeel Rahman, *The New Utilities: Private Power, Social Infrastructure, and the Revival of the Public Utility Concept*, 39 Cardozo Law Review 1621, 1621 – 1692 (2018); Anne Helmond, David B. Nieborg & Fernando N. van der Vlist, *Facebook's Evolution: Development of A Platform-as-infrastructure*, 3 Internet Histories 123, 123 – 146 (2019).

② 参见范如国：《平台技术赋能、公共博弈与复杂适应性治理》，载《中国社会科学》2021 年第 12 期。

③ 参见苏治、荆文君、孙宝文：《分层式垄断竞争：互联网行业市场结构特征研究——基于互联网平台类企业的分析》，载《管理世界》2018 年第 4 期。

心形成层层叠加的数字生态。①

数字经济的大部分创新和价值交换发生在由平台生态系统塑造和维持的新经济结构中为经济学和管理学研究者所广泛承认。② 在这样的平台生态系统中，作为核心的数字平台提供核心组件、接口和优势资源，其他商业型参与者为终端用户提供其补充产品，③ 其他商业型参与者可以从利用核心数字平台提供的共享资源和基础设施来构建他们的业态，并接触更庞大的平台用户市场从而获益匪浅。④ 随着终端用户和其他商业型参与者对于核心数字平台的依赖加剧，平台生态系统日渐形成价值和规则闭环，而作为核心的数字平台日渐成为具有基础设施功能的数字基础设施平台。数据流量是数字经济中的通行“货币”，在 A 业态产生价值的数据，同样可以在 B 业态产生价值，流动的数据流量还可以在不同市场中产生杠杆效应和传导效应，⑤ 可见，数据流量已成为数字经济

① 参见杨东、黄尹旭：《元平台：数字经济反垄断法新论》，载《中国人民大学学报》2022 年第 2 期。

② See Peng Huang, Marco Ceccagnoli, Chris Forman & D. J. Wu, *Appropriability Mechanisms and the Platform Partnership Decision: Evidence from Enterprise Software*, 59 Management Science 102, 105 (2013); Annabelle Gawer, *Bridging Differing Perspectives on Technological Platforms: Toward an Integrative Framework*, 43 Research Policy 1239, 1240 (2014); Ahmad Ghazawneh & Ola Henfridsson, *Balancing Platform Control and External Contribution in Third-Party Development: the Boundary Resources Model*, 23 Information Systems Journal 173, 176 (2013); Llewellyn D. W. Thomas, Erkko Autio & David M. Gann, *Architectural Leverage: Putting Platforms in Context*, 28 Academy of Management Perspectives 198, 200 (2014).

③ See Ron Adner, *Ecosystem as Structure: An Actionable Construct for Strategy*, 43 Journal of Management 39, 51 (2017); Michael G. Jacobides, Carmelo Cennamo & Annabelle Gawer, *Towards a Theory of Ecosystems*, 39 Strategic Management Journal 2255, 2271 (2018).

④ See M. Mahdi Tavalaei & Carmelo Cennamo, *In Search of Complementarities within and across Platform Ecosystems: Complementors' Relative Standing and Performance in Mobile Apps Ecosystems*, 54 Long Range Planning 143, 154 (2021).

⑤ 就杠杆和传导存在诸多争议，参见邓峰：《传导、杠杆与中国反垄断法的定位——以可口可乐并购汇源反垄断法审查案为例》，载《中国法学》2011 年第 1 期。

的基础架构和元市场，流量渠道已成为数字经济最大的基础设施。

第二节　数字平台发展与立法的主要问题

一、数字平台作为新型市场主体突破传统法律规制

数字平台不是传统意义上的公司这样的法人主体，它呈现很多新的特征。数字平台更像是一个市场，自我形成一个生态系统，这与传统法律规制以一个独立对象为主体的形态不同。数字平台将不同用户群体的需求外部性内部化（数字平台将不同用户群体不同需求集中在平台内加以解决），用户群体内的需求集中化导致直接的网络效应，这意味着随着平台同一侧用户总数的增长，平台对用户更具吸引力。直接网络效应是社交网络和通信应用程序（如脸书、微博、微信等）的典型特征。相比之下，用户群体之间的需求外部性导致间接网络效应，这意味着随着另一组平台用户（如消费者）的增长，平台对一组用户（如广告商）更具吸引力。间接网络效应是促进交易的平台（如亚马逊和淘宝）和基于广告的收入模式的平台（如 YouTube 和优酷）的典型特征。

在数字平台作为新型市场主体最普遍的形式中，“数字平台”是一个场所，两种或多种不同类型的用户（如买家和卖家）可以见面交换商品、服务信息等。因此，没有网络效应的平台不会被视为平台。然而，从技术角度来看，向最终用户提供（多种）商品和服务的任何技术基础都可以是一个平台，无论其运营商是否选择将需求外部性内部化。基于平台的商业模式与传统商业模式之间的区别为：传统商业模式主要由商户创造价值，而平台商业模式则促进其用户创造价值。

同时，数字平台更多地利用数据产生价值，而不是依赖传统的生产或者价格竞争模式。数据的生成和分析是大多数数字商业模式的关键要素。数据是从用户群中挖掘出来的，可用于提供更好的用户体验以改善

服务。它还可用于创建新服务并可以出售。因此，平台可以被视为“数据挖掘”场所，数字公司从中挖掘数据以供内部或外部使用。内部使用是指使用数据来优化平台使用体验（在平台的两侧）。①

二、超大型平台带来竞争挑战

占主导地位的数字平台现在是世界上最有价值的公司，它们对其他组织日益增长的权力使它们能够改写商业战略的规则。在过去 10 年中，数字平台深刻地重组了市场和行业，并重新定义了价值创造和竞争的动态。它们创建了市场，催生了大量的平台原生初创公司。随着这些企业的发展壮大，现有企业不得不加入平台经济，并认为参与其中是发展甚至生存的必要条件。

首先，网络效应的“赢家通吃”现象经常出现在平台经济中。其次，数字化使平台更容易以低成本快速扩展。网络效应和数字化的结合可以使公司快速发展。最后，数字平台可以收集大量数据，并利用数字化带来的工具，如推荐系统和互操作性。

数字平台通常与同一业务中的其他数字平台直接竞争。例如，京东和淘宝直接在电子商务领域展开竞争。数字平台也可以进入新市场，直接与其他数字平台竞争。例如，高德是一家地图导航公司，但鉴于其拥有网络和交通专业知识，它进入了网约车市场，直接与滴滴出行等数字平台竞争。影响直接竞争的因素包括用户在平台之间切换的难易程度，以及初创公司和其他试图挑战现有企业的公司是否存在进入壁垒。数字平台通常与不同业务的数字平台展开间接竞争。例如，抖音和微博分别提供视频共享和文字社交服务，但它们竞相吸引人们的注意力，向他们展示广告并获取他们的数据。数字平台之间的间接竞争可能涉及：在平

---

① 参见黄尹旭：《平台经济用户的责任规则重构——基于未授权支付的研究》，载《华东政法大学学报》2022 年第 3 期。

台上为用户创建内容、制作应用程序以及提供其他商品和服务等外部各方的竞争。数字平台价值的很大一部分取决于在这些平台上互动的外部各方。因此，平台有必要留住和吸引为其创造价值的外部各方。用户数据对许多数字平台来说具有重要价值，因为它可以通过多种方式予以货币化，如将其出售给广告商，如脸书和谷歌十分依赖将用户数据予以货币化来获得收入。用户的注意力对许多数字平台来说都具有重要价值。用户在数字平台上花费的时间是平台可以用来向他们展示广告或从他们那里收集数据的时间。间接竞争对市场的影响可能比直接竞争更复杂，更不明显。

正确评估间接竞争对数字市场中合并、收购和其他实践的竞争影响非常重要。①

第三节　数字平台立法建议

建议在相关法律中进一步明确数字平台的新型主体地位，进一步完善《民法典》的民事主体内容，研究制定数字平台监管法。

一、“平台—数据—算法”综合规范

采用“平台—数据—算法”范式，完善平台经济的“一核三治”。由数据、平台、算法构成的平台新经济三维结构改变了自工业革命时代形成的经济和社会结构。在该体系下，诞生了新型市场主体，数字平台也成为庞大的流量入口和以衍生交易为核心的新兴市场力量。提供网约车、互联网金融服务的数字平台，利用数据算法链接各类主体，促成交

---

① 参见杨东、黄尹旭：《元平台：数字经济反垄断法新论》，载《中国人民大学学报》2022 年第 2 期。

易，在本质上其是一种全新的组织主体与价值生态，其影响绝非简单的技术加成，而在于对经济体系与规则的重塑。数字平台是一种新经济业态，它以数据生产要素为核心并融合企业。利用数据和算法技术，数字平台提供信息、搜索、竞价、调配、社交、金融等服务，打破了时空限制，链接起了各类主体，建立起了新型经济组织。数字平台不是简单的数字技术加成，其重要意义在于新的生态、新的组织和新的规则。为维护以平台为核心的数字经济的健康生态，需要在主体、客体以及行为等方面进行治理。首先，平台作为主体，要有适当的规则体系进行规制。其次，数据作为主要客体，须平衡价值开发与隐私保护之间的关系。再次，面对数据市场中的多维竞争要素，如何评估平台的市场力量，规范其竞争行为也是一个值得思考的问题。网络效应是数据市场的主要进入壁垒，但在此市场中，对于多点连接平台来说也存在逆向网络效应。最后，要重塑监管模式，构建以政府监管为核心的平台，以实现监管目的。

二、加强对具有公共性质的元平台的治理规范

我国对于必需设施原则的规定总体是向前发展的，《禁止滥用市场支配地位行为暂行规定》（已失效）第16条第5项规定，认定必需设施时应当综合考虑另行建设、投资建造该设施的可行性、请求者对该设施的依赖程度、提供设施的可能性和开放设施对设施持有者的影响等。国务院反垄断委员会《关于平台经济领域的反垄断指南》则指出，认定相关平台是否构成必需设施，“一般需要综合考虑该平台占有数据情况、其他平台的可替代性、是否存在潜在可用平台、发展竞争性平台的可行性、交易相对人对该平台的依赖程度、开放平台对该平台经营者可能造成的影响等因素”。

可以看出，国务院反垄断委员会《关于平台经济领域的反垄断指南》已经发展了传统的必需设施原则，以适应数字经济的需求，该指南所提出的所有正向要件实质上都指向数据流量。占据流量入口的竞争优

势是长期的，腾讯系社交平台，在20多年内牢固占领绝对优势地位，只有QQ和微信互相在一定领域替代，且长期共同垄断。其他交易相对人为获得流量而依赖流量垄断者。《电子商务法》第22条已绕开传统市场力认定和相关市场界定思路，将技术优势、用户数量、行业控制和依赖关系等作为认定市场支配地位的新标准。元平台依靠数据流量门户和“看门人”的特殊地位进行行业控制，通过流量挟制和自我优待构造股权关系和协议关系之外的新型“控制—依赖”关系。美国的一些案例，如“PeopleBrowsr诉Twitter案”“Ebay诉Bidder's Edge案”等已经涉及数据流量控制的元平台营造进入壁垒的问题。①

数字平台通过算法控制数据流量的能力日益超越传统市场力量并成为其垄断的源泉，② 广泛控制市场主要数据流量应当既成为认定市场支配地位的标准，也成为构建元平台认定的要件。参照英国竞争和市场管理局、法国竞争管理局和德国联邦卡特尔局等对于数据与竞争法的研究，数据构成进入壁垒的要素一般应当考虑：数据价值（质量价值、数量价值、时间价值）和可获得的数据结构与成本（市场内相关数据的稀缺性与多样性、获得数据的成本）。③ 强大数据能力，是指具有高价值的数据要素和（或）相对于市场其他参与者不易得的数据积累，并结合流量渠道控制能力，开放平台原则适用的正向要件可以抽象为：（1）该平台拥有高价值的数据要素或者其他经营者不易获得的关键性数据；（2）其他经营者无法绕开该平台获取交易机会，或者绕开该平台获客成本极高，

---

① See Zachary Abrahamson, *Essential Data*, Yale Law Journal, Vol. 124:3, p. 867 - 872 (2014).

② 参见黄尹旭、杨东：《超越传统市场力量：超级平台何以垄断？——社交平台的垄断源泉》，载《社会科学》2021年第9期。

③ See European Union, *Competition Policy for the Digital Era: Final Report*, 2019, p. 2 - 11; European Commission, *Report on Competition Policy* 2018, 2019, p. 7; BRICS Competition Law and Policy Center, *Digital Era Competition: A Brics View* 2019, 2019, p. 26 - 29.

严重影响经营者竞争能力；（3）开放符合公共利益要求；（4）该平台不合理拒绝开放。

同时，也建议《反垄断法》修订不仅需要导入开放平台原则进行立法化，还可以按照市场支配地位和相对优势地位双层规制架构体系。开放平台原则不仅可以突破传统竞争法中对于市场支配地位认定方式的不足，适应平台、数据、算法三元要素融合带来的变化，还可以完善数据流量拒绝接入的认定要件，重构市场界定和市场支配地位的认定方法，提高规制数据拒绝接入行为的可操作性。①

三、治理规范引导平台资本有序发展

资本、数据、流量三者的深度结合，演化出了“叠加垄断”这一全新的垄断模式。其中，塑造结构性竞争优势、构建封闭生态、抬升市场壁垒这3种行为与一般竞争行为不同，它们具备显著的流量竞争特色，是数字平台生态“中心—外围”体系的行为映射：资本不断对信息基础领域进行投入，加速构筑数字必需设施，集聚数据流量形成中心平台，并通过对角兼并对其竞争者形成了钳形攻势；对内自我优待、对外屏蔽封杀，平台向管道“退化”，塑造流量垄断体系；资本又以不符合数据流动的商业模式与法律规制固化该体系，导致后发竞争者难以突破超级平台通过先发优势与数据规则塑造的数据垄断，控制高度依赖数据的创新成了少数超级平台的寡头游戏。

四、建立数字平台共同准则

建立平台共同基本准则。网络空间是否需要规制、是否能够被规制是一个长期命题，但一些基本点日渐清晰。规制主体无法深入网络空间

---

① 参见杨东：《互联网信息服务市场支配地位的认定及法律调整》，载《政法论坛》2012年第1期。

的方方面面，只能规制一些涉及国家安全、市场机制、公民基本权利等的问题，同时引导建构平等、无歧视和鼓励开放的共同准则。如前所述，平台是“准立法者”“准监管者”“准司法者”，但不同平台制定了不同的规则，其在监管方法和监管程度上有所差异，在纠纷解决方面亦有不同。平台之间形成一个个自我监管的辖区，存在监管套利可能。应当着重防止安全可靠可信的平台开放后，数据流量导向行为恶劣或者非法的平台。应当推进不同平台协同协商共同准则，制定相应标准，倡导自律守则，营造广泛互联互通互信的互联网环境。请求接入方拒绝遵守合理的共同准则也应当成为拒绝开放的合理理由。

探索平台控制者与平台内参与者（特别是用户）共同参与开放设施治理的机制。数据成为生产要素，更要体现生产要素贡献者在相关生产分配的“权力—治理”体制结构中的主要作用。共同治理有助于进一步发挥平台的公共作用，维护平台内弱势参与者的权益，实现公共利益。多维治理也有助于获得具体的知识，给予试错的空间，以更好地传导经验，并且在较小系统出现问题时，更大系统还可以继续运行。特别是针对数据，随着时间的推移和技术的进步，数据的内涵、特征和安全要求都会不断变化，需要灵活的多维治理机制。笔者提出“共票”理论，即引入区块链技术的社会共治理论，集多元主体的利益分配共享与共同治理机制于一体，对数据赋权、确权、赋能，进而为以数据为核心的数字经济激发新动能。

五、立法优化平台责任机制

数字平台的规制框架包括公平、问责、透明、道德和责任以及算法系统的理想计算机科学原则。应当构建“数字正义”的基本原则，不只关注各种数据驱动系统造成的个人伤害，在更广泛的层面坚持社会正义的整体原则。① 结合有意义的公共问责制和透明度，② 并通过企业社会责任③和其他社会责任感的建设引导数字基础设施平台向社会公共目标自觉靠近。④ 数字平台有动力保持主导地位，需要具有创造性的想法来帮助“破坏式创新”和“挑战者”，并引入更公平、更负责任和更公正的平台规制机制。⑤

完善数字平台公共责任还有望通过减少数字平台的不利社会影响和支持更公平地分配共享经济中创造的价值，实现社会公平的可持续性目标。从本质上讲，社会希望这些新的平台规制模式的出现能够转变数字经济中的价值，即除提高效率的工具价值观外，社会价值观和环境价值观也会得到提升。其中，工具价值观包括自利、效率、金融财富、物质财富、自给自足和经济理性，社会价值观包括人文利他、社会正义、平等、互助、社区和团结，环境价值观包括与自然和谐相处和后物质主义。⑥ 数字平台可能会尝试发展其营销手段和在线形象从而体现这些价值观，并以此作为促进平台发展的一种手段。当下，我们可能正处于发展平台经济的初始阶段。新兴的社会需求和政策动态将推动法律和规制策略的革新，并将重塑数字经济和数字平台的自身属性与规制结构。

---

① See Lina Dencik, Arne Hintz & Jonathan Cable, *Towards Data Justice? The Ambiguity of Anti-surveillance Resistance in Political Activism*, 3 Big Data & Society 38, 40 - 45 (2016).

② See Christopher Hood & David Heald eds., *Transparency: The Key to Better Governance*, Oxford University Press, 2006, p. 5.

③ 参见朱慈蕴：《公司的社会责任：游走于法律责任与道德准则之间》，载《中外法学》2008 年第 1 期。

④ See Greg Urban ed., *Corporations and Citizenship*, University of Pennsylvania Press, 2014, p. 67.

⑤ 参见赵鹏：《平台公正：互联网平台法律规制的基本原则》，载《人民论坛·学术前沿》2021 年第 21 期。

⑥ See Chris J. Martin, Paul Upham & Rita Klapper, *Democratising Platform Governance in the Sharing Economy: An Analytical Framework and Initial Empirical Insights*, 166 Journal of Cleaner Production 1395, 1398 - 1400 (2017).

第四章

人工智能与数字相关技术立法

第一节　人工智能与数字相关技术发展现状

中共中央政治局于2023年7月24日召开会议，对我国当前经济形势进行分析研究，并对下半年经济工作作出部署。会议强调，要着力构建现代产业体系，促进战略性新兴产业发展、壮大，打造更多支柱产业。要把数字经济与先进制造业、现代化服务业融合，保障安全，以及人工智能发展的安全。

数字相关技术的创新应用与推动数字产业化、产业数字化转型密切相关，人工智能、大数据、区块链、云计算、量子计算等数字相关技术，一方面，赋能传统产业转型升级；另一方面，催生新产业、新业态、新模式，成为数字经济发展的重要引擎。随着数字相关技术不断革新，数字技术的风险也越发明显，针对某种或某一类数字技术进行立法的呼声日益高涨。就如同二十国集团于2017年在德国柏林的报告所述，面对数字技术的高速发展，法律体系已然演变为“20世纪的法律治理21世纪的实践”的困难。[①] 针对数字技术，尤其是一些头部的数字技术进行妥善的立法已然成为社会对立法机关提出的天然挑战。这种立法的内在需求分为两个方面，一方面受到技术培育与发展的需求所影响进行促进式的立法，另一方面也涉及如何有效解决新技术带来的风险问题。在两个方面的合力之下，虽然对于特定新技术的立法由于技术发展上的不确定性在内容上有很多局限，但关于特定数字相关技术的立法倡议依然有诸多讨论。值得注意的是，这种立法往往不限于纯粹以促进技术发展为主的产业政策方向，而是对于新技术可能产生的法律风险与后果进行明确性的规制，以希冀重要的数字相关技术在法治轨道上健康、可持续的发展。尤其是当新兴技术的应用可能放大了某些权益受侵害的风险与烈度，或者导致社会出现系统性风险时，法律需要因应数字相关技术的特点设计出平衡发展、效率与安全的规制模式和责任规则。[②] 在此基础上，与数字技术高度相关的数字经济主体、客体、行为，也可能会在数字经济相关立法中有所涉及。其中，数据作为生产要素和数字技术的紧密互动无疑是数字经济立法的核心，对数字技术的立法在妥善处理数据要素权益的前提之前，这一立法的前瞻性无疑会受到后续技术变革的挑战。

这一立法模式在此前也有充分的实践例子，所谓经济的发展史也是经济与科技紧密融合的过程。冶炼与印刷技术所带来的铸币和纸币拉开了金融经济的帷幕，随后经济与科技的融合在数字经济的历史演变中体现得淋漓尽致。第一阶段，1866～1967 年，是以电报和电话等模拟信息科技为主的工业时期，围绕横跨大西洋的电报电缆而构建的全球电传系统而展开。第二阶段始于 1967 年计算机互联网和 ATM 机的出现，止于

---

① See Key Issues for Digital Transformation in the G20, Accessed October 9, 2024 https://www.de.digital/DIGITAL/Redaktion/EN/Publikation/key-issues-for-digital-transformation-g20.pdf?__blob = publicationFile&v = 1.

② 参见赵鹏：《数字技术的广泛应用与法律体系的变革》，载《中国科技论坛》2018 年第 11 期。

2005 年支付宝的诞生，经济行业通过传统的 IT 硬件来实现办公和业务的电子化，以此来提高业务效率。第三阶段始于 2008 年国际金融危机后，以科技驱动的创新企业和提供服务的信息科技企业为代表，这一进程还可被细分为传统企业使用科技的阶段和以互联网企业为代表的数字经济阶段。① 因此，经济和科技是密切相关的，现代经济的生命力在于科技的应用，没有科技就没有现代经济的蓬勃发展。

在这些产业领域中，最受关注的可谓人脸识别、自动驾驶、人工智能、量子计算、虚拟现实和增强现实等数字相关技术，本节会对以上技术发展现状予以简要说明。

一、人工智能技术立法现状

我国人工智能领域最权威的政策性文件是 2017 年国务院印发的《新一代人工智能发展规划》,② 其中提出我国人工智能的战略目标分“三步走”：

第一步，到 2020 年人工智能总体技术和应用与世界先进水平同步，人工智能产业成为新的重要经济增长点，人工智能技术应用成为改善民生的新途径，有力支撑进入创新型国家行列和实现全面建成小康社会的奋斗目标。

第二步，到 2025 年人工智能基础理论实现重大突破，部分技术与应用达到世界领先水平，人工智能成为带动我国产业升级和经济转型的主要动力，智能社会建设取得积极进展。

第三步，到 2030 年人工智能理论、技术与应用总体达到世界领先水

---

① See D. W. Arner, J. Barberis & R. P. Buckley, *The Evolution of Fintech: A New Post-Crisis Paradigm?*, 47 Georgetown Journal of International Law p. 1271 – 1319 (2016).

② 国务院《关于印发新一代人工智能发展规划的通知》（国发〔2017〕35 号），载中央人民政府官网，http://www.gov.cn/zhengce/content/2017-07/20/content_5211996.htm。

平，成为世界主要人工智能创新中心，智能经济、智能社会取得明显成效，为跻身创新型国家前列和经济强国奠定重要基础。

从总体上看，《新一代人工智能发展规划》内容翔实、涵盖范围极广，为我国人工智能技术的发展提供了坚实的政策保障。在该规划中，保障措施部分的第1条就是“制定促进人工智能发展的法律法规和伦理规范”，具体包括：(1) 明确人工智能法律主体以及相关权利、义务和责任；(2) 重点围绕自动驾驶、服务机器人等应用基础较好的细分领域，加快研究制定相关安全管理法规，为新技术的快速应用奠定法律基础；(3) 建立伦理道德多层次判断结构及人机协作的伦理框架；(4) 制定人工智能产品研发设计人员的道德规范和行为守则；(5) 深化在人工智能法律法规、国际规则等方面的国际合作。

在《新一代人工智能发展规划》的引领之下，我国近年来发布的相关政策性文件仍以促进人工智能发展的产业政策为主。例如，2022年8月发布的科技部《关于支持建设新一代人工智能示范应用场景的通知》和2022年7月科技部等六部门印发的《关于加快场景创新以人工智能高水平应用促进经济高质量发展的指导意见》是国家所出台的政策扶持的典型代表。在地方性立法领域，《深圳经济特区人工智能产业促进条例》于2022年8月30日经深圳市人大常委会通过，成为我国首部关于人工智能产业的地方性法规。该条例中提出，设立市人工智能伦理委员会，负责研究制定人工智能领域的伦理安全规范、建立健全人工智能伦理安全规范管理制度、发布人工智能伦理安全实践指南等（第65条）；对高风险的人工智能应用应当采用事前评估和风险预警的监管模式，对中低风险的人工智能应用应当采用事前披露和事后跟踪的监管模式（第66条）；开展人工智能研究和应用活动不得侵犯个人隐私或者侵害个人信息权益、利用算法技术根据用户的习惯偏好和支付能力实施价格歧视或者消费欺诈等侵害消费者权益的行为、利用深度合成技术从事禁止行为等，并要求相关组织和个人应当对相关组织和个人进行伦理安全规范审查和风险评估（第72条）。

域外的人工智能立法中最具有代表性的是欧盟于2021年4月21日发布的《人工智能法案》（Artificial Intelligence Act）。该法案将人工智能的风险程度进行分类，分为不可接受的风险、高风险、有限风险、最小风险，并对不同风险程度采取不同的监管措施，对于人工智能产品从研发到进入市场的全过程进行风险防控监管。当然，针对《人工智能法案》业界同样存在不少争论，其中具有代表性的批评意见主要集中在：（1）超前制定监管措施，引发妨碍产业发展的担忧；（2）过于依赖企业自治和自我评估，规制的及时性和有效性受到质疑；（3）对人工智能的定义和分类并未采取开放性态度，前瞻性不足。① 从总体上看，以美国和欧盟为代表的一些国家和地区在人工智能立法方面依然采取了差别化和场景化的策略，即在具体的应用领域进行针对性立法，而不试图在宏观层面进行立法。②

二、量子技术立法现状

量子通信与量子计算是量子技术的两大代表，随着这一技术的迅猛发展，其正逐步走向社会场景和应用中。量子计算这一概念发轫于1982年，由美国物理学家费曼首次提出。③ 随着量子算法的研究不断深入，秀尔（Shor）大数质因子分解算法④与格罗弗（Grover）数据库

---

① 参见曾雄、梁正、张辉：《欧盟人工智能的规制路径及其对我国的启示——以〈人工智能法案〉为分析对象》，载《电子政务》2022年第9期。

② 参见汪庆华：《人工智能的法律规制路径：一个框架性讨论》，载《现代法学》2019年第2期。

③ See Richard P. Feynman, *Simulating Physics with Computers*, International Journal of Theoretical Physics, Vol. 21, p. 467 – 488 (1982).

④ See Shor P. W., *Algorithms for Quantum Computation: Discrete Logarithms and Factoring*, Proceedings 35th Annual Symposium on Foundations of Computer Science, IEEE Comput, Soc. Press, p. 124 – 134 (1994).

搜索算法①的提出与完善，在多项式时间内解决大整数分解问题、离散对数问题的量子算法的出现，使量子计算切实地对当前的密码系统产生了冲击。② 量子计算理论的突破给当前的公钥密码体系带来了巨大的挑战，在理论上量子算法能破译 DH 密钥协商协议、RSA、ECC 等非对称密码算法，这会对现有公钥加密体系的安全性产生严重冲击。从总体上看，区块链如果被量子计算攻破，可能有两个原因：基于 POW 的共识机制和基于 RSA、ECC 的加密方式。③ 区块链技术所包含的加密算法是区块链的关键一环，其是链上数据真实、可信、不可篡改的技术基础。若是安全性所依赖的技术基础被量子计算破译，则上层金融领域所确立的诸多安全架构的实际安全性也就无从谈起。例如，当前比特币所使用的椭圆曲线数字签名算法，即可使用 Shor 算法在获取用户公钥的基础上破获所属账户的私钥，进而访问用户账户中的隐私数据，这从整体上威胁到比特币系统的账户安全性。

量子货币本质上是一种基于密码学的数字货币，其在数字货币的安全性的基础上，尝试通过量子不可克隆定理④（the no-cloning theorem）

---

① See Grover L. K., *A Fast Quantum Mechanical Algorithm for Database Search*, in STOC'96: Proceedings of the twenty-eighth Annual ACM Symposium on the Theory of Computing, Association for Computing Machinery 1996, p. 212.

② 有学者认为，对于密码破译来说，Grover 算法的作用相当于把密码的密钥长度减少一半，Shor 算法用于解决大整数分解、离散对数求逆等困难数学问题，对目前广泛使用的 RSA、ECDSA、ECC 公钥密码和 DH 密钥协商协议可以进行有效攻击。参见高长军：《基于非对称加密技术的数字货币存在的风险和挑战》，载《金融科技时代》2018 年第 9 期；郭炜立、杨宇光：《区块链与量子计算》，载《信息安全研究》2018 年第 6 期。

③ 参见张俊等：《量子区块链：融合量子信息技术的区块链能否抵御量子霸权?》，载《智能科学与技术学报》2019 年第 4 期。

④ 量子克隆定理源于 1982 年，伍特斯（Wootters）和苏瑞克（Zurek）在《自然》杂志发表的文章，论证是否存在一种物理过程，实现对一个未知量子态的精确复制，使每个复制态与初始量子态完全相同？该文证明，量子力学的线性特性禁止这样的复制。参见郭文灿：《量子信息引论》，载《物理》2001 年第 5 期。

解决货币在发展过程中长期存在的双花问题。易言之，其通过量子叠加态和量子计算实现了量子防伪技术的同时，避免了双花，这既不同于银行的中央账本记账模式，也不同于区块链实现的分布式账本模式。量子货币通过叠加态的量子比特形式实现信息存储，其能够保存远比经典比特更加丰富的信息，并且这些信息无法被精确测量。由于量子被观测就会坍塌，而观测量子货币中的内容是复制量子货币的前提，因此量子货币一旦被观测就会坍塌的特性，从根本上杜绝了他人获取货币全部特征从而伪造货币的可能性。早期量子货币的每次使用都需要收款人与发行货币的中央银行交互通信以验证货币真伪，量子货币仅能使用一次，验证后货币即消失。正因如此，这种量子货币被戏称为“地铁通行证”。在后续的发展过程中，一些学者提出了多个量子货币的优化设想，使量子货币从早期的“通行证”变为能够多次使用的“量子硬币”、“量子钞票”或“量子支票”,① 只是当前的研究并未解决全部的问题，只在某一个缺陷处作出了理论上的突破。量子货币的发展仍需时日，待其成熟后，其就能够从实验室走向实践之中。同时，量子货币的发展趋势并不能证明其需要对标传统的纸质货币。以量子比特储存信息这一设想与中心化的架构并没有必然关系，量子区块链与量子比特币的提出也从侧面说明了量子货币不应囿于中心化系统的窠臼，反而应顺应去中心化、分布式系统的发展趋势。

当前我国在量子技术领域的立法上尚未起步，在政策扶持上，我国在《国家中长期科学和技术发展规划纲要（2006—2020 年)》中重点部署了 4 项重大科学研究计划，量子调控研究是其中之一。同时，国家自然科学基金委于 2005 年把量子信息列入了重大研究计划中。《“十三五”国家基础研究专项规划》明确了包括量子精密测量技术、量子计算机在

① 参见贾恒越、武霞、朱建明：《量子加密货币研究进展概述》，载《网络与信息安全学报》2017 年第 2 期。

内的重大项目的组织实施。我国虽然在量子通信、量子金融领域已经取得了不错的进展，但目前仍处于促进技术发展的阶段，同时关于量子技术的实践应用相对较少，目前尚无专门针对量子技术的立法。

2021 年 7 月 23 日，美国能源部（Department of Energy，DOE）宣布提供 7300 万美元用于推进量子信息科学（Quantum Information Science，QIS）的研究；与此同时，美国政府联通 IBM 公司、量子计算公司（Quantum Computing Inc，QCI）开展金额高达上亿美元的战略合作项目。虽然美国政府并未针对量子计算技术订立专门性法律，但其已然在一系列报告中提及了发展量子技术的极端重要性，美国白宫科技政策办公室（Office of Science and Technology Policy，OSTP）启动一站式门户网站（Quantum. gov），汇集美国政府在量子领域的所有工作，旨在打造“美国国家量子行动计划”。① 此外，2016 年 4 月，欧盟委员会正式宣布启动总额为 10 亿欧元的量子技术旗舰项目，目标是使欧洲在第二次量子革命中处于前沿位置。

三、自动驾驶技术立法现状

严格而言，自动驾驶技术属于人工智能技术的一部分，在我国的“十四五”规划中，自动驾驶（智能驾驶）技术也是人工智能技术发展的重点领域。但就技术本身而言，自动驾驶技术有其特殊性，相比于其他技术，自动驾驶技术的发展更成熟并且与社会更贴合，当前社会已经出现诸多涉及自动驾驶技术的实践例。有学者指出，自动驾驶的发展给现行法律体系带来了严峻挑战，而其中最明显的就是事故导致的民事责任问题。② 然而，这种自动驾驶技术与其发展有其阶段性，从人类驾驶

---

① 参见凌胜利、雒景瑜：《拜登政府的“技术联盟”：动因、内容与挑战》，载《国际论坛》2021 年第 6 期。

② 参见司晓、曹建峰：《论人工智能的民事责任：以自动驾驶汽车和智能机器人为切入点》，载《法律科学》2017 年第 5 期。

技术到自动驾驶技术并非一蹴而就，根据国际通行标准，自动驾驶技术可被分为 L1 ~ L5① 这 5 个等级，在立法时需要根据自动驾驶的适用等级的不同决定不同的立法模式与责任分配。仅仅在达到最高等级（L5）时，才能实现完全态的自动驾驶模式，然而这种模式当前依然缺乏实践因素。从总体上看，关于自动驾驶的国内外立法主要集中在 L2、L3 两个领域。

在自动驾驶领域，究竟采取何种法律应对模式始终是立法部门需要考虑的议题，是沿用当前的民事法律体系并作出相应的解释，还是通过修法宏观和统合地对自动驾驶技术进行法律规制，各国都作出了适合自身的选择。

我国采取了侧重解释论的修法路径，即在现行法律体系之内试图厘定驾驶人的责任义务。② 通过《道路交通安全法》《民法典》等法律，对于自动驾驶可能涉及的一系列侵权行为给予指引。与这一道路不完全契合的是我国实业界对于自动驾驶立法的长期呼吁。在 2016 年的全国“两会”上，李书福、李彦宏等就提出了为自动驾驶立法的建议。从总体上看，实业界的立法需求并不能通过解释论的方式得到满足，自动驾驶的立法一方面可能为相关的知识产权发展提供保护和激励，另一方面其责任规则是自动驾驶研发中预测责任分配的直接来源，可以为商业运营提供可预期性，使商业主体能够有效评估风险成本，不至于冒险涉足风险过高的领域。

在上位法尚未明确开展修法计划的现实考虑与实践中对自动驾驶规则的迫切需求的权衡中，我国部委和地方政府针对自动驾驶在自身权限范围内出台了相关的条例和规范。2021 年，工业和信息化部、公安部、

---

① L1：辅助驾驶化；L2：部分自动化；L3：条件自动化；L4：高度自动化；L5：完全自动化。

② 参见冯洁语：《人工智能技术与责任法的变迁——以自动驾驶技术为考察》，载《比较法研究》2018 年第 2 期。

交通运输部联合印发了《智能网联汽车道路测试与示范应用管理规范(试行)》。① 随后工业和信息化部又发布了《关于加强智能网联汽车生产企业及产品准入管理的意见》。② 这两个规范性文件是当前我国在国家层面针对自动驾驶最具有影响力的官方文件。从地方性立法的角度来看，我国采取了自下而上的立法模式，出台了《上海市智能网联汽车测试与应用管理办法》③《深圳经济特区智能网联汽车管理条例》④ 等文件，对于自动驾驶实践中遇到的各类法律问题进行了具体规定。

自动驾驶领域的域外立法中最具影响力的即是德国的《自动驾驶法》(Gesetz zum autonomen Fahren)，这一法律承自 2017 年德国首部针对智能驾驶的法律 [《道路交通法（第八修正案)》]。德国这一法律的主要内容包括：(1) 允许 L4 级别的智能汽车的公路运营；(2) 创设针对“具有自动驾驶功能”的汽车的技术监督员制度；(3) 明确车辆制造商的安全保障义务；(4) 统一自动和自主驾驶车辆的测试和运营条件；(5) 明确主管当局对智能汽车数据处理的监管制度；(6) 完善自动驾驶交通事故中的受害人保护规则。从总体上看，这一立法模式依然遵循了原有的德国道路交通领域内的侵权责任框架，在监管上强调“安全至上”原则，虽然针对科技的发展设定了部分弹性概念，但是这一立法模式在整体的法律体系中并不占关键位置。⑤

---

① 载中国政府网，http://www.gov.cn/zhengce/zhengceku/2021-08/03/content_5629199.htm。

② 载中国政府网，http://www.gov.cn/zhengce/zhengceku/2021-08/12/content_5630912.htm。

③ 载上海市政府网，https://www.shanghai.gov.cn/nw12344/20220120/086339cea32048f6880b3c56941f29fa.html。

④ 载深圳市政府网，https://www.sz.gov.cn/zfgb/2022/gb1250/content/post_9967816.html。

⑤ 参见张韬略、钱榕：《迈入无人驾驶时代的德国道路交通法——德国〈自动驾驶法〉的探索与启示》，载《德国研究》2022 年第 1 期。

四、区块链技术立法现状

区块链技术的发展一直备受瞩目，长期以来，区块链技术一直受到“链圈”与“币圈”二分的困扰，囿于数字货币的无序发展诱发了一系列风险与央行的强监管，区块链技术不可避免地受到波及。对区块链进行监管需要打破传统，采取一些新型方式。其中最重要的就是“以链治链”，也就是建立起“法链”,① 借助区块链技术来对区块链行业进行规制。若区块链技术被用于监管，那么基于区块链的规制系统将有助于提高监管的有效性。这种从单纯“监管”到全面“治理”的思维转变，主要体现为：在目标上，不仅要“管住”区块链的风险，还要“促进”区块链健康发展，使其最终服务于实体经济，造福广大人民；在策略上，从单纯的违规打击转向合理合规引导；在具体路径上，由传统的单一监管工具，发展为社会共治的多种治理措施，特别是引入技术工具，完善自律监督。就此而言，当下区块链治理的主要问题在于市场由错误的理念引导，并且缺乏技术规制工具引入。这些问题与区块链相关法律的欠缺密切相关。

2019 年 1 月 10 日，国家互联网信息办公室发布的《区块链信息服务管理规定》是在国家层面所发布的涉及区块链技术的首个相关法律法规。备案登记制度的施行，有利于区块链行业健康有序发展，监管部门得以及时获取信息并了解行业情况，而区块链信息服务提供者也得以安心进入市场并提供服务。在备案登记制度之下，区块链服务并不意味着一定与违法犯罪活动绑定，与之相反，基于区块链的创新不应当被禁止，反而更应该取其精华、去其糟粕，更好地发挥区块链技术变革生产方式的重大潜力。但令人遗憾的是，上述规定中并未提及引入区块链技术来

---

① 参见杨东：《链金有法：区块链商业实践与法律指南》，北京航空航天大学出版社 2017 年版，第 71 页。

规制区块链，即并未提及“以链治链”的相关思想。若针对区块链技术的立法在内容上失当，过早地对与区块链相关的各类创新实践加以限制，只会阻碍市场主体的创新，不利于与区块链相关的创新实践，也不利于区块链技术的进一步发展。该规定中关于行业自律监管的部分显得过于粗略，缺乏具体细则。

基于上述原因，针对区块链技术的立法一般局限于特定领域，往往是针对某一个领域的区块链应用立法，而非针对区块链所涉及的整个体系进行概括性立法。

在区块链的司法领域，涉及区块链存证的相关法律条款逐渐涌现，区块链存证成为区块链司法领域的首块“试金石”。基于自身特性区块链在电子证据中的应用能够有效弥补现行电子证据制度的缺陷，有利于加快数字社会和数字政府的建设、推行数字治理，有利于提高司法审判的客观性和效率。① 2018 年 9 月 6 日，最高人民法院发布《关于互联网法院审理案件若干问题的规定》，确认了在符合真实性的条件下，区块链存储的电子证据可以作为有效证据被法院采纳。当然，对区块链存证的推广也并非一蹴而就，无论是司法实务界还是学界，对区块链存证的证据规则的构建也有一个逐步展开的过程。自 2017 年以来，我国实务部门便在司法存证、法院在线诉讼等领域探索区块链技术融入司法的场景。在规范层面，2018 年最高人民法院《关于互联网法院审理案件若干问题的规定》宣示性地承认，“当事人提交的电子数据，通过……区块链等证据收集、固定和防篡改的技术手段……能够证明其真实性的，互联网法院应当确认”。在完善区块链证据的真实性规则方面，迄今为止，我国司法机关不仅作出了数量可观的、基于区块链证据的司法裁判，而且是区块链证据平台的主导者或主要参与者。多元主体为区块链证据是否

① 参见陈爱飞：《区块链证据可采性研究——兼论我国区块链证据规则的构建》，载《比较法研究》2022 年第 2 期。

属实提供了多元证明方式，不仅可以传唤当事人、证人、专家辅助人员、第三方存取证平台、档案部门出庭作证，还可以提供公证书、鉴定意见、行政执法部门审查意见、司法部门审查意见、侦查机关情况说明等进行证明。这为我国确立具体的推定、司法认知机制以及确立具有较强操作性的制度规则奠定了基础。① 同时，各方各部门之间还可以形成区块链存证联盟，一同协作共同构建一个互联互通的电子存证平台。

2022 年 5 月 23 日，最高人民法院发布《关于加强区块链司法应用的意见》，提出区块链技术在提升司法公信力、提高司法效率、增强司法协同能力、服务经济社会治理四个方面的典型场景应用方向，健全区块链应用保障措施。这将进一步推进人民法院运用以区块链为代表的关键技术加速人民法院的数字化变革，推动智慧法治建设迈向更高层次。②

在区块链司法之外，涉及区块链的相关政策主要聚焦数字货币交易、数字货币监管等领域。其中，有代表性的包括 2017 年 9 月发布的中国人民银行、中央网信办、工业和信息化部、工商总局、银监会、证监会、保监会《关于防范代币发行融资风险的公告》、2021 年 9 月发布的国家发展改革委等部门《关于整治虚拟货币"挖矿"活动的通知》等文件。

在未来，涉及区块链技术的立法可能会与元宇宙高度相关。笔者始终认为，区块链技术是人工智能、大数据等其他各类技术的底层性的、技术性的基础。如果大数据是河流，人工智能是河坝，那么区块链就像河床，它为整个智能社会提供底层的基础性技术。③ 要大力发展元宇宙的场景、技术并使之落地，就要以区块链技术的充分落地和发展为基础。元宇宙就是全民数字化，全面产业数字化，包括数字人、数字账户、数

---

① 参见刘品新：《论区块链证据》，载《法学研究》2021 年第 6 期。

② 参见孙福辉：《〈最高人民法院关于加强区块链司法应用的意见〉理解与适用》，载《中国应用法学》2022 年第 4 期。

③ 参见杨东：《链金有法：区块链商业实践与法律指南》，北京航空航天大学出版社 2017 年版，第 336 页。

字体系、数字治理、数字国家等一系列宏大命题。个人的隐私怎么保护?如果个体的隐私、个人信息在数字空间里得不到很好的保护，发展元宇宙几乎是不可能的。未来元宇宙的产业发展必须以安全为根本，并通过区块链提供安全保障和技术支持。如果没有区块链技术，元宇宙也不会这么快显现。笔者较早地公开提出，区块链技术不仅是一个技术，是一个生态关系，是一种治理，更是一种规则。①

五、虚拟现实和增强现实（VR/AR）技术立法现状

虚拟现实和增强现实技术是我国“十四五”规划所规定的数字经济重点产业的重要部分。在此基础上，各部门所出台的文件也可能提及VR/AR 技术及其可能的应用场景，对于 VR/AR 技术未来的成功应用给予了充分肯定。

在 2020 年国务院办公厅发布的《关于推进对外贸易创新发展的实施意见》② 中提到，“利用新技术新渠道开拓国际市场。充分运用第五代移动通信（5G）、虚拟现实（VR）、增强现实（AR）、大数据等现代信息技术，支持企业利用线上展会、电商平台等渠道开展线上推介、在线洽谈和线上签约等。推进展会模式创新，探索线上线下同步互动、有机融合的办展新模式”。在 2021 年国家发展改革委会同有关部门和单位发布的《加快培育新型消费实施方案》③ 中提到“加快发展超高清视频、虚拟现实等新型信息产品，推动 5G + 4K/8K、VR/AR 技术产品融合应用”。

---

① 参见杨东:《链金有法：区块链商业实践与法律指南》，北京航空航天大学出版社 2017 年版，第 336 页。

② 载中国政府网，http://www.gov.cn/zhengce/content/2020 - 11/09/content_5559659.htm。

③ 载中国政府网，http://www.gov.cn/zhengce/zhengceku/2021 - 03/25/content_5595689.htm。

同时，在国家“十四五”规划的引领之下，各地的数字经济发展规划中也相继提及虚拟现实和增强现实等技术。其中，具有代表性的政策性文件包括《上海市数字经济发展“十四五”规划》《广州市工业和信息化发展“十四五”规划》《江西省“十四五”数字经济发展规划》等。

与此同时，虚拟现实和增强现实技术所诱发的风险也被立法部门所关注，并且持续给予风险提示与警醒。在具体立法上，《互联网信息服务深度合成管理规定（征求意见稿）》① 为虚拟现实和增强现实技术的风险隐忧和规制路径提供了立法参考，遗憾的是这一征求意见稿尚未获得通过。

目前域外尚未有直接针对 VR/AR 的立法，在一些公开的立法意向之上，基于该技术和元宇宙高度捆绑，甚至可以说 VR/AR 技术是未来元宇宙发展的基石之一，针对该技术的立法规制动向也与未来针对元宇宙的立法高度绑定。

第二节　人工智能与数字相关技术立法的主要问题

一、人工智能带来的典型挑战

以 ChatGPT 为代表的生成式人工智能发展迅猛。ChatGPT 作为美国 OpenAI 公司开发的人工智能聊天机器人程序，近来受到了社会各界的广泛关注，其所推出的人工智能生成内容（artificial intelligence generated content，AIGC）迅速成为社会关注的焦点。自 2018 年 OpenAI 公司发布了通用语言模型中的生成式预训练（Generative Pre-training，GPT）之

① 载中国政府网，http://www.gov.cn/hudong/2022-01/28/content_5671053.htm。

后，历经海量的数据喂养和多次算法迭代，ChatGPT 最终基于 GPT-3 进行监督学习和强化学习，在大型语言模型之上进行代码预训练、基于人类反馈的强化学习等策略进而得到当前被使用的模型。① 这一科技突破与革命已然产生巨大的社会震撼效应，并将在可预见的未来迅速催生了全新的科技系统、格局和生态，进而重塑经济与社会的发展模式。

ChatGPT 的诞生是数字经济时代“人工智能技术+海量数据+高额算力”高度汇聚与集成的结果，其在自然语言处理之上的突破性创新很快即吸引了社会各界的高度关注。谷歌、百度等大型科技公司亦推出了相似竞品，意图积极布局 AIGC 领域。滚滚而来的时代车轮并不会因世界未做好准备而停滞，完美融合数据、算法、算力的人工智能“脱虚向实”实现跨越性突破是数字经济时代的必然。相比于先前的机器人着眼于让机器模仿人类，ChatGPT 则是机器超越了人类，成为了不言而喻的“超级大脑”，这是人类社会所面临的根本性变革。从近几百年的人类历史上看，自第二次工业革命中电力逐步取代蒸汽之后，这是算力可能取代电力的最现实的例证；从长期历史上看，这是有文字记录以来人类历史的首次变革，人被自身创造的虚拟造物所影响和颠覆成为可能，这会给人类的生存环境、社会秩序、哲学、文化、心理带来深远的影响。

面对 ChatGPT 对社会可能造成的冲击，亟须学界秉持战略定力，在元宇宙时代综合区块链、大数据、人工智能等一系列技术，综合分析 ChatGPT 面世所可能产生的重要影响与潜在风险，以因应我国先前针对人工智能建构的法律秩序与战略动向，审慎应对 ChatGPT 对我国可能造成的严峻冲击。

即便是在对自然语言的规范性和精确性要求极高的法律行业中，

---

① See Zhou Jie, et al., *ChatGPT: Potential, Prospects, and Limitations*, Frontiers of Information Technology & Electronic Engineering, Vol. 25, p. 1-6 (2024).

ChatGPT 所生成文本的内容依然具有高度的规范性以适应法律文书的高标准。哥伦比亚卡塔赫纳区巡回法院第一劳工法庭在案件判决书中采用了 ChatGPT 的文本生成功能以增加说理依据，该案成为人工智能问答工具应用于判决撰写且被司法承认的“第一案”。在问答环节，ChatGPT 在检索法律条文、检索类案判决、论述裁判依据等问题上均作出了准确回答。① 类似地，在法律文书的写作、修改，法律合同的起草等相关问题上，ChatGPT 亦可以发挥优异的辅助性作用。

ChatGPT 能够渗入立法、执法、司法等法律运行的全过程之中。虽然其当前只能发挥辅助性而非主导性作用，但应当承认其对法律行业的冲击是巨大的。在立法层面，在对数据进行分析和整理的基础上，ChatGPT 或许能够设计出一些相对简单的法条，抑或是为已有的通用性简单法条梳理出更规范和全面的表达。在执法层面，对智慧行政执法的研究已初具雏形，但完全智能的行政执法系统尚未普及，而多依赖智能辅助行政执法系统。② ChatGPT 的引入会极大地推动无人工干预的自动执法的发展，部分行政人员在将来有可能会被人工智能所取代。在司法层面，ChatGPT 能够通过司法大数据输出司法判决，此类充分应用统计学知识、机器学习方法的计算法学大抵可归于法律实证研究的数字经济研究范式。③ 在我国，以 OpenAI 为代表的私人公司几乎不可能实时、动态、全面地获取司法判决的相关数据，这导致类似 ChatGPT 的人工智能不可能准确给出判决结果。面向元宇宙时代，类似 ChatGPT 的人工智能技术可能会重塑司法的运行流程。随着相关法律数据在司法区块链生态

---

① 参见法理读书 writers：《中文翻译首发｜全球首份使用 ChatGPT 做出的判决书全文》，载微信公众号“法理读书”2023 年 2 月 10 日，https://mp.weixin.qq.com/s/Wo2eQ3AxQaP0u6ZzfZAxXQ。

② 参见冯子轩：《智能行政执法的过程机理及其冲突调适》，载《行政法学研究》2022 年第 6 期。

③ 参见左卫民：《中国计算法学的未来：审思与前瞻》，载《清华法学》2022 年第 3 期。

系统充分流转和价值实现,① 依托司法区块链作为底层架构，开发类似的人工智能应用理应是我国应对 ChatGPT 重型司法运行流程的最佳方式。

ChatGPT 已然给信息检索行业带来了深度变革，甚至成为下一代搜索引擎的基石。其对信息检索行业的影响是革命性的，预训练中所蕴含的海量数据能满足用户对一般信息的需求，其庞大的数据库也同样包含相对小众的学术著作和古籍文献。通过与人工智能的多轮交互，用户能更准确地获取其希望得到的信息。同时，新必应（Bing）可以将自身生成结果标注来源，更契合社会用户的天然需求。相比以往搜索引擎的单向性、检索性，ChatGPT 的出现使搜索引擎具备双向性、实时性、互动性，进而去摸索数字经济时代的搜索引擎应当如何克服工业时代移动互联网的弊端，实现更精准的信息检索。

然而也应当意识到，这种针对信息检索的变革并非一蹴而就，ChatGPT 依然面临着发展上的瓶颈。原因有四：一是数据来源的合规性与持续性问题。搜索引擎如何合规地获取数据是构建数据生产要素制度的关键因素之一，后续搜索引擎是否能继续在网上无偿爬取公开数据尚存争议。美国众议院的《数字市场竞争状况调查报告》中指出，搜索引擎的爬虫技术极有利于占据市场支配地位的搜索引擎系统，因为诸多网站会选择屏蔽小搜索引擎的爬虫，但谷歌等大型平台的搜索引擎则选择对爬虫“网开一面”。② 一旦搜索引擎无法顺利抓取社会上的公开数据，这种需要海量数据的人工智能搜索则未必占有优势。二是如何重构搜索引擎的商业生态尚不明晰。当前，ChatGPT 模型在上线前需要大量的数

---

① 参见杨东：《“以链治链”：面向元宇宙的区块链司法科技范式革命》，载《中国应用法学》2022 年第 6 期。

② See *Investigation of Competition in Digital Markets*, Accessed July 13, 2023, https://fm.cnbc.com/applications/cnbc.com/resources/editorialfiles/2020/10/06/investigation_of_competition_in_digital_markets_majority_staff_report_and_recommendations.pdf.

据训练，在上线后亦需要海量的算力支持，这无疑提高了其运行成本。同时，考虑人工智能给出的搜索结果中基本不可能出现广告，因此谷歌所构建的"搜索结果 + 广告"的商业生态需要重构。由此可知，在人工智能技术尚未成熟之前，原有的搜索引擎系统仍会有一定的竞争力。三是人工智能给出搜索结果时，很可能忽略冷门领域的数据和小语种数据，其所给出的答案可能会陷入同质化的囹圄，并使用户陷在信息"茧房"之内，限制了多维信息的获取。四是当前 ChatGPT 所提供的信息甚至是引用文献仍存在较多错误，作为数字经济基础设施的搜索引擎理应竭力避免，因此在技术尚未完全成熟之前，传统的搜索引擎仍有勉强抗衡的余地。

在 ChatGPT 推出之后，世界上已有多家高校宣布了对其进行严格限制甚至完全禁止的教学政策，多部期刊也宣布，未经通知在投稿文章中使用 ChatGPT 或者将其设为合作作者将严重违反期刊规定。教育界对使用 ChatGPT 的严重担忧可以被理解，这种针对教学内容使用人工智能进行作答的模式，很可能导致学生的主体性丧失，即学生并不需要理解与掌握教学内容，而通过人工智能的帮助亦能通过测试。从短期内看教育行业的考评模式可能会出现严重危机，长期则导致学生对人工智能辅助系统产生严重依赖性，进而最终导致学生自身的学习能力与创造性严重减退。

但应当指出的是，在教育行业中将 ChatGPT 彻底封杀并非易事，一方面，是当前仅有非官方的程序宣称可在论文中检测其是否"部分使用"了 ChatGPT，这种程序始终面临着可靠性的考验。① OpenAI 自己亦承认其所开发的 AI 作品分类识别器并不可靠，即在测试中仅识别出了

---

① 当前主要以 GPTZero、AI text Classifier、DetectGPT 等程序去分析文本是否出于 AI 之手，然而其软件结果的假阳性率相对较高，不能消除误判可能性。See Chris Stokel – Walker & Richard Van Noorden, *What ChatGPT and Generative AI Mean for Science*, Nature, Accessed 24 Feb. 2023, https://www.nature.com/articles/d41586-023-00340-6.

26%的由机器创作的文本，同时将9%的人类作品错误地标识为AI作品。① 另一方面，学生群体依然可以规避限制措施（如仅生成论文大纲、线上应对老师提问等）以获取便利。对此，教育行业亟须针对ChatGPT进行调整与升级，应改变单向度的信息传输模式，提高教师与学生的交互效率。应当将ChatGPT视为一种在学术诚信、合法合规的前提下应用的教学辅助工具。关键之处在于，应更加重视人类作为主体的创造性与智慧，将人从烦琐的信息检索与文献梳理中解放出来，从而使其有更多的时间进行独立思考、理解性学习与原创性创新。

二、人工智能以及其他技术的衍生风险

数字经济时代的数据要素的资源作用凸显，并成为国际竞争的重要因素。一旦其他国家掌握了世界性的流量入口，就拥有了绝佳的数据获取工具。ChatGPT作为最新的流量入口。在市场主体的竞争中，如果国外科技企业通过巨大的流量入口取得大量的有价值的数据，则这种优势很可能使ChatGPT被塑造为元平台，即数字基础设施平台，在其上产生数据开发与获取的正循环，② 进而造成其垄断大量的用户数据，导致我国企业同样在发展上受制于人。面对国际竞争的严峻形势，我国应尽快制定国家战略，推动我国人工智能产业高速发展，以自主可控的人工智能生成内容的相关技术稳固国内的相关市场，并积极参与国际技术竞争与国际数据竞争。在具体层面，除人工智能技术自身发展的促进政策外，也应当建构契合数字经济未来发展方向的数据、算法、算力的促进政策。

---

① See Jan Hendrik Kirchner et al. , *New AI Classifier for Indicating AI-written Text*, Accessed 15 Oct. 2023, https://openai. com/blog/new-ai-classifier-for-indicating-ai-written-text.

② 亦被OECD称为“用户反馈循环”与“货币反馈循环”的双循环，参见*Big Data: Bringing Competition Policy to the Digital Era*, OECD, Accessed 15 Oct. 2023, http://www. oecd. org/daf/competition/big-data-bringing-competition-policy-tothe-digital-era. htm。

其中，构建数据要素高效开发利用的政策最紧迫，打破数字封建主义，推动我国数字治理成为破局之要。

从 GPT 进化到 GPT－3 的过程是模型体量增长的过程——参数量从 1.17 亿增加到了 1750 亿，预训练数据量从 5GB 增加到了 45TB，而 ChatGPT 预训练的数据量则更庞大，数据在训练过程中的重要性毋庸置疑。人工智能以及其他技术需要海量的数据进行深度学习和强化学习，如何合法合规地获取数据、利用数据、开发数据，以及规避数据要素开发、利用、竞争所面临的一系列风险，始终是 AIGC 产业进行深层发展的严重掣肘。

数据安全风险。ChatGPT 为了回答问题会与用户进行多轮信息的交互，而用户为了让其撰写报告等内容也会向其提供信息让其参考。用户向 ChatGPT 提供的数据可能涉及个人隐私或者商业秘密，但是用户很可能出于对技术的信任并未察觉。如果用户输入了涉及个人信息或未匿名化的数据，则这些数据可能留存于训练网络之中。此时即便试图删除数据，结果可能是无法直接访问特定数据，但训练结果已然留存于神经网络之中，很难认定人工智能训练者完成训练后的数据销毁义务被彻底履行了。① 个人在此种情况之下也无法知道自己的敏感信息是否被保留在训练数据库之中，很难彻底擦除个人信息痕迹。

数据抓取风险。这一风险是否产生主要取决于人工智能以及其他技术所使用数据的来源是否合规。随着人工智能以及其他技术被更多地应用于现实产业中，数据的实时性的重要性愈加凸显，此时其可能会在互联网上抓取公开数据。然而，诸多网站上的隐私条款都明确禁止了抓取数据的行为，因此抓取数据后的分析行为很难得到社会各界的认可。中共中央、国务院《关于构建数据基础制度更好发挥数据要素作用的意

---

① 参见赵精武：《从保密到安全：数据销毁义务的理论逻辑与制度建构》，载《交大法学》2022 年第 2 期。

见》中明确，应建立健全数据要素各参与方合法权益保护制度，① 而人工智能以及其他技术的所得收益基本全归企业所有。一旦这种公开抓取数据的模式在制度层面被否定，在其基础上存在的数据抓取风险问题则会愈加突出。

数据跨境风险。ChatGPT 属于域外应用，我国用户的数据会被传输至域外，高频海量数据的跨境风险也无法避免。我国数据跨境流动战略呈现出浓厚的中国特色，即以数据安全主权为核心，通过《数据出境安全评估办法》和《个人信息出境标准合同办法》等具体规范性文件对数据出境进行详细评估。在 ChatGPT 的应用过程中，即便用户不输入个人信息，基于其庞大的数据量也极有可能涉及重要数据出境的相关制度。

人工智能以及其他技术对知识产权的切实冲击让侵权不仅停留于理论分析的维度，例如，AI 新闻、AI 绘画等人工智能已经进入现实并对现行商业模式产生巨大冲击。就生成式人工智能的实例而言，生成式人工智能所产出的一系列文字产品，在算法训练中使用了他人具有著作权的成果，可能会侵犯他人的著作权；另外，生成式人工智能生成的文本能否获得著作权保护亦没有明确答案。这导致生成式人工智能所生成的作品在版权保护上存在双向障碍。如果放任其发展，现有的知识产权制度可能会面临严峻挑战，依托人工智能生成作品进行“搭便车”的行为可能会显著增多，知识产权市场自身的稳定性会遭受冲击。

在生成式人工智能的冲击下，现行的知识产权制度应进行调整和重塑。尤其是针对文字作品的合理使用制度，现有的合理使用制度不能完全免除侵权责任，始终存在的侵权风险会导致人工智能的发展与知识产

---

① 详细内容可见中共中央、国务院《关于构建数据基础制度更好发挥数据要素作用的意见》，载中央人民政府官网，http://www.gov.cn/zhengce/2022-12/19/content_5732695.htm。

权制度的运行产生刚性冲突。有学者即指出，涉及人工智能作品的著作权合理使用的理论基础需要重塑，并且应在新理论的基础上改造当前的制度规范。① 可以认为，生成式人工智能所引发的在大众视野中的严重知识产权侵权风险，是知识产权这一制度本身不适应数据要素高度流转开发进而产生价值内在冲突的体现。面向元宇宙时代，用户在虚拟空间内的去中心化创作同样冲击了著作权制度本身，元宇宙中的作品是否需要通过知识产权这一模式进行保护不应当具有必然性。马克思在论述著作财产权时认为，它是一种受到现代国家和所有制关系变化而受制的权利，应反对将工业当作私有财产，其目的是聚焦生产力的提高，而非聚焦批判知识财产侵权或侵占经济权利等行为。② 这一观点可为应对生成式人工智能作品产生的知识产权风险提供有益借鉴。

三、数字相关技术立法滞后诱发风险演变

科学技术重写了数字经济市场的交易规则，风险也随之产生。经济业正面临近现代经济机构、经济市场诞生以来最深刻、最宏大的技术创新，数字相关技术不断迭代创新的科技发展甚至已经开始从根本上改变现行交易模式和监管框架。一方面，科技创新和更迭速度显著加快；另一方面，科技转化为经济产品的周期大为缩短。随着互联网人群持续增加，消费者接受新科技的能力和意愿逐渐增强，新产品、新平台、新组织、新业态及其包含的网络效应向社会公众进行跨区域、跨国界和跨时间的渗透扩散的速度亦加快。但影响经济稳定的科技企业却因其本身并未从事经济业务而无法被纳入现有的经济监管体系，进而出现巨大的监管漏洞，加快了风险的传递速度、扩大了隐蔽性和影响面。总之，科技

---

① 参见万勇：《人工智能时代著作权法合理使用制度的困境与出路》，载《社会科学辑刊》2021 年第 5 期。

② 参见张文喜：《知识财产权的哲学分析：以马克思指控拉萨尔著作侵权为例》，载《浙江社会科学》2023 年第 2 期。

使资金的提供者与需求者之间的连接费用大幅下降，实现了高效率、低成本，但没有改变风险的隐蔽性、突发性、传染性和负外部性等特征，并使市场、技术和网络风险更易产生叠加与聚合效应，从而使风险传递得更快、波及面更广。

科技创新导致传统经济风险和技术风险相互叠加交织，使风险发生了量变乃至质变。与此同时，科技创新也加大了监管者和被监管者之间的信息不对称，对监管提出了挑战。这主要是因为监管者无法与科技创新者同步掌握新事物，监管者缺乏充分的技术手段进行数据触达。换言之，尽管科技驱动下的数字经济提高了交易效率，降低了信息不对称和交易成本，但既有的监管和监管者因为缺乏必要技术支撑而无法进行有效监管。例如，2015 年股灾中以 HOMS 系统为代表的新技术是诱发股灾的原因之一。配资机构运用 HOMS 等分仓系统设立伞形账户，相当于为投资人开立了二级账户。各投资人的投资指令和平仓安排都相互独立，最终汇总至配资机构，再由配资机构统一向证券公司发出。在这种分仓安排下，在证券登记结算系统中只能看到配资机构，而无法穿透至下面的终极投资者。① 因此，对于证券公司通过 HOMS 系统给配资机构开设账户的行为，以及这个行为所带来的风险，监管者缺乏充分的技术手段进行监测和预警，更无法采取有效的监管措施。可见，监管者缺乏充分的技术条件和技术能力。

传统的审慎监管和行为监管的原则、理念，甚至理论本身已无法有效应对数字经济各新业态的迅猛发展。审慎监管理论将“风险为本”作为核心理念，着眼机构的资本充足率、资产质量、流动性水平和盈利水平等指标（微观审慎监管）并关注逆周期管理、系统重要性金融机构监管（宏观审慎监管）。通过事前规定审慎监管，约束金融企业以降低其

---

① 参见刘燕、夏戴乐：《股灾中杠杆机制的法律分析——系统性风险的视角》，载《证券法律评论》2016 年第 00 期。

实施高风险投机的概率。但是，这些约束降低了机构的资金使用效率，运营成本亦相应提升，随之降低了机构的运行效率。因此，低效率、高成本是审慎监管受到诟病的重要原因。数字经济快速发展所带来的风险迫使监管者无法对其放任自流。因此，寻求新型而有效的监管维度体系成为新时代数字经济监管的必然选择。①

第三节 人工智能与数字相关技术立法建议

一、“数据、算法、算力”三维并举地应对人工智能法律挑战

人工智能生成作品技术的发展与成熟合乎历史潮流，面对 ChatGPT 的冲击，我国决不能采取屏蔽与封禁的战略态势，反而应当依托国内当前已经积累的丰富资源，培育中国自身的类 ChatGPT 产品并推动其积极参与国际竞争。为实现这一目标，一方面，我国应继续推动数据要素基础制度建设、人工智能产业扶持、“东数西算”工程等一系列国家工程，打破以数字封建主义等严重限制我国数字经济前沿技术与其应用发展的弊病。另一方面，我国亟须同时发展与人工智能技术相配套的其他技术，而法律如何引导一揽子技术的健康发展成为重中之重。具体而言，在数字经济时代亟须回答“法律 + 技术的监管模式如何发展”的时代之问，需要在现有的监管框架之内依托大数据、云计算、人工智能、区块链等技术塑造涵盖科技之维的多维立法体系，从“技术—经济”的传统范式转型为“技术—社会 + 经济”的新范式，为我国后续应对数字经济时代

① 参见杨东：《监管科技：金融科技的监管挑战与维度建构》，载《中国社会科学》2018 年第 5 期。

层出不穷的技术突破提供锚定基点。①

《数字中国建设整体布局规划》中明确，数字中国建设布局需要夯实数字基础设施和数据资源体系“两大基础”，强调数字技术创新体系和数字安全屏障“两大能力”应当齐头并进。应对 ChatGPT 的冲击与挑战也应当遵循这一路径，应在整体上发挥我国政府集中力量办大事的制度优势，制定契合国家战略导向的人工智能发展路径与引导政策，在推动数据、算法、算力进一步发展的同时，建构保障数字安全、打破数据封建主义、实现数字治理的数字经济立法体系。

二、制定科技伦理法或要求在数字技术专门立法中体现科技伦理条款

习近平总书记指出，科技是发展的利器，也可能成为风险的源头。要前瞻研判科技发展带来的规则冲突、社会风险、伦理挑战，完善相关法律法规、伦理审查规则及监管框架。② 综观历史，科技革命给人类社会带来了翻天覆地的变化，推动社会生产力飞跃发展，极大地改变了人们的生活方式。同时，科技创新也不断给人类社会和自然环境带来诸多新风险，如科技产品对自然生态环境的破坏，生物医学技术对生命自然属性和基本权利的改变，人工智能对个人隐私权以及社会公平公正的威胁等。科技伦理是体现科技向善的价值理念，是在科技创新过程中对上述各种风险挑战进行规制的行为规范。科技活动与科技伦理需要进行协调发展、良性互动。

---

① 关于科技驱动型监管与数字经济时代的立法模式变革问题，参见杨东：《监管科技：金融科技的监管挑战与维度建构》，载《中国社会科学》2018 年第 5 期；龙卫球：《人工智能立法的“技术—社会 + 经济”范式——基于引领法律与科技新型关系的视角》，载《武汉大学学报（哲学社会科学版）》2020 年第 1 期。

② 《习近平：在中国科学院第二十次院士大会、中国工程院第十五次院士大会、中国科协第十次全国代表大会上的讲话》，载中国共产党新闻网，http://cpc.people.com.cn/n1/2021/0528/c64094-32116542.html。

正确的科技伦理观，是科技创新乃至人类社会发展所必须遵循的基本原则。科技创新要遵循正确的科技伦理观，一般体现为4个基本原则，一是尊重生命健康，即保障人类身心健康、维护人格尊严；二是尊重自然环境，即保护生物多样性、尊重自然规律；三是尊重社会关系，即尊重不同个体的利益诉求、避免侵害他人权益；四是有利于人类社会福祉，即坚持以人民为中心的发展思想，促进人类社会和平与可持续发展。科技伦理是综合考量上述4个原则而形成的价值理念，不同时代背景会导致科技伦理价值观的动态变化，不同的社会文化可能导致在科技伦理认识上的差异。科技活动需要始终坚持正确的科技伦理观，规避科技发展带来的风险挑战。

数字经济伦理是科技伦理与经济伦理的叠加，二者的叠加与交叉领域将面临更加多元化的伦理挑战，可以从6个维度更好地把握数字经济伦理。第一，数据伦理。第二，技术伦理。强调对技术行为进行伦理导向，使技术的主体在技术活动过程中不仅要考虑技术的可行性，而且还要考虑这些活动的目的和手段，以及结果究竟是否具有正当性。从经济学角度来讲，需要考虑带来的是正的外部性还是负的外部性。第三，人才伦理。德与才的关系是人才伦理学所要处理的基本关系，而德才兼备是人才伦理的核心范畴。第四，客户伦理。在服务客户的伦理方面，与消费者保护相结合，强调如何将合适的数字经济产品给合适的客户，在优化客户自身的伦理方面，需要进行与时俱进的消费者教育。第五，监管伦理。应把握好效率与安全的平衡以及制度规则与政策导向的平衡。第六，制度伦理。要将数字经济伦理放到行为规范层面进行讨论，要把伦理的边界、执行、衡量梳理清楚，而且需要考虑是否应把某些公认的伦理要求从过去相对柔性的道德约束上升到强制性的制度要求。

我国于2022年3月发布了《关于加强科技伦理治理的意见》①，其

① 载中国政府网，http://www.gov.cn/zhengce/2022-03/20/content_5680105.htm。

中提出，“制定生命科学、医学、人工智能等重点领域的科技伦理规范、指南等，完善科技伦理相关标准，明确科技伦理要求，引导科技机构和科技人员合规开展科技活动”。在当前我国数字相关技术立法方兴未艾的当下，特定的数字经济立法囿于技术发展的程度和现实实践的相对缺乏可能暂时无法推进，但这些数字相关技术中所应当遵循的数字伦理、科技伦理是共通的。在数字相关技术的立法中，消费者保护条款始终处于重要地位，而科技伦理治理正是这一目标的关键体现。因此，我国应当及时出台科技伦理法，用以指导我国数字相关技术的发展。

三、在应用基础较好的细分领域，尝试探索具体技术立法

具体技术立法始终是产业界所关心的问题之一，对诸如自动驾驶、虚拟现实等应用场景较多的数字相关技术进行立法，也有利于这一产业的进一步发展。从总体上看，针对应用基础较好的具体技术立法存在以下几点好处：（1）切实保障数字技术的应用不会使个人权利受到严重侵害，敦促法律体系妥善安排事前防范与事后追责的平衡，避免过多的事后追责，科学分配责任；（2）创设稳定、风险可预期的发展环境的制度基础，避免新技术发展中的不确定性与强制干预。就如同新制度经济学所描述的，应通过合理的制度设计为未来数字经济发展所必需的公共物品的供给奠定基础，同时避免技术发展囿于不合理的制度体系受到抑制。①

然而必须指出的是，这不是一个简单的过程，即便是针对自动驾驶的具体立法也非常复杂和困难。即便制定了一个满足当前产业需求的法律，这一法律也需要具有足够的前瞻性与相当的国际性，以保障法律在具有生命力的同时也能够和国际监管规则接轨，甚至在国际监管规则的

---

① 参见［美］道格拉斯·C. 诺思：《制度、制度变迁与经济绩效》，杭行译，上海人民出版社2008年版，第165～166页。

制定中增加中国理念与中国智慧的影响力。与此同时，由于产业界的积极参与，也需要考虑可能存在产业寻租的可能性。具体而言，新兴数字相关技术的引入势必会带来传统产业利益分配格局的调整甚至是重构（如自动驾驶技术对于汽车产业的冲击），无论是新兴部门还是传统产业都可能基于自身利益出发提出相关法律规则，但国家法律必须试图排除这些利益寻租所带来的干扰。

目前，我国所采取的地方先行立法的模式或可为最终的国家立法提供宝贵的经验，但从总体上看，即便针对相关技术进行立法，也应当注重进行原则性引导，避免条款过于生硬而阻碍技术发展。在新技术的实践探索中，应当秉持包容审慎的理念，尝试所谓的轻触式监管（Light-touch Regulation）。在新技术产生的风险的责任分配上，应当避免事后过度追责。在制定法律之后，亟须建立专项小组或者专委会，对法律体系的内容和效力进行定期评估并及时予以调整。

四、“以科技治理科技”理念

在监管技术相对固定的时代所形成的监管体系以事后总结经验教训的模式进行监管。① 当前，科技和经济进入二元融合与渗透的发展阶段，对数字经济市场的颠覆式发展起到了加速推进的作用。在科技的驱动下，市场环境中新技术频出、创新应用频发，传统的事后总结经验教训型的监管模式已无法继续适用。为此，我们有必要在传统监管的维度之外增加科技维度，以科技驱动型监管思路应对新技术发展给监管带来的挑战。随着数字经济的发展，数据和信息逐渐成为监管的核心，监管者也需要适应这种变化，借助合法有效的数据收集、挖掘手段来实现有效监管。党的十九大报告中提出，“深化机构和行政体制改革……转变政府职能，

---

① 参见杨东：《监管科技：金融科技的监管挑战与维度建构》，载《中国社会科学》2018 年第 5 期。

深化简政放权，创新监管方式，增强政府公信力和执行力，建设人民满意的服务型政府”。其中“创新监管方式”要求政府采取一种适应经济创新变化的监管方式、工具与路径，科技驱动型监管正是这一要求的具像化。据此，我们应该积极推进监管科技之完善，其不仅应用于监管，甚至可以适用于整个社会的情景化监管环境中。

在新的历史起点与历史交汇期，深刻学习贯彻习近平新时代中国特色社会主义思想，给予了我们面对错综复杂的新环境时最有力的思想武器，同样也是我们推进数字经济发展与改革的方略指南。新时代，数字经济的蓬勃发展是不可逆的时代潮流，新科技驱动的新经济是现代经济的题中应有之义，科技驱动的数字经济有利于实现人的权利，有利于实现人的全面发展。解决人民日益增长的美好生活需要和不平衡不充分的发展之间的矛盾，必须依靠经济的进步与健康发展，然而仅仅依托传统经济恐怕难遂人意，必须发展具有中国特色的数字经济制度、鼓励具有中国特色的新技术创新，引领世界数字经济的发展。

第五章

数字资产立法

第一节　数字资产发展与立法现状

数字资产具有多种形式，难以笼统地对其业态进行统合的考察，为此笔者将呈现几种主流的数字资产，分别是以比特币等为主的虚拟货币、稳定币、NFT，下文将分别对其业态进行简要的介绍。

虚拟货币和稳定币都建立在区块链的基础之上。区块链技术包括公有链和联盟链。公有链的核心特征是完全的去中心化，此外还包括匿名性和透明性等特点。公有链目前最广泛的应用是虚拟货币，几乎所有虚拟货币都使用公有链。联盟链并不去中心化，目前已公布的绝大多数与法定货币锚定的稳定币均采用联盟链架构。政府可对稳定币进行有效的法律和技术监管，例如，各国可以就脸书的稳定币 Libra 进行政府听证会，并制定相应的监管政策，但对基于公有链的比特币等虚拟货币却无能为力。虽然两者都基于相同的底层技术，但虚拟货币并非真正意义上的货币，其属性是一种投资性的金融产品。稳定币是锚定的各国法定信用货币，具有真正意义的货币属性（见表 5－1）。①

---

① 参见单志广、何亦凡：《正本清源之二：稳定币与虚拟货币的区别》，载人民网，http://blockchain.people.com.cn/n1/2019/1112/c417685－31451257.html。

表 5－1 我国数字资产主要的相关规范性文件

发布时间	规定名称	相关内容
2017 年 9 月	中国人民银行、中央网信办、工业和信息化部《关于防范代币发行融资风险的公告》	将首次代币发行界定为“未经批准非法公开融资的行为”，涉嫌非法发售代币票券、非法发行证券以及非法集资、金融诈骗、传销等违法犯罪活动，全面清退国内融资代币和虚拟货币交易业务
2019 年 8 月	国务院办公厅《关于促进平台经济规范健康发展的指导意见》（国办发〔2019〕38 号）	首次从国家层面对发展平台经济作出全方位部署，提出要依法查处互联网领域滥用市场支配地位限制交易、不正当竞争等违法行为，重点强调严禁平台单边签订排他性服务提供合同，针对互联网领域价格违法行为特点制定监管措施等要求
2019 年 9 月	国家市场监管总局等九部门《关于印发〈生产性服务业标准化三年行动计划（2019—2021 年）〉的通知》（国市监标技〔2019〕173 号）	金融服务标准国际化。研究制定我国金融业参与国际标准化战略、政策和策略，确定我国参与金融国际标准化活动的重点领域、重点方向和可行路径。加强国际标准跟踪研究，在移动金融服务、非银行支付、数字货币、密码算法等重点领域加大对口专家派出力度，在可持续金融等领域争取担任国际标准化组织技术机构重要职务
2019 年 10 月	《国家数字经济创新发展试验区实施方案》	在河北省（雄安新区）、浙江省、福建省、广东省、重庆市、四川省等地启动国家数字经济创新发展试验区创建工作。通过 3 年左右的探索，数字产业化和产业数字化取得显著成效。明确将数据作为一种新型生产要素写入政策文件。提出推动数据要素市场的培养，推进政府数据的开放共享，促进社会数据资源价值的提升，强化对数据资源的整合和保护

续表

发布时间	规定名称	相关内容
2019 年 11 月	中共中央、国务院《关于推进贸易高质量发展的指导意见》	增强贸易创新能力。构建开放、协同、高效的共性技术研发平台，强化制造业创新对贸易的支撑作用。推动互联网、物联网、大数据、人工智能、区块链与贸易有机融合，加快培育新动能。加强原始创新、集成创新
2020 年 2 月	《金融分布式账本技术安全规范》	规定了金融分布式账本技术的安全体系，是我国金融行业的首个区块链标准
2020 年 2 月	中国人民银行、中国银行保险监督管理委员会、中国证券监督管理委员会、国家外汇管理局、上海市人民政府《关于进一步加快推进上海国际金融中心建设和金融支持长三角一体化发展的意见》（银发〔2020〕46 号）	深化金融体制机制改革。以制度创新为重点，增强金融创新活力，探索更加灵活的金融政策体系、监管模式和管理体制。健全金融法治环境，对内外资金融机构适用同等监管要求，对接国际高标准规则，推动金融业高水平开放。 支持金融机构和大型科技企业在区内依法设立金融科技公司，积极稳妥探索人工智能、大数据、云计算、区块链等新技术在金融领域应用，重视金融科技人才培养
2020 年 3 月	中共中央、国务院《关于构建更加完善的要素市场化配置体制机制的意见》	大力培育数字经济新业态，深入推进企业数字化转型，打造数据供应链，以数据流引领物资流、人才流、技术流、资金流，形成产业链上下游和跨行业的数字化生态体系
2020 年 4 月	国家发展改革委、中央网信办印发《关于推进"上云用数赋智"行动 培育新经济发展实施方案》的通知（发改高技〔2020〕552 号）	实施国家大数据战略，推进数据资源开放共享

续表

发布时间	规定名称	相关内容
2020 年 4 月	中国人民银行、中国银行保险监督管理委员会、中国证券监督管理委员会、国家外汇管理局《关于金融支持粤港澳大湾区建设的意见》（银发〔2020〕95 号）	深化粤港澳大湾区金融科技合作，加强金融科技载体建设。在依法合规、商业自愿的前提下，建设区块链贸易融资信息服务平台，参与银行能以安全可靠的方式分享和交换相关数字化跨境贸易信息。支持粤港澳大湾区内地研究区块链、大数据、人工智能等创新技术及其成熟应用在客户营销、风险防范和金融监管等方面的推广。便利港澳居民在内地使用移动电子支付工具进行人民币支付，推动移动支付工具在粤港澳大湾区互通使用。支持内地非银行支付机构在港澳扩展业务
2020 年 7 月	《关于发布金融行业标准推动区块链技术规范应用的通知》《区块链技术金融应用评估规则》	规定了区块链技术在金融领域应用的实现要求、评估方法和判定准则等
2020 年 7 月	最高人民法院、国家发展和改革委员会《关于为新时代加快完善社会主义市场经济体制提供司法服务和保障的意见》（法发〔2020〕25 号）	健全以公平公正为原则的产权保护制度。明确和统一裁判标准，准确界定产权关系，合理划定责任财产范围，重点解决国有资产流失，利用公权力侵害私有产权，违法查封、扣押、冻结民营企业财产等产权保护中的突出问题。加强对新型权益的保护，如数据、数字货币、网络虚拟财产，发挥司法裁判的价值引领作用
2020 年 7 月	最高人民法院《关于为长江三角洲区域一体化发展提供司法服务和保障的意见》（法发〔2020〕22 号）	完善审理跨行政区域重大民商事案件审判工作机制，密切关注金融政策、新型融资方式对长三角区域经济社会发展的影响，依法妥善审理民间借贷、互联网金融等案件，支持金融领域协同改革，促进防范化解金融风险，维护金融创新和金融安全

续表

发布时间	规定名称	相关内容
2020年8月	国务院《关于印发北京、湖南、安徽自由贸易试验区总体方案及浙江自由贸易试验区扩展区域方案的通知》（国发〔2020〕10号）	促进金融科技创新。支持人民银行数字货币研究所设立金融科技中心，建设法定数字货币试验区和数字金融体系，依托人民银行贸易金融区块链平台，形成贸易金融区块链标准体系，加强监管创新。建设金融科技应用场景试验区，建立应用场景发布机制
2020年10月	中共中央《关于制定国民经济和社会发展第十四个五年规划和二〇三五年远景目标的建议》	建设现代中央银行制度，完善货币供应调控机制，稳妥推进数字货币研发，健全市场化利率形成和传导机制。构建金融有效支持实体经济的体制机制，提升金融科技水平，增强金融普惠性
2020年10月	中共中央办公厅、国务院办公厅印发《深圳建设中国特色社会主义先行示范区综合改革试点实施方案（2020—2025年）》	支持在资本市场建设上先行先试。依法依规开展基础设施领域不动产投资信托基金试点。在中国人民银行数字货币研究所深圳下属机构的基础上成立金融科技创新平台。支持开展数字人民币内部封闭试点测试，推动数字人民币的研发应用和国际合作
2020年11月	最高人民法院《关于支持和保障深圳建设中国特色社会主义先行示范区的意见》（法发〔2020〕39号）	推进金融审判工作创新。完善打击非法集资、内幕交易、逃汇套汇、洗钱等金融违法犯罪司法工作机制。完善私募股权投资、委托理财、资产证券化、跨境金融资产交易等新型纠纷审理规则，加强数字货币、移动支付、与港澳金融市场和金融（基金）产品互认等法律问题研究，服务保障深圳金融业创新发展

续表

发布时间	规定名称	相关内容
2021 年 1 月	最高人民法院《关于人民法院为海南自由贸易港建设提供司法服务和保障的意见》（法发〔2021〕1 号）	妥善审理互联网交易纠纷案件。准确界定电子商务平台运营者、平台内经营者、消费者及知识产权权利人的权利义务关系，依法保障各方当事人合法权益，促进电子商务平台经营活动规范有序、健康发展。加强对数字货币、网络虚拟财产、数据等新型权益的保护，充分发挥司法裁判对新型权益保护的价值引领作用
2021 年 1 月	工业和信息化部办公厅《关于组织开展 2021 年大数据产业发展试点示范项目申报工作的通知》（工信厅信发函〔2021〕14 号）	鼓励大数据在金融领域的风控管理、数字货币等方面创新应用；鼓励在医疗领域的标准制定、数据壁垒打通等方面先行先试；鼓励在应急管理领域的预测研判、响应能力提升等方面大胆探索；鼓励赋能城市大脑建设，推动公共服务便捷化和城市治理精细化
2021 年 1 月	最高人民检察院发布 11 起充分发挥检察职能推进网络空间治理典型案例	依法严厉打击以金融创新为名实施的新型网络犯罪。近年来随着区块链技术、虚拟货币的持续升温，一些犯罪分子打着金融创新的旗号，假借国家对外政策，实施违法犯罪活动，迷惑性很强，危害性巨大。检察机关办理此类案件，要坚持“穿透式”审查理念，结合行为方式、资金流向、盈利模式等，分析研判是否符合国家法律规定，准确区分金融创新与违法犯罪。构成犯罪的，依法严厉打击

续表

发布时间	规定名称	相关内容
2021 年 3 月	《中华人民共和国国民经济和社会发展第十四个五年规划和 2035 年远景目标纲要》	完善现代金融监管体系，补齐监管制度短板，在审慎监管前提下有序推进金融创新，健全风险全覆盖监管框架，提高金融监管透明度和法治化水平。稳妥发展金融科技，加快金融机构数字化转型。强化监管科技运用和金融创新风险评估，探索建立创新产品纠偏和暂停机制
2021 年 4 月	中国银行业协会《关于征订〈中国银行家调查报告（2020）〉的通知》	银行业加大对金融科技的投入，助推数字化转型。在新冠疫情席卷全球的背景下，银行业加深了对数字化转型的思考，同时央行数字货币的试点体现科技带给金融的强大驱动力。总体上，银行家对金融科技持更加积极接受的态度
2021 年 4 月	《天津市服务业扩大开放综合试点总体方案》	加强数据要素流通利用。建设区块链技术和产业创新应用示范区，加强区块链技术在知识产权交易、存证、供应链、金融、贸易、公证等多种场景应用。依托人民银行的贸易金融区块链平台，构建贸易金融区块链标准体系，为中小微企业提供金融、物流及相关政务服务

一、我国虚拟货币现状

在我国目前的法律体系框架内，公有链的应用并不符合监管要求。因此，公有链项目无法在中国境内落地及运营。国家发改委等部门发布的《关于整治虚拟货币“挖矿”活动的通知》（以下简称《1283 号文》）和中国人民银行等部门发布的《关于进一步防范和处置虚拟货币交易炒作风险的通知》（以下简称《237号文》）直接禁止了虚拟货币的交易。

在虚拟货币相关的交易机构方面，2021年9月24日以后，一系列与虚拟货币相关的机构迅速撤出中国市场。

二、稳定币

稳定币是一类数字资产，旨在维持相对于国家法定货币或其他参考资产的稳定价值。① 稳定币既不采用任何特定货币的形式，也不采用一篮子货币的形式，而是一种数字价值单位。稳定币依靠一套稳定工具，试图尽量减少其在这些货币中的价格波动。稳定币声称可以在加密资产市场上直接稳定主要货币，而加密资产的价格由于缺乏任何负责任的发行者，在本质上是不稳定的，在更广泛的经济中也是如此。

不同类型的稳定币计划可以根据加密资产的特征标准来确定。这些标准是：

第一，是否存在一个负责满足任何附加索赔要求的发行者；第二，稳定币计划的责任集中与否；第三，是什么支撑一个稳定币的价值及其稳定性；第四，稳定币计划的核心是稳定机制可靠性如何。

从而，稳定币可以分为这些类型：第一，由资金支持的，发行人或托管人持有这些资金进行保管，承诺完全赎回（“代币基金”）；第二，由其他传统资产类别支持的，需要保管人进行保管，只要用户不赎回稳定币，或在违约情况下赎回剩余的稳定币，就由发行人拥有（“链外抵押的稳定币”）；第三，由资产支持（通常是由加密资产支持），这些资产可以去中心化的方式进行记录（“链上抵押的稳定币”）；第四，由用户对其持有的稳定币的未来购买力的预期支持，不需要任何基础资产的保管，其运作是完全去中心化的（“算法型稳定币”）。

---

① 参见赵炳昊：《应对加密数字货币监管挑战的域外经验与中国方案——以稳定币为切入点》，载《政法论坛》2022年第2期。

创新度越高的稳定币越没有其他传统稳定价值支撑，创新度越低的稳定币越依赖其他传统稳定价值的支撑。特别是，代币基金的价值就资金的货币形式而言可能是真正稳定的，前提是用户信任支持稳定币计划的实体货币。代币基金不涉及新型资产，而是代表分布式账本上的现有货币单位，反映了零售支付的传统电子货币方式或一些现有支付系统的预融资方式。然而，代币基金举措仍然面临普通基金所有的风险，应通过适当的监管框架加以控制。

三、我国 NFT 行业的发展

根据 Nonfungible 提供的数据，NFT 全球总市值在 2020 年就已经达到了 3. 38 亿美元，同比增长 138. 8%。2021 年第二季度 NFT 全球活跃钱包数量达 17. 70 万个，同比增长 340%，环比增长 39%；NFT 买家达 9. 48 万名，同比增长 451%，环比增长 38%；卖家达 3. 97 万名，同比增长 264%，环比增长 25%；交易额达 7. 54 亿美元，同比增长 3453%，环比增长 25%。

在 NFT 项目持续受到全球关注的同时，其热门项目也陆续问世。NFT 涉及的领域非常广泛，不仅包括数字收藏品、艺术品等新兴领域，也包括网络游戏、虚拟世界以及网络域名等传统 VR/AR 领域。2021 年第二季度 NFT 一级市场火热的同时，其二级市场交易额也出现了明显的增长态势。这折射出 NFT 市场不断发展壮大并且体系持续完善的过程。截至 2023 年，规模最大的综合交易市场开放大海（Opensea）是 NFT 市场上最主要的交易平台，中国的交易平台也在逐步成长，目前在国内领先的 NFT 交易平台包括 NFT 中国等。

国内最具代表性的 NFT 应用部署在数字版权运营领域，数字化艺术品解决方案能够有效解决诸如著作版权、作品发行、复制流通及打击盗版等问题，并且能够为用户提供更加个性化的互动和商业化的运营方式。① 更重要的是，NFT 实现了虚拟物品的数字资产化和流通交易，带动了数字资产的价值重估。② 随着落地场景持续多元化，NFT 具有成为元宇宙时代基础性架构的巨大潜力。

四、碳资产

“ECO2”项目凝聚了分布式的去中心化减排共识，旨在通过区块链技术实现《巴黎协定》中各国达成的气候行动。

ECO2 的应用，包括 ECO2 公链（ECO2 Ledger），是专为碳排放交易（碳交易）设计的区块链，是去中心化分布式绿色资产存储系统。通过使用 ECO2 Ledger，网络上的用户会通过其交易费用自动为碳中和作出贡献，交易费用集中起来可用于购买真实且可验证的碳汇资产，然后用于抵消 ECO2 Ledger 的碳足迹，从而确保其在去中心化碳交易、碳中和以及碳资产存储过程中维持碳中和。该过程是透明的且受社区治理内的各个利益相关者监督，包括 ECO2 持有者、验证者节点和经选举的委员会成员，他们受到激励来维护网络的安全性和可靠性。ECO2 Ledger 不仅是碳中和的碳交易应用平台，在其合约层的设计中，任何第三方都可以在 ECO2 Ledger 上建立自己的应用。ECO2 Ledger 已经内置了专为个人碳市场设计的应用程序，并计划在链上迁移，使其成为去中心化生态系统的一部分，以嵌入未来可持续发展领域的国际合作项目中。

---

① 参见秦蕊等：《NFT：基于区块链的非同质化通证及其应用》，载《智能科学与技术学报》2021 年第 2 期。

② 参见伍旭川：《区块链技术的特点、应用和监管》，载《金融纵横》2017 年第 4 期。

第二节　数字资产立法存在的不足与问题

从语义学的角度分析，“区块链”“数字（货币）”“金融”“技术”“应用”“创新”“产业”“科技”等是数字资产政策中出现的高频词语。从上述高频词语中可以发现，我国在政策上鼓励区块链产业的发展升级，尤其是在金融科技领域的落地，并且支持区块链技术成为引领科技创新的重要动力。2020 年工信部、发改委、银保监会、中国人民银行、中国证监会等中央部委出台了相关文件支持和规范区块链产业发展。

从各地的政府工作报告及各部委的政策性文件中可以看出，我国的产业政策主要落脚在支持区块链技术及相关产业的发展。此外，还包括区块链标准制定、中国人民银行数字货币试点、“监管沙盒”试点和数字货币风险提示。但在数字资产的立法上，当前还存在一些不足与问题。

一、监管存在的问题

关于数字资产的立法，多集中在对数字资产的监管上，是典型的行政管制型制度。但在这些制度中，立法的层级普遍较低，并非法律或行政法规。2017 年中国人民银行等七部门发布了《关于防范代币发行融资风险的公告》，2021 年国家发改委等部门联合发布了《1283 号文》、中国人民银行等十部门发布了《237 号文》，上述规定对虚拟货币采取了较为严格的监管措施。但也正是这些公告和通知，决定了当前我国数字资产的现状和发展态势。假如相关规定具体、随机，并且缺乏统一性，甚至从官方渠道也无法获取，那么其指导的执法实践就具有浓厚的行政管理属性，在形式法治层面有需要进一步改进的空间。这种低层级的但却对相关行业和领域的发展起决定性作用的立法活动，在数字经济领域较常见。

从2017年中国人民银行等七部门发布的《关于防范代币发行融资风险的公告》，到2021年国家发改委等部门发布的《1283号文》、中国人民银行等十部门发布的《237号文》，这些规定对虚拟货币采取了较为严格的监管措施。特别是2021年所发布的《1283号文》和《237号文》，禁止了虚拟货币交易。可以看到，以上两个文件的出台对国内虚拟货币行业的影响是根本性的。

就一般经验而言，金融领域的监管制度实施之后，也不能禁止所有的相关市场行为，反而会使部分行为转入“地下”，造成信息不对称的加剧并使消费者权益受到侵害。信息不对称和对消费者保护不足所导致的信用风险表现在以下方面：（1）部分项目透明度不高。① 大多数数字资产交易项目仅有白皮书，白皮书对于项目情况的介绍也不完善，且对项目实施中的资金运用情况也鲜有充分披露。（2）币值估值困难。数字资产交易项目持续经营不能确定，收益难以预测，且回报并非法定货币，传统估值模型难以适用。（3）代码漏洞导致内部人容易操纵市场。编写代码的过程中数字资产设计者及发行方可以在代码里故意留下漏洞，提前获取交易关键信息或者最初就制作有利于自己的规则。不熟悉代码的金融消费者极易受到损害。（4）法律政策的不确定性集中体现为数字资产流动性、不稳定性等。数字货币的交易场所（平台）是否存在，所在国法律是否允许数字货币交易，数字货币币值的公允程度等往往都会影响代币的流动性。

二、数字资产立法较滞后

（一）无法为行业提供制度引导

数字资产形式多样，且发展较快，从目前来看，还未建立针对数字

① 参见杨东、陈哲立：《数字资产发行与交易的穿透式分层监管》，载《学习与探索》2020年第10期。

资产的有效的法律制度。立法的滞后性在数字资产领域表现得较明显，这不利于行业的健康有序发展。从2016年开始，监管部门针对互联网金融行业进行专项整治，历时4年，完成了从2016年P2P交易金额超过2万亿元到2020年11月P2P平台“清零”的转变，[①] P2P网贷行业就此成为历史。从制度供给不足、监管滞后到运动式监管再到对行业的“一刀切”整治，P2P网贷行业的倾覆值得深思。[②]

就P2P网贷最终被清退这一结果，工业经济时代制度经济学派的研究对我们具有启示意义，在该学派看来，制度是影响经济发展的关键，制度不仅体现“是集体行动对个体行动的控制”的一面，[③] 还能起到推动经济发展的作用，是康芒斯形象比喻中的“引导蒸汽机动力的发动机”。[④] 从制度经济学来看，P2P网贷最终被清退的根本原因并非“野蛮生长”，“野蛮生长”只是表象，前期的制度供给不足，无法为互联网金融发展提供足够的指引，以致在合规发展之外“节外生枝、大水漫灌”，这是导致行业最终倾覆的根源。

（二）分业规制和统合风险的矛盾

近年来，随着大数据、人工智能、区块链、云计算等新兴技术的推动，金融业态展现出以金融科技（Fintech）为代表的新变化。金融稳定理事会（Financial Stability Board，FSB）将金融科技界定为：“技术带来的金融创新，它能创造新的业务模式、应用、流程或产品，从而对金融

---

① 参见郑联盛：《防止我国资本无序扩张的监管对策》，载《人民论坛》2022年第6期。

② 参见冯辉：《金融整治的法律治理——以“P2P网贷风险专项整治”为例》，载《法学》2020年第12期。

③ 参见韦森：《经济学与哲学》，上海人民出版社2005年版，第65页。

④ 参见张宇燕：《经济发展与制度选择——对制度的经济分析》，中国人民大学出版社2017年版，第254页。

市场、金融机构或金融服务的提供方式产生重大影响。”① 金融科技既表现为传统金融的功能在技术驱动下发生了变化，也表现为传统上非金融业态呈现了一定金融的功能，然而这日益呈现全社会的泛金融化、金融泛化或者金融再造（重塑）现象，给金融监管与风险防范带来巨大挑战。

工业革命以蒸汽机、电力、电子信息技术等技术为驱动，新兴的智能革命、数字革命则依托于大数据、人工智能、区块链等数字科技，不同技术之间的融合，混淆了现实世界与虚拟世界之间的界限。② 人类可能也由此开始进入一场新的文明——数字文明。金融科技是这场数字革命在金融领域的生动实践。金融科技凭借日新月异的5G、大数据、云计算、人工智能、区块链等技术，可以拓宽资金需求者与资金提供者的沟通联系渠道。在技术释放红利的基础上，具有开放、平等、共享、去中心化、去媒介等属性的金融科技，能够以较低成本改良市场的普遍信息状态和资金融通渠道，从而缓解中小微企业在传统金融市场中的融资困境，并改善投资门槛高、小额投资渠道匮乏的现状，完善多层次资本市场，推动金融回归本质，实现其本应具有的资金融通、资源配置的功能。③

金融活动产生于社会主体优化资源配置的需求，金融功能是相对稳定的观察金融本质的视角。金融功能是金融体系在不确定环境下对经济资源跨时空调度与配置的便利化媒介，进一步可以交易促进、资源配置、风险管理、经济调节4个相对独立又有机联系的基本功能。数字资产交

① Financial Stability Board, *Fintech: Describing the Landscape and a Framework for Analysis*, Research Report (2016).

② See Klaus Schwab, *The Fourth Industrial Revolution*, Crown Publishing Group, Division of Random House Inc., 2017, p. 6.

③ 参见杨东、黄尹旭：《中国式股权众筹发展建议》，载《中国金融》2015年第3期。

易在传统金融机构和其产品服务之外优化并融合了减少信息不对称、融通资金、降低交易成本、管理和控制金融风险以及提供支付清算服务、促进经济资源的优化配置等金融功能。① 以功能视角可以更好地考察数字资产交易的优势及其风险。

数字资产交易通过其技术利用和技术再造，优化了金融的价格挖掘、风险分散和资本匹配等功能，将支付结算、信用交易、股权交易等交易高度融合。同时，金融科技通过平台化运营、大数据风控、智能化介入等取得了技术优势、监控优势和撮合优势等，推动了金融交易脱媒，提高了风控能力和营销能力，降低了金融运营的成本。数字资产交易也极大地降低了信息供给成本，促进缔造一个公开而透明的市场价格形成过程。在这样的过程中，数字资产交易降低了市场交易双方的准入门槛，一定程度上满足了传统金融市场中的弱势方的投融资需求，有效利用了金融风险，促进了竞争，有利于市场定价的公平化。② 数字资产交易通过智能投顾、大数据风控在分散金融风险时也提供了监控金融风险的手段。最终，数字资产交易促进了资本形成，提高了金融效率，降低了市场风险，深化了多层次金融市场。

数字资产流通容易造成金融系统性风险。所谓金融系统性风险，是指人们从事某项财务活动或者交易时，因受外部或者内部影响而发生风险，整个系统（体制或市场体系）都有可能发生剧烈的波动，发生危机或者瘫痪，从而遭受经济损失。由于数字资产的存在，金融风险更加隐蔽，传播速度更快，波及范围更大，金融系统性风险也随之加剧。数字资产投资人持有的代币可在其交易所进行自由交易，具有较灵活的退出机制，但也存在较大的金融系统性风险。

---

① See Merton, Robert C, *A Functional Perspective of Financial Intermediation*, 24 Financial Management 24 (1995).

② See Alan R. Palmiter, *Pricing Disclosure: Crowdfunding's Curious Conundrum*, 7 Ohio State Entrepreneur Business Law Journal 374 - 375 (2012).

与传统金融资产相比，数字资产具有更高的市场波动性，一些投资人只关心其所获得的代币价值，而不关心项目本身的收益。与普通投资者不同，数字资产投资者通常不会在代币最值钱的时候抛售，而是在代币最值钱的时候套现，从而造成了代币的价格与其实际价值之间的巨大差距。从理论上讲，虚拟货币的价值应该是由虚拟货币本身的质量来确定的。①

一方面，在数字资产的交易中，技术风险是无法避免的。以数字资产为例，其商业活动的开展依赖技术与交易平台，错误的技术与平台选择会带来巨大风险。与数字资产有关的区块链技术属于一种十分复杂的软件系统和软件工程，它所涉及的数学原理、密码学原理、网络架构、共识机制以及经济学模型，都是不具备这方面专业知识的普通投资者难以理解的。大多数的数字资产融资平台，都很不正规，只有一个简单的项目简介以及一份白皮书，而在一些重要的地方，诸如如何使用、如何审核、如何定期审核等，却是语焉不详。相对发行人及相关专业人士而言，投资者获取公司内部信息能力较弱。由于内部人的交易或个人的行为，数字资产的投资者会遭受不可预见和不可避免的损失。由于数字资产所产生的“造富效应”，投资者容易被表面现象所迷惑，而忽视了真实的投资对象，再加上对数字资产“虚无缥缈”的模型缺乏足够的认知，从而容易产生更大的风险。②

另一方面，加密数字资产自身带有信息安全风险。加密数字资产是通过特定的算法产生的，通过加密技术来实现。货币的生成、流通、发行主体和投资者的信息和交易都具有较强的集中性，这就给信息和信息的安全带来了较大的隐患。数字资产网络可能易受攻击，网络中潜在的

---

① 参见吴云、朱玮：《数字货币和金融监管意义上的虚拟货币：法律、金融与技术的跨学科考察》，载《上海政法学院学报（法治论丛）》2021 年第 6 期。

② 参见喻国明、陈雪娇：《数字资产：元宇宙时代的全新媒介——数字资产对传播价值链的激活、整合与再连接》，载《出版发行研究》2022 年第 7 期。

网络黑客行为将会给网络中的数字财产带来不可弥补的损失。

政策制定者应当开始应对监管和监督数字资产活动和市场时发现的一系列问题和挑战，这些问题和挑战涉及：（1）监管权力及其范围以及在应用方面的潜在差距或挑战；（2）在数字资产活动中广泛使用分布式和分散式技术；（3）在跨境背景下对数字资产活动和市场进行有效监管和监督的挑战；（4）与钱包和托管服务有关的风险；（5）与交易、借贷及借贷活动有关的风险。因而拟采取的解决办法应当侧重应对金融稳定方面的风险，并全面涵盖与数字资产活动相关的所有特定风险类别，如AML（Anti - Money Laundering）/CFT（Countering the Financing of Terrorism）、数据隐私、网络安全、消费者和投资者保护、市场诚信、竞争政策、税收、货币政策、货币主权和其他宏观经济问题等一系列相关问题。就数字资产活动建立统合规制的全面监督和监管框架，将提高数字资产市场的稳定性，从而降低对更广泛金融体系的负面溢出风险。同时，针对跨境金融风险的管理，统合规制亦有利于各主管部门在国内和国际上相互合作和协调，进行高效和有效的沟通、信息共享和磋商，以便在履行各自任务时相互支持，并鼓励监管和监督结果的一致性。①

第三节　数字资产立法建议

在数字资产立法中应解决以下问题：一是立法要明确数字资产的法律性质；二是要表达对合法形式的数字资产给予保护的态度；三是需严格对数字资产进行监管，防止发生系统性金融风险。

---

① 参见钟伟等：《数字货币：金融科技与货币重构》，中信出版集团股份有限公司2018年版，第90页。

一、加强数字资产交易的统合规制

综合国内外对金融监管模式的研究分析，基于金融服务统合法的视角，金融监管可以分为统合型监管和分散型监管两种模式。在后金融危机时代，全球范围内以统合规制模式为代表的统合趋势渐成主流，学理上也充分证明了统合规制模式的包容性、优越性、灵活性，统合规制模式越来越成为各国金融监管改革的趋势和潮流。这种统合规制趋势主要体现在：第一，实现“机构性监管”基础上的“功能性监管”。第二，填补金融创新监管的空白和漏洞。第三，以金融服务法制的横向规制趋势构建我国金融服务法体系的基础。金融统合规制不能一蹴而就也并非一成不变，需要在摸索进程中不断完善，可纳入市场准入、交易、信息披露、金融消费者保护等方面的规则来实现统合规制。2023 年《党和国家机构改革方案》增设国家金融监督管理总局和国家数据局作为金融及数据要素的统合规制机构即我国在规制机构统合制度路径上迈出坚实脚步的证明。

传统金融行业监管在处理数字资产的监管问题上遭遇困难，而金融监管模式伴随金融商品、金融服务、金融组织的统合趋势（金融混业的大趋势），各国同样走向金融统合规制的道路。顺应这个趋势，在有效监管数字资产交易这一命题之上，为妥善处理其诱发的一系列风险，采取统合规制的进路成为最合适的选择。通过统合规制，数字资产交易应当被置于一个全面而系统的监管框架之下，这一监管框架应与其风险、规模、复杂性和系统重要性以及数字资产发行人和服务提供商参与的活动或市场可能带来的金融稳定风险成比例，且统合规制部门应对金融机构（尤其是交易所）所履行的职能和进行的活动设立明确、直接的主体责任和问责机制。① 数字资产交易客体的多元化和复杂化凸显了对数字资产进行统合规制的内在需求。在统合规制制度方面，需要以平台、数据、算法为核心要素，尽快制定数字资产交易管理条例，在类型化基础上以锚定数据和算法的数字资产概念精准覆盖既有的数字资产交易客体，以契合数字资产在生产、分配、交换、消费全周期呈现的去中心化、共创共享之特征。同时，鉴于以社交平台为代表的元平台企业不断锁定流量入口、扼制数据要素自由流通与市场化配置，企图排他性地独占数据要素价值、垄断数据型数字资产供给，需要进一步强化反垄断与反不正当竞争，探索将数据型数字资产纳入反垄断法中的“商品与服务”范畴，以开放设施原则革新必需设施原则，促进平台间的互联互通。② 数字资产作为数字经济的新场景和新的流量入口，其发展逻辑应是在开放流量入口的基础上，实现数据要素资源向发展优势的转化，针对元平台的竞争执法不仅能够进一步激发数据型数字资产的生产与供给，更有助于形塑更大的流量入口，助力数字资产创新。在此意义上，数字资产交易管理条例对于数字资产的类型化与概念界定也应保持开放性，金融创新不断带来数字资产形式的变化，数字资产概念适应性的提升能够最大限度地将未来的数字资产纳入规制范围，增强其包容性与确定性，进而确保规制的有效性。

二、加强数字资产交易的科技监管

规制数字资产可以通过人工智能等技术手段对相关监管所需数据信

① 参见赵炳昊：《数字时代加密货币洗钱犯罪的防治》，载《中国刑事法杂志》2022 年第 5 期。

② 参见杨东、黄尹旭：《元平台：数字经济反垄断法新论》，载《中国人民大学学报》2022 年第 2 期。

息进行广泛抓取,[1] 打造数据驱动式的监管，依靠大数据、云计算、人工智能、区块链等技术构建科技驱动型监管体系。特别是以区块链技术为依托的“以链治链”即“法链”（RegChain），构建了内嵌型的、技术辅助型的、以数据为核心的信息处理、建模分析与预测的有效机制，并考虑技术自身特性的有机监管路径。[2] 监管者通过实时透明的共享账簿能够在结果恶化之前就识别并予以回应，甚至可以将合规机制直接内嵌到区块链监管系统之内。数字资产科技监管以数据驱动监管为核心，构筑起以分布式的平等监管、智能化的实时监管、实验性的监管沙盒为核心的新监管体系，突破传统金融监管的固有困局，创新监管方式，从而有效应对数字资产创新功能的风险，鼓励健康可持续的创新，发挥金融科技的创新功能。数字资产对人工智能等新兴集成技术的应用可以改善现实世界中目前所存在的数据偏见,[3] 这种数据偏见通常会表现为金融机构为特定类型客户提供信贷、融资等服务时的歧视。[4] 此外，ChatGPT等人工智能还能凭借其强大的代码编程能力，对已有风险防范系统进行测试，并据此向研究者和开发人员提供专业建议，以修补安全漏洞。[5]

---

① 参见［美］克里斯·达菲:《AI到来》，孙超译，中国友谊出版公司2021年版，第47页。

② 参见杨东:《以区块链技术解决金融领域“灯下黑”问题》，载《国家治理》2020年第24期。

③ See Cathy Li, Farah Lalani, *How to Address Digital Safety in the Metaverse*, (paper represented at the Davos Agenda, Geneva, CH, January 2022).

④ 参见［英］迈克尔·伍尔德里奇:《人工智能全传》，许舒译，浙江科学技术出版社2021年版，第270页。

⑤ See Mohammad Aljanabi et al., *ChatGpt: Open Possibilities*, 4 Iraqi Journal for Computer Science and Mathematics 62 – 64 (2023).

第六章

数字金融立法

第一节 数字金融立法现状

数字金融一般泛指传统金融机构与互联网公司利用数字技术实现的融资、支付、投资和其他新型金融业务模式。① 从广义上讲，它包括互联网金融、大数据金融和金融科技3个递进的层次。② 数字金融等新兴业态优化并融合了减少信息不对称、融通资金、降低交易成本、管理和控制金融风险、提供支付清算服务、促进经济资源的优化配置等金融功能,③ 并将信用交易、支付结算、股权交易等业务高度融合，通过平台化运营、大数据风控、智能化介入等获取技术优势、监控优势和撮合优势等，推动了金融交易脱媒，提高了风控能力和营销能力，推动了多层次金融市场发展。④

---

① See Lee Seong-Hoon, Lee Dong-Woo, *Fintech Conversions of Finance Industry based on ICT*, Journal of the Korea Convergence Society, Vol. 6:3, p. 97 – 102 (2015).

② 参见黄益平、黄卓:《中国的数字金融发展: 现在与未来》, 载《经济学(季刊)》2018 年第 4 期。

③ See Merton, Robert C, *A Functional Perspective of Financial Intermediation*, Financial Management, Vol. 24:2, p. 24 (1995).

④ See Alan R. Palmiter, *Pricing Disclosure: Crowdfunding's Curious Conundrum*, 7 Ohio State Entrepreneur Business Law Journal 374, 378 (2012).

数字金融推动了金融行业的提质增效，但也带来新的风险和问题。习近平总书记指出：“防止发生系统性金融风险是金融工作的永恒主题。要把主动防范化解系统性金融风险放在更加重要的位置”。[①] 党的十九届五中全会公报也强调：“完善宏观经济治理，建立现代财税金融体制，建设高标准市场体系，加快转变政府职能。”[②] 风险治理是金融监管永远的主基调。我国当下既有的金融立法与监管既有成功经验，也有不足之处。我国应在重新审慎思考国内现有立法和科技驱动的金融科技风险渊源基础上，构建新的金融监管立法。

一、监管模式以分业监管为主

目前，我国在金融监管体制上主要采用分业监管模式，2018 年银监会和保监会整合为银保监会，在一定程度上体现了我国金融监管模式由分业监管向统合监管的迈进。[③] 2023 年 3 月，中共中央、国务院印发了《党和国家机构改革方案》，5 月 18 日国家金融监督管理总局正式揭牌，银保监会正式退出历史舞台。

数字金融日益深入社会的各个领域，不仅涉及对传统金融行业和其他领域的改造升级，也产生了诸多新型的类金融业务以及混业经营的趋势，[④] 牵涉多个行业领域，因此强化统合型监管十分必要。特别是随着大型互联网平台企业进军金融行业，诞生了互联网金融控股公司。不同于传统的单纯依靠资本控制、业务控制、收集金融牌照形成的金融控股

---

① 《全国金融工作会议在京召开》，载中央人民政府官网，http://www.gov.cn/xinwen/2017－07/15/content_5210774.htm。

② 《中国共产党第十九届中央委员会第五次全体会议公报》，载新华网，http://www.xinhuanet.com/politics/2020－10/29/c_1126674147.htm。

③ 参见陈小亮、陈彦斌：《结构性去杠杆的推进重点与趋势观察》，载《改革》2018 年第 7 期。

④ 参见黄尹旭、杨东：《金融科技功能型治理变革》，载《山东社会科学》2021 年第 7 期。

公司，以蚂蚁金服、京东数科等为代表的持牌互联网金融控股公司，通过依托多元一体化的金融业务链，致力于为客户提供“客户—平台—资产”的深层次金融服务生态闭环，将客户与资产进行链接交互，进而在一个集中度较高的市场生态体系内输出个性化、专业化、高效率的金融服务，充分满足客户体验的同时形成客户依赖性，最大限度激发金融服务价值。① 这加剧了金融领域混业经营的趋势。

故此，面对数字金融所带来的混业经营趋势，我国已经出台相关立法，推进统合型监管。譬如，2020 年 9 月 11 日中国人民银行发布的《金融控股公司监督管理试行办法》，将金融控股公司及其业务统一纳入中国人民银行监管之下，体现了对数字金融飞速发展背景下金融业混业经营趋势的回应。

二、明确持牌经营规则

我国在对数字金融的监管中强调金融科技的审慎稳妥发展，明确持牌经营规则。中央财经委员会第九次会议强调金融活动必须全面纳入监管，原银保监会则明确，金融科技公司经营金融业务必须持牌经营。在此背景下，金融机构必须坚守服务定位，金融科技公司必须回归科技服务本源，开展金融业务必须持牌经营。

三、强化平台类金融企业监管以及数据安全治理

平台企业通过整合内部数据、资本等资源要素，向多个金融市场同时发力，从而形成混业经营的事实状态，并借助规则漏洞实现监管套利，带来了垄断风险、信用风险、数据安全风险等问题。在此背景下，国务院、中国人民银行相继发布《关于实施金融控股公司准入管理的决定》

---

① 参见温长庆：《中国金融控股公司的风险透视与监管应对——兼论中国金融监管的主框架》，载《金融论坛》2020 年第 5 期。

《金融控股公司监督管理试行办法》等文件，通过市场准入、公司治理规范、股权结构规范等规则，强化对平台类金融企业的约束。通过《非银行支付机构监督管理条例》等细分领域的管理条例，采用牌照管理、限制并购等方式，限制平台企业向金融领域的无限扩张。①

第二节　数字金融立法主要不足

数字金融立法的核心问题是金融效率与安全的平衡难题。过度的金融监管势必会挤压金融科技的创新空间，打击相关的市场交易，对大多数的数字普惠金融企业产生极大的不良影响。加强金融监管确实可以减少金融风险，但过度的管制型金融监管也会对数字金融交易等创新主体(大多数是数字普惠金融企业）产生不良影响。同时，相对于日新月异的金融科技发展，对非法金融行为的严格认定一成不变可能造成金融监管的滞后性。在监管的空窗期内，合法合理的数字金融创新行为也可能会在不确定的范围内滋生出新型违法犯罪行为，损害消费者的合法权益，危害国家的金融安全秩序。

传统的金融监管采取审慎的监管态度，以事前防范风险为导向，更侧重关注金融机构的资本充足率、流动性水平、资产质量等指标，并配合逆周期管理、重要性金融机构的系统监管等宏观政策，约束了金融机构利用资本的效率，提高了中介机构的运行成本。面对数字文明新业态的冲击，金融监管原则与理念亟待更新，需要转变监管思路和方式，采取更加灵活、创新的监管模式。一是要加强监管科技建设，利用新技术手段提高监管效率和精度，如采用人工智能、大数据等技术进行风险监

---

① 参见《中国金融科技生态白皮书》，载中国信息通信研究院网，caict. ac. cn/kxyj/qwfb/bps/202111/t20211101_392015. htm。

测和预警，实现智能监管。二是要注重制度创新，建立适应数字经济发展的监管框架和规则，促进数字经济与实体经济的有机结合，避免监管过度或不足的问题。三是要加强国际监管合作，形成跨境监管合作机制，共同应对数字经济发展带来的挑战和风险。只有通过创新监管模式和方式，才能够更好地促进数字经济的健康发展，实现经济社会的可持续发展。①

在 2008 年金融危机之后，一方面，数字金融在金融消费者的投资行为中发挥了更大的作用。这些数字金融平台通过层层嵌套的运营模式、借助互联网技术以各种样态存在，并不直接参与金融服务，使传统的金融监管模式更难发挥作用。特别是新型的数字金融平台尚未纳入监管体系中时，接受服务的金融消费者也无法纳入投资者的保护体系中。另一方面，金融消费者的行为日趋复杂，他们利用数字金融平台可以更便捷高效地分散金融风险。数字金融平台使消费者可以在金融服务提供者与接受者之间切换。面对市场主体的双重身份，如何更好地保护消费者的权益成为难题。行为监管需要采取更加创新和有效的方式，一是要加强金融消费者教育和知识普及，提高消费者的风险意识和自我保护意识，减少消费者在金融市场上的误判和受骗风险。二是要加强数字金融平台的自律和监管，建立完善的数字金融平台监管机制，加强对平台的信息披露、风险评估、业务审查等方面的监管，保障消费者的合法权益。三是要加强行业自律组织的建设，促进行业规范化和标准化发展，提高行业的整体水平和服务质量。

数字金融的迅速发展带来了许多风险，因此监管者必须采取措施进行监管。但传统的监管方式面临许多限制，如信息不对称、监管技术手

---

① 参见孙杰、贺晨：《大数据时代的互联网金融创新及传统银行转型》，载《财经科学》2015 年第 1 期。

段的缺乏以及金融监管法律的滞后等问题。① 这些限制使传统监管模式在应对数字金融风险方面显得乏力。随着新型金融科技监管模式的出现，积极思考创新，并应用新的监管理论成为不可逆转的趋势。因此，需要借助科技手段，建立动态的数字金融监管体系，以更好地解决监管者与被监管者之间信息不对称的问题，并避免传统金融监管的弊端。

第三节 数字金融立法建议

数字金融要求监管作出一系列变革，面对诸多挑战，应当在行为监管、功能监管、包容监管等理念基础上，强化监管科技的运用，基于金融科技飞速嬗变所带来的金融业务的泛化和混业趋势，出台金融服务统合法，构建统合型监管模式。我国改革开放40多年来的金融治理实践积累了丰富的法治材料，已经先后制定了《证券法》《证券投资基金法》《民法典》等涉及金融经济的法律。我国应在整合现有的银行法、保险法、信托法、证券法、投资基金法的基础上，制定有关支付清算、数字货币、互联网投融资、网络征信业务等数字金融业务、统合型的数字金融法。②

数字金融统合规制将传统金融法维护金融安全和防范金融风险这一基准目标进一步扩展到保护金融消费者、确保市场功能的实现上。一方面，风险伴随金融市场的发展产生并蔓延，其在现代金融法体系下呈现出成本化趋势，从一定程度而言，降低风险即降低成本的表现。另一方面，还将保护金融消费者与促进金融民主和谐与法治健全有机结合起来，

---

① 参见杨东、陈哲立：《数字资产发行与交易的穿透式分层监管》，载《学习与探索》2020年第10期。

② 参见杨东：《后金融危机时代金融统合法研究》，载《法学杂志》2010年第7期。

确保市场功能的实现，为金融市场的运行创造一个有序健康的环境。

一、总体思路：统合发展的现实需要

传统的证券、银行、保险等金融行业业务彼此独立，但进入 21 世纪以来，各类金融机构纷纷向不同领域的业务进军，使金融组织呈现混业经营的趋势，尤其是在销售和推广业务的环节上，混业经营的趋势尤为明显。目前已形成以德国的全能银行和美日的金融控股公司为代表的两大金融混业经营主体。全能银行是指可以从事综合存贷款、有价证券、结算、租赁等银行、证券、保险业务的银行。金融组织的统合规制在国际上已经有了实践。例如，1999 年《美国金融服务现代化法案》将金融监管体系按照受理业务主体不同、按照职能进行分业规制的模式，分别进行了梳理和修正，而过去的分业规制模式，实际上已形同虚设。① 此后，美国的混业经营时代正式开启，金融控股公司也借势迅猛发展。

数字化已成为金融行业发展的趋势，伴随以人工智能、大数据、云计算以及区块链为代表的新兴技术的高速发展，金融行业顺应时代发展并衍生出互联网金融行业及金融科技等新兴业态。现如今，元宇宙综合了扩展现实、数字孪生、人工智能、区块链与云计算等新技术，被认为是继 PC 互联网、移动互联网的下一代互联网应用和社会形态，元宇宙的广泛应用将深刻影响社会经济、金融业的发展。由元宇宙和金融合并而成的元宇宙金融（MetaFi）作为去中心化金融的重要组成部分，深刻反映了元宇宙在金融行业的应用和给传统金融带来的新发展与新挑战。

元宇宙对金融领域的重要影响，一方面，体现在通过加快传统金融行业数字化转型，丰富金融行业的应用场景，提高用户体验、交易效率与安全；另一方面，体现在有助于金融机构更好地解决风险水平高、盈

① 参见王钟秀：《美国金融集团监管模式及其对我国金融改革的启示》，载《当代经济研究》2018 年第 9 期。

利能力不足、技术覆盖低以及成本费用高的问题。以区块链技术为依托，元宇宙足以在丰富的场景下形成信任机制，数据可追溯的特点保障了虚拟资产的安全性，参与者共享数据使用权、公开透明的特点则大大降低了交易风险，而区块链的哈希记录也成为虚拟资产的凭证。

区块链去中心化金融（DeFi）为元宇宙提供了基本金融系统生态，以应对传统金融体系存在的诸多问题，如信息不对称带来的低效率和高风险、金融服务对长尾群体不具备可获得性与包容性、金融信息中心化带来的客户隐私泄露风险、金融行业垄断带来的资本无序扩张等。在去中心化的元宇宙金融生态下，金融服务可以实现全覆盖，大大减少了传统金融机构服务地域、客群的“盲区”。此外，去中心化金融体系省去了传统金融机构作为中间环节，借贷双方可以点对点直接实现快速交易，进而提高了交易效率，降低了交易成本。

然而，元宇宙金融作为区块链去中心化金融的应用，与传统金融的中心化监管特征存在冲突。去中心化意味着缺乏明确的法律制定主体、法律规制对象，使当前关于元宇宙金融的立法与监管存在不足。在具有脱离外部监管、兼具稀缺性特征的元宇宙快速发展的背景下，蕴含“去中心化”理念的稳定币，其模式更加层出不穷，技术架构迭代迅速，流通量呈几何数级增长。长期以来，稳定币在我国立法缺失，司法实践也缺乏依据，UST 崩盘事件使我国加强对稳定币的法律规制更具紧迫性和必要性。UST 与美元挂钩的失败不仅使稳定币的信用受到重挫，还反映了在元宇宙发展的背景下，去中心化金融产品蕴含的重大风险。

二、基础目标：风险防控和风险利用的统合

由于数字金融具有高风险性典型特征，因此维系公共信心是其关注的重点。金融风险防范的问题是数字金融法无法绕开的难题。金融产生于人的主观意志，而意志具有不确定性，金融市场的联动效应又使这种不确定性如滚雪球般增加。当信用体系受到威胁时，由个别部门、个别

行业传导的风险就具有更大的冲击力。作为对传统金融法的突破和拓展延伸，数字金融统合规制仍然以防范金融风险、凸显系统性风险为基本目标。数字金融统合规制的规制方式和对象在于微观主体间所形成的法律关系，同时也将视野伸向宏观领域里的系统性风险。

在数字经济去中心化的金融体系下，分业规制难以应对现代化金融所具有的综合性、跨界性与混业性特征，功能监管下监管机构的职权分割难以应对数字资产交易主体与行为的交叉性特征，进而产生金融监管真空，金融合规成本过高，监管协调更为紧迫等问题。① 当前，统合规制是实现上述现代化金融法治价值的重要进路，金融服务统合规制不仅能够实现保护消费者的目标，还有利于实现微观审慎监管的非系统性风险防范及宏观层面的系统性风险防范目标。当前，数字金融的跨界跨境经营的趋势越发凸显，传统的分业规制显然不能满足防范系统性风险和保护金融消费者等目标。金融消费者、金融服务提供者和金融监管者直至整个金融的市场环境都没有被断然割裂开来，而是在金融服务统合法体系中动态地、有机地存在着，金融服务统合法体系以保护金融消费者为中心目标，它同时也是金融服务统合法治的源泉，体现了现代金融法治化进程中的公平与正义。②

在数字金融内涵和外延不断丰富的当下，统合理论秉持了第五范式③的要求，服务于中国式现代化。第五范式继承和发展了科学发展的前4种范式（实验科学范式、理论科学范式、计算科学范式和大数据科学范式），以马克思主义世界观和方法论为核心，规避认知链条局限，面向钱学森先生提出的灵境工程，解决数字世界四维空间（人元、物

---

① 参见沈伟：《金融科技的去中心化和中心化的金融监管——金融创新的规制逻辑及分析维度》，载《现代法学》2018年第3期。

② 参见杨东：《金融消费者保护统合法论》，法律出版社2013年版，第53页。

③ 参见杨东、高一乘：《建构中国自主知识体系：数字法学范式》，载《法学杂志》2023年第2期。

元、时元、空元）所存在的真问题。其中，第五范式所构建的统合性正是金融统合监管的理论逻辑起点。统合的主要内容包括共享利益的统合和法律体系上的统合两大方面。共享利益的统合方面，综合市场竞争问题和市场外部性问题，以利益共享的模式解决数据确权难的问题；法律体系上的统合方面，面对新业态和新模式，需要坚持系统观念，以法治路径进行统合型规制。

数字金融立法的价值可以概括为两点：公平价值和秩序价值。公平价值主要是对金融消费者权益的保护；秩序价值主要是指金融稳定。金融的公平价值是现代金融法治所关注的重点问题，保护金融消费者权益主要还是要通过法律对金融业经营者施加单方面的义务来实现。在金融行业发展初始阶段，金融行业法律关系是平等主体之间的法律关系，主要由民法和商法保护。但发展至今，民商法已不能满足金融行业的监管，政府通过公权力对金融行业经营者施加单方面的义务成为必要。此举不仅能实现保护金融消费者权益的公平价值，对实现维护金融稳定的秩序价值也大有裨益。①

数字金融统合规制体系的设计思路应该从横向和纵向两个层面入手，运用穿透式监管理念，构建柔构造、灵活化的规制体系。

第一，横向的数字金融统合规制体系即为横向的、着眼数字金融商品和服务的经济功能并将之串联起来的规则，其目的在于建立能够持续的、综合性、横跨性数字金融法律规制体系；纵向的数字金融统合规制体系主要是纵向的政府管理，基本上是指以立法、执法、司法等为纵轴形成的数字金融统合规制体系。

第二，地方监管部门要树立穿透式监管理念。穿透式监管，是指基于业务本质、业务功能与法律属性明确监管规则，穿透联结资金来源、

---

① 参见杨海坤、吕成：《一部力求使金融法从迷茫走向科学的著作——评韩龙教授主编〈金融法〉》，载《苏州大学学报（哲学社会科学版）》2009年第6期。

中间环节和资金流向，旨在打破经营主体的类型的、针对混业经营的金融新业态进行监管的重要模式。穿透式监管下比较可行的监管路径是将数字金融活动主体（数字金融产品或服务类型）作为监管对象转变为将金融业务和金融行为作为监管对象。①

第三，数字金融统合规制体系应当是具有包容性、灵活性的系统。构造法律规制体系思想背景中蕴含的原理、制度的灵活性、更改或者完善的容易性等，对于市场参加者或者体系利用者来说具有易理解等特点，从而能够更好地推动经济效率提升与金融消费者保护这两个目标的实现。简言之，对金融消费者的保护要做到浓淡管理和差别化，从而达到灵活的构造化、多层次和多元化的保护目的。②

具体而言，形成以立法、执法、司法为纵轴的数字金融统合规制体系，首先，应着眼数字金融商品和服务的经济功能在立法层面对金融消费者进行保护，如仿照《区块链信息服务管理规定》，出台数字金融交易服务规定，与《商业银行法》《证券法》等金融法律法规相配合形成完备的法律规制体系，消除数字金融监管“真空”地带；其次，应统合相关机关监管职能，构建多层次、多元化的数字金融消费者保护机制和金融纠纷解决机制；最后，应注重数字金融交易全过程中金融消费者的保护，为缺乏专门知识和救济途径的金融消费者提供保护。

---

① 参见沈伟：《金融科技的去中心化和中心化的金融监管——金融创新的规制逻辑及分析维度》，载《现代法学》2018 年第 3 期。

② 参见杨东：《金融消费者保护统合法论》，法律出版社 2013 年版，第 93 页。

第七章

跨境数字经济立法

第一节　跨境数字经济立法现状

一、国际立法存在复杂博弈

当前，国际数字经济立法正处于发展阶段，存在复杂利益权衡，概括而言，全球数字经济领域的国际规则主要存在 3 种模式：一是美国模式。该模式支持数据自由流动，尤其是美国跨国科技企业的业务数据自由流动，反对服务器和数据本地化要求。二是欧盟模式。该模式强调用户隐私保护、知识产权保护和消费者福利。三是中国模式。该模式重视数字主权，将数据作为重要的基础性战略资源。事实证明，这 3 种模式不仅各有侧重，而且在多个领域存在难以调和的路径上的差异，必须以长远的眼光看待我国跨境数字经济立法。

事实上，经过多年发展，全球范围内的跨境数字经济立法已经初具雏形，并且在重要的跨境贸易规则方面具备了较完善的体系。主要包括以下规则：(1)《全面与进步跨太平洋伙伴关系协定》(Comprehensive and Progressive Agreement for Trans-Pacific Partnership，CPTPP)；(2) 美国主导的《美日数字贸易协定》(US-Japan Digtal Trade Agreement，UJDTA)；(3) 其他国家主导、中国申请加入的《数字经济伙伴关系协定》（Digital Economy Partnership Agreement，DEPA）；（4）东盟发起、中国参与制定的《区域全面经济伙伴关系协定》（Regional Comprehensive Economic Partnership，RCEP）。RCEP 中数字贸易规则已较完善，无论是政府如何监管、监管至何种程度、如何实现跨境数字经济调控等，还是规则适用性与多边化可能性都大大提高。RCEP 于 2022 年 1 月 1 日正式生效，世界人口最多、经贸规模最大、最具备发展潜力的自由贸易区开始活跃于国际舞台，体现了亚太地区数字经济发展的高标准、多边性、包容性。① 值得关注的是，RCEP 专门设置“电子商务”章，并且及时回应当前跨境数字经济遇到的新问题，纳入各项重要议题，如计算设施问题、电子方式信息传输、网络安全等。同时，RCEP 关注数字经济面向未来的创新与发展，因此鼓励各方围绕数字产品待遇、源代码、金融服务跨境数据流动以及计算设施选址等问题进行对话，话题涵盖广度与深度都得到较大扩展，反映出更高的数字规则标准理念。

总之，制定数字经济规则比国际经贸规则其他主题要复杂得多，它既关系企业商业利益和国家数字红利之争，也关系数据主权、国家安全和公民权利等一系列社会问题。鉴于此，数字经济立法的发展不可避免地要经历一个极其复杂而又剧烈的过程，在数字经济规则发展历程中，政府监管目标多样化、数字技术政治化、数字保护主义冲击、数据管辖权扩张特性等因素会产生重要的影响。

二、国内立法逐步完善

近年来，随着数字经济的蓬勃发展，我国政府加快了相关领域的国内改革和对外开放，在国内立法与自由贸易协定方面均有较大进步。

就国内立法而言，2004 年《电子签名法》确立了电子签名的法律效

---

① 参见沈玉良：《数字贸易发展转折点：技术与规则之争——全球数字贸易促进指数分析报告（2021）》，载《世界经济研究》2022 年第 5 期。

力、规范了电子签名的行为、明确了认证机构的法律地位和认证程序；2013 年修正的《消费者权益保护法》，在充分保障消费者权益的前提下，新增了线上消费者保护方面的特别规定；2015 年的《国家安全法》和 2016 年的《网络安全法》，对数据本地化和跨境数据流动问题作了规定；2017 年的工业和信息化部《关于清理规范互联网网络接入服务市场的通知》，对开放网络、网络访问和使用进行了说明和规范；2021 年的《个人信息保护法》，旨在保护个人信息权益、规范个人信息处理活动、保障个人信息依法有序自由流动并促进个人信息合理利用。值得注意的是，《个人信息保护法》《网络安全法》均提出了数据本地化的要求。前者针对的是关键信息基础设施运营者和特定的个人信息处理者，而后者针对的是关键信息基础设施的运营者。境外提供的信息前提是经过相关部门的安全评估。我国目前关于数据流动问题的立法仍将谨慎安全作为首要考虑对象，而更多关注个人信息加工中的安全保护和个人信息中个体权利保障问题。① 2021 年施行的《数据安全法》，则涉及数据处理、数据安全、数据开发利用等一系列规定。

以自贸协定文本为例，WTO 框架内中国对于数字贸易规则的探索是有益的，但是推进相对缓慢。伴随我国数字经济的蓬勃发展和国际化程度不断提高，我国数字贸易规则方面逐步实现了由被动到主动、由跟随者到参与者的转变。近几年签署的《中国—韩国自由贸易协定》、《中国—澳大利亚自由贸易协定》以及 RCEP 都已经设置了“电子商务”章。《中国—韩国自由贸易协定》作为中国第一个含有电子商务专章内容的双边自由贸易协定（Free Trade Agreement，FTA），为我国制定数字贸易规则迈出了至关重要的一步。《中国—韩国自由贸易协定》“电子商务”一章主要涉及关税、电子认证和电子签名、个人信息保护、无纸贸

---

① 参见张正怡：《数字贸易规制构建及中国的因应》，载《江淮论坛》2022 年第 1 期。

易和电子商务合作的基本方面。与之形成鲜明对比的是《中国—澳大利亚自由贸易协定》。该协定通过加入国内监管框架来加强对电子商务监管，通过加入透明度条款来加强缔约方传递信息的效率与执行。RCEP以《中国—澳大利亚自由贸易协定》为基础，进一步完善规则，新增非应邀商业电子信息、计算设施本地化、以电子方式实现信息跨境传输以及网络安全四项规定。

总而言之，多年来，我国一直致力数字贸易规则的完善，在深度完善国内数字贸易相关法律法规的同时，以高水平数字贸易规则为基准向国际对接，虽然进步非常快，但总体仍处于形成阶段，我国仍需积极参与国际规则的谈判过程，打破国际贸易壁垒，开拓数字贸易规则的“中国版本”。

第二节　跨境数字经济立法存在问题

一、跨境电子商务存在的问题

全球范围内的跨境电子商务随着跨境支付技术的发展迅速普及，2022年我国跨境电商交易额达3.8万亿元人民币，与2021年相比增长74.3%，成为推动我国新发展的重要动能。从2012年开始，中国陆续选择部分城市开展跨境电商试点，在管理体制、管理制度和服务模式等方面加强创新。① 国内自2018年出台一系列跨境电商政策，优化出口模式，减少跨境出口运营成本，并新设立一批跨境电商综合试验区，对跨境电商新业态的出现、传统外贸转型升级起到了显著作用②，并且在支

---

① 参见赵崤含、潘勇：《我国跨境电子商务政策分析：2012—2020》，载《中国流通经济》2021年第1期。

② 国务院《关于同意在北京等22个城市设立跨境电子商务综合试验区的批复》（国函〔2018〕93号），2018年7月24日发布。

付结算方面，放宽了支付机构的外汇业务范围限制。①

与此同时，跨境电商也遇到了很多安全问题和风险障碍，其中较重要的环节——跨境电商物流与跨境支付，依然有不可忽视的潜在风险，存在监管与制度相对于业务创新的滞后性。②

（一）贸易碎片化加剧跨境电商物流监管难度

当前我国针对跨境电商物流的立法与监管方面的主要问题是贸易碎片化加大了监管难度。跨境电商进口的“贸易碎片化”特征大大增加了海关部门的监管难度。具体表现在两个方面：一是跨境电商进口贸易额的碎片化对传统的集装箱和大宗商品监管方式提出了挑战，加大了监管的难度；二是跨境电商进口贸易涉及的商品呈现小型化、多样化和个人化的特征，如小商品进口、入境旅客自带货、邮递渠道的个人境外海淘和海外代购邮包等。这种新型贸易业态的交易数量多、金额小，容易与海关传统的集装箱及大宗商品监管方式相冲突，可能会影响进境的贸易管制、进口环节税的征收等，从而加大监管难度也可能会使海关各部门的职责边界变得模糊，进而加大监管难度。跨境电商进口贸易不仅涉及通关、物流和支付等众多业务环节，而且涉及众多管理部门，随着各管理部门业务混合在一起，一旦职责边界模糊，跨境电商进口业务的监管难度就会加大，容易出现纰漏。③

（二）跨境支付立法与监管体系有待完善

第一，第三方支付机构的市场准入门槛低，支付机构的定位不明确。第三方支付机构在进行跨境支付业务时，本质上是具备“虚拟”性的中

---

① 国家外汇管理局《关于支持贸易新业态发展的通知》（汇发〔2020〕11 号），2020 年 5 月 20 日发布。

② 参见曲维玺、王惠敏：《中国跨境电子商务发展态势及创新发展策略研究》，载《国际贸易》2021 年第 3 期。

③ 参见魏浩、王超男：《中国跨境电商进口发展存在的问题与对策》，载《国际贸易》2021 年第 11 期。

介，交易双方身份、资金来源等一旦缺乏科学有效的监管，可能滋生犯罪。我国目前暂无系统性相关法律，难以明确第三方支付机构运行主体资质审核条件、法律权责等支付法律关系相关内容。①

第二，信息审核模糊，跨境资金的监管难度大。跨境电商总体具备非传统贸易的新特征，而当前我国跨境支付领域存在支付需求与贸易真实性核验不完备的问题。为保证合理的通关速度、允许中小型卖家开展业务，跨境支付面临外汇资金结算难以符合我国规定的国际收支逐笔申报的要求的问题，② 存在延迟性高、准确性低、有效性差等问题，增大了监管难度，甚至会威胁到国家的资金安全。例如，海外仓贸易无法保证货物出境的信息准确，海外仓主体也多为境外自然人或法人，不负有配合信息审核的义务；中小型卖家以个人邮件的方式进行商品寄售，个人使用物品与跨境商品申报难以区分，继而规避主动、真实的交易申报，容易形成偷税漏税现象。③

第三，监管法律法规有待完善，实名认证不完善。跨境支付的各类新型业务种类如雨后春笋般出现，市场整体发展速度远远超过监管法律法规制定速度，加上法律本身具有滞后性特点，形成了支付机构监管法律空白。一方面，监管部门之间职能分工、各个部门政策之间配合衔接缺乏统筹性；另一方面，国家外汇管理局当前仅仅针对第三方支付机构进行实名认证，缺乏实际交易中电商卖方与买方主体的实名认证，以及相应资质、权限的审核。结合跨境电商平台的交叉复杂性、经销时间滞后性，无论是第三方支付平台使用者此后维权还是政府部门多环节溯源，

---

① 参见董哲：《中美跨境支付系统法律适用规则比较研究》，载《上海金融》2022年第5期。

② 《国际收支统计申报办法》第6条规定："国际收支统计申报实行交易主体申报的原则，采取间接申报与直接申报、逐笔申报与定期申报相结合的办法。"

③ 参见李志远、刘丹：《跨境电商统计监测体系建设难点与解决思路》，载《国际经济评论》2022年第2期。

都面临不确定性。

总而言之，在跨境电子商务发达的当下，全球金融市场的风险极易传递至每一个跨境交易的主体，其波及面广，涉及的金额较大，可能带来很多不利于国计民生的经济与安全隐患，跨境电子商务的系统性、前瞻性、科学性立法对我国监管部门来说是个很大的挑战。

二、跨境数字贸易存在的问题

数字贸易的交易对象是以数字或实物交付的数字化商品或服务，如以社交媒体为代表的信息技术服务、以数字传媒为代表的数字内容服务。根据联合国《2019 年数字经济报告》，中国和美国所拥有的数字平台企业占据全球 70 个最大数字平台市值的 90%，聚集了数字化商品与服务的数字平台成为新型法律主体，在“平台、数据、算法”三维结构的优势下逐渐出现滥用私权力、影响市场正常竞争秩序等风险。① 因与借助互联网对传统购物模式进行升级改造的跨境电子商务存在较大差异，数字贸易是跨境电子商务未来发展的高级形态，故需要对其立法予以单独考量。

（一）国际竞争力与规则把控能力问题

在跨境数字贸易领域，我国规模水平全球领先，但是竞争力和规则的把控能力还相对不足。我国是数字贸易大国，但还不是数字贸易强国。我国产业数字化和数字产业化规模不断扩大，数字经济的总量规模和增长速度连续多年居全球第二。但我国商务部发布的《中国服务贸易发展报告 2020》显示，我国服务业在 GDP 增加值中的占比为 54.5%，低于

---

① 参见《2019 年数字经济报告》，载联合国贸易和发展会议网，https://unctad.org/system/files/official-document/der2019_overview_ch.pdf，最后访问日期：2022 年 10 月 10 日。

世界服务业在世界 GDP 增加值中的占比 67% 。①

（二）数字贸易具体规则与政策有待完善

首先，我国数字贸易统计制度有待完善。我国对数字贸易交易额的统计尚未形成统一口径，主要问题包括：数字贸易中数字内容产品和信息服务等跨国交易，采用现行的贸易统计制度无法准确统计其贸易额；数字贸易产品和服务须更加细化，现有的计算机和信息服务、电影音像等统计口径已无法准确统计数字出版、数字音乐、数字电视、数字电影、软件和信息服务等数字贸易商品和服务的实际现状；我国没有对数字贸易的4 种类型进行分类统计，大部分数字贸易项下的经济活动存在于信息技术、跨境电子商务等服务领域；数字贸易统计零散、不规范，没有形成体系化、跨时空的数字贸易数据库，且数字贸易统计数据存在划分不清、连续性不强问题，未能与国际接轨，也无法对数字贸易发展情况进行把握。

其次，数字贸易政策支持体系有待完善。我国没有专门针对数字贸易的法律，数字贸易过程中的生产、交付、存储、使用、监管与服务、税收、商业秘密与个人隐私保护、定价、交易合同签订、版权保护等内容的相关立法基础较弱，数字贸易的标准规范发展滞后，数据流尤其是监测跨境数据流的手段、能力、标准缺失。数据要素作为一种新型生产要素，数据资产的法律地位亟待确立，数据确权难题尚待破解，数据共享流通障碍重重，数据安全和隐私保护体系尚不健全。

（三）数字贸易的知识产权保护问题

互联网技术推动了数据和信息传递，激发了创造活力，但也给数字商品和服务盗版、侵权带来了方便。数字贸易商品或者服务（如电子书、数字专辑和流媒体）知识产权保护规则复杂程度远远超过普通实物

---

① 参见《中国服务贸易发展报告 2020》，载商务部官网，http://images.mofcom.gov.cn/fms/202109/20210914144408338.pdf。

产品。这些数字化的商品或者服务可以通过技术手段下载和拷贝出来，然后再输入互联网上不可控的不同云端或者本地服务器中，绕过官方渠道进行供给，这就会带来一系列版权、授权等跨境销售问题。虽然数字产品或者服务的编码、算法和数据都是商业秘密，已经成为这一领域知识产权保护工作的核心内容，但中小微平台企业既难以兼顾服务提供和安全成本，又缺乏强有力的维权经验和能力，所以构建一套实用有效且具有广泛适用性的跨境数字贸易知识产权保护相关法律体系就显得更加重要。在国际贸易规则协商中，知识产权问题一直是一个重点。就数字知识产权而言，“美式实践”和“欧式实践”的利益都聚焦于源代码保护、加密技术和交互式计算机条款等领域。

首先是源代码保护。软件源代码或者这个源代码所代表的算法，已成为一种非常宝贵的知识产权。为保持自身核心竞争力与商业利益，美国强化了源代码保护，扩大了“源代码开放禁令”对“基础设施软件”的应用范围。欧盟和美国的立场是一致的，希望各缔约方不要以源代码公开为市场准入条件，同时列出允许源代码强制公开的案例。“欧式模板”与我国利益要求上存在一定契合。我国《网络安全法》自 2017 年起正式实施。我国《网络安全法》在若干涉及国家安全问题上明确要求软件所有人出让或者准许取得其源代码或者算法。至今中国均没有在经贸规则讨论中加入源代码议题（如 RCEP 仅承诺对源代码问题展开进一步对话等），“中国应根据自身国情尽快制定出适合自身实际的源代码和算法规制路径”，为“中国加入贸易谈判”提供理论依据。

其次是加密技术问题。加密作为保障隐私数据和核心技术安全的重要手段，事关数字安全。为了解决这一难题，《跨太平洋伙伴关系协定》（Trans-Pacific Partnership Agreement，TPP）第八章附件 8—B 进行了详细解释，有关提法也先后为 CPTPP、DEPA 等承袭。DEPA 第 3. 4. 1 节明确规定，加密技术保护适用于以密码术为基础的信息和通信技术产品，但金融工具不在此列；第 3. 4. 3 节规定，各缔约方不应强制执行或建立技术性贸易壁垒，并将此作为有关产品生产、进口和使用的条件，要求产品制造商和供应商将该产品转让给缔约国或使之能够获得该产品涉及密码术方面的具体技术和其他资料；第3.4.4节进一步解释第3.4.3节，以反映"国家安全例外"。美国将加密技术保护内容加入UJDTA中，彰显其加强数字知识产权保护的强硬态度。欧盟与中国目前均没有在各自签署的贸易协定中涉及此规定。

最后是交互式计算机条款。USMCA已经明确免除互联网服务提供商对第三人非知识产权侵权所负连带责任，即互联网服务提供商对于第三人知识产权侵权仍须负连带责任。"过滤器"条款于2019年由欧盟投票通过《数字化单一市场版权指令》确立，从本质看，ISPs必须履行一般过滤义务。我国《电子商务法》第45条就电子商务平台经营者是否了解或是否应了解该平台内部经营者是否存在侵犯知识产权行为作出必要约定，否则将负连带责任。研究可发现，面对因用户产生内容而导致的知识产权侵权，美国、欧盟与中国这三个经济体立法中关于ISPs责任条款设置存在一些分歧。

此外，"源代码"条款规定，缔约任何一方均不得以请求转让或取得缔约另一方持有的软件源代码和算法为条件，在换取本国境内进口、经销、出售和使用软件以及含有这种软件的软件。这一规定在一定程度上可看作强制技术转移在数字经济领域中的体现。我国法律法规中并没有以上规定，但是为了侦查、安全、反恐等需要，对于"源代码"也进行了规制。按照2016年1月1日起实施的《反恐怖主义法》的规定，电信业务经营者和互联网服务提供者应向公安机关及国家安全机关提供技术接口、解密及其他技术支撑和帮助，以依法开展恐怖活动防范和侦查。这一条款即是对一般主权国家安全诉求的一种制度表达，具有充分的合理性。2020年施行的《外商投资法》建议中国对外国投资者及外商投资企业知识产权依法予以保护，并鼓励以自愿原则为基础、以商业规则为准绳的技术合作，其条件应经投资双方协商一致决定，不应采取行政手段进行强制性技术转让。这表明 FTA 增加这一规定符合今后改革的方向，但是中国短期内执行仍面临一些挑战。

我国的数据治理始终强调数据安全而对于跨境数据的自由流动则采取保守的态度。尽管近年来我国在均衡数据自由流动、维护数字知识产权与国家主权安全等方面做出了积极的探索，但是数据流动开放水平仍有待进一步提高，数字知识产权保护工作亟待加强。迄今为止，RCEP 仍然是我国签署的对跨境数据自由流动最开放的经贸协定。

三、数据跨境存在的问题

信息通信技术发展战略的新浪潮会给中国社会、经济发展带来重大影响，在这一战略中，不断强化的数据跨境安全问题关系到国家安全、国家长治久安以及人民群众的实际利益。跨境数据与信息自由流通是一把“双刃剑”，一方面，它对数字经济创新与数字贸易发展至关重要，能够实现数据价值的最大化进而产生巨大的利益；另一方面，跨境数据与信息免费流通代表了数据流通范围与规模的指数级增长，而且跨境传输数据中不仅有商业数据与信息，也有海量个人信息，如果没有合理的监督与规范，数据跨境流通可能会对数据安全、隐私保护与数据主权构成潜在威胁。所以，出于自身利益与安全考虑，很多国家对跨境数据自由流动实施了相当程度的监管，这也从某种程度上制约了数字贸易在国际上的开展。在保证跨境数据有序流动和维护公共利益之间取得平衡，并建立一套取得国际共识的数据跨境流动规则，是当前数字贸易规则多边谈判的核心议题之一。①

（一）数据跨境流动安全共识不足，风险增大

在中国数字贸易发展进程中，虽然许多鼓励“走出去”的政策让人

① 参见熊鸿儒等：《数字贸易规则：关键议题、现实挑战与构建策略》，载《改革》2021 年第 1 期。

振奋，但是缺失完备的数据安全法不仅使数据跨境安全成为企业合规难题，而且给跨国公司在中国市场上开展活动带来潜在数据安全风险。国际社会在数据自由跨境流动问题上共识性很高，但是在数据流动“安全”这一前提上存在不同的衡量标准。RCEP 更注重安全前提，认为跨境传输须出于商业行为及日常经营的需要而强调无障碍、宽领域。USMCA 强调不允许对数据跨境流动随意约束，排除监管例外及安全例外等因素，使其免受各成员国监管政策的约束，排除妨碍其发展的隐性壁垒，尽可能实现其发展。

（二）国内立法尚处于发展阶段

尽管我国在跨境数据的立法方面陆续予以推进，但数据保护领域的法律仍处于发展阶段。2016 年《网络安全法》第 37 条①规定，为我国跨境数据立法开启了新的篇章。其确立的关键信息基础设施的跨境数据流动管理制度，将评估因素限缩为本地化存储原则、因业务需要、确需向境外提供、安全评估，展现出我国立法者为了回应互联网中愈加严重的数据安全问题，系统性地开展了网络安全总体水平提升工程。《数据安全法》《个人信息保护法》均在《网络安全法》第 37 条的基础上进行制度叠加，同时提出了更多需要解释与细化的制度内容。但从总体来看，我国关于数据跨境的流动与存储安全等问题的规定依然较为原则，数据主体权利内容、安全评估方式标准、数据跨境路径规划、数据侵权救济途径等方面存在较大的完善空间，自贸区跨境实践中的规则落实依然是一项需要解决的问题，如何实现数据跨境流动真正的“有法可依”，有待研究。

---

① 《网络安全法》第 37 条规定：“关键信息基础设施的运营者在中华人民共和国境内运营中收集和产生的个人信息和重要数据应当在境内存储。因业务需要，确需向境外提供的，应当按照国家网信部门会同国务院有关部门制定的办法进行安全评估；法律、行政法规另有规定的，依照其规定。”

（三）跨境数据流动和本地化分歧

本地化需求主要有数据存储本地化与计算设施本地化两种，数据存储本地化需要对计算设施进行本地化，而计算设施本地化没有对数据存储本地化进行规定，当前数字贸易谈判的争议主要集中于数据存储本地化方面。数据是数字时代最重要的战略资源之一，党的十九届四中全会把数据列为一种新型生产要素，关系一个国家数字经济发展，数据隐私保护以及国家安全问题。当前，各经济体间存在一些“数字鸿沟”，数字贸易的发展程度、安全和发展重要性排序以及数据开放后的成本收益均存在较大差异，对本地化需求这一话题也持有不同乃至相反的看法。

欧盟是世界上数字贸易发达的经济体，其关于跨境数据流动与本地化需求这一主题的立场诉求与美国比较契合，只是对数字产品与服务贸易的政策稍有不同。其未对数据跨境流动实行严格监管，主张合理、合法地进行数据、信息跨境流动，反对本地化需求。

我国基于网络安全与国家安全的考量，更加重视监管主权，对数据与信息跨境自由流动问题采取审慎态度，并不认同美国所倡导的全球范围数据与信息自由流动，对于跨境数据与信息流动问题采取较严厉的监管。另外，尽管我国并没有强制要求本地化，但是国内法中存在间接约束，规定以数据或者计算设施本地化为前提在国内开展业务，特别是对于涉及“关键”公司的数据，会有相对本地化存储的要求。这些要求也代表多数发展中经济体的态度。

我国以数据安全为主要目标对跨境数据流动进行治理规制，无论是《个人信息保护法》第36条和第40条还是《数据安全法》第31条都明确规定，由国家机关办理的个人信息、关键信息基础设施运营者和特定个人信息处理者采集生成的个人信息应储存于国内。从立法规制看，数据存储本地化需求在我国确实存在，但是都是以维护国家安全和隐私保护为监管前提。主权效力及于一国全境，同时一国领土内的数据支配权亦在其范围之内，但是数据所有者的权利需得到最大程度的尊重。数据存储本地化的诉求和数据跨境自由流动是一对似乎相互冲突的理念，主权国家规制实践需划清界限才能实现相对均衡。隐私权保护、个体基本权利为主及个体保护和国家安全兼顾等不同格局会决定数据跨境自由流动在不同主权下的实现程度，进而间接影响数字贸易支持。目前数据本地化模式虽然千差万别，但是也并不是完全无法协调，应该在合适的范围内找到可能达成的一致。

第三节　跨境数字经济实践案例与相关立法问题

一、TikTok 事件涵盖数字经济立法主要困境

2022 年 6 月起，随着美国中期选举的临近，美国多位政客和政府官员以数据隐私和国家安全等理由公开压制 TikTok，甚至多次呼吁拜登政府对 TikTok 进行封禁。英国权威媒体《经济学人》在报道中称，TikTok 的情况可能“变得极其复杂”，美国政府“可能会恢复特朗普的计划，迫使字节跳动出售 TikTok 的美国业务”。① 虽然 TikTok 被禁一事仍处于不断发展之中，但是美国对 TikTok 的封禁行为，折射出美国参与全球数据博弈时对保持数据控制权问题的担忧。每个国家和地区对于个人数据的保护方式都是不一样的。欧盟坚持在数据跨境前和跨境后不允许实质性地减少保护方式，美国则坚持在数据跨境流动时达到“及格线”就足够了。对于数据的敏感性理解不一样，造成了数据出境需要满足的阈值或者条件设置不一样。以上因素已导致全球数据跨境流动体系很难在大规模上相容。另外，一些国家和地区出于本国产业发展考虑，力图把握或拥有数据资源，这在客观上给数据跨境流动带来了一定难度。

---

① *The All-conquering Quaver*, Economist, Accessed Oct. 12, 2023, https://www.economist.com/interactive/briefing/2022/07/09/the-all-conquering-quaver.

以“执法司法目的下的数据跨境”和“业务目的下的数据跨界”互动为视角，可以发现当前全球范围内的数据跨界流动存在系统碎片化现象，具有不可忽视的政治化、阵营化趋势。

二、以链治链破局 TikTok 数据跨境问题

目前 TikTok 采取“得州计划”，希望能满足美国数据跨境流动安全需求，但还没有被美国官方承认。这一计划是 TikTok 当前和甲骨文、美国外国投资委员会（CFIUS）协商的重点。“得州计划”主要包含以下部分：TikTok 将所有美国用户的数据储存在位于美国境内的甲骨文服务器上，如电话号码、生日、草稿箱以及用户所涉隐私内容，只储存在总部位于得克萨斯州的甲骨文服务器上，只有 TikTok 新组才能获取，① 即由 TikTok 新成立 USDS 团队负责数据访问权限，其他 TikTok 员工想要访问美国用户数据，都需要经过 USDS 授权、受其监管。②

“得州计划”的总体目标是通过完善系统及控制等手段，帮助构建对用户、关键利益相关者之间的信任关系，还旨在促进与美国政府之间的最终共识，并在全面保护用户数据和维护美国国家安全利益等方面取得实质性进展。“得州计划”已取得了初步实质进展，所有美国用户数据现已保存于甲骨文云中。截至 2023 年字节跳动正在和甲骨文数据中心一起研发新型高级数据安全控制系统，该系统有望于近期内建成。

中国贵州已经存在运用区块链技术形成苹果公司在中国境内的云上贵州模式，这为 TikTok 等中国企业出海业务的数据跨境流动合规提供了

---

① David McCabe, *TikTok Tells Republican Senators How it Plans to Keep American Data Away from China*, The New York Times, Accessed July 15, 2023, https://www.nytimes.com/2022/07/01/technology/tiktok-tells-republican-senators-how-it-plans-to-keep-american-data-away-from-china.html?searchResultPosition=2.

② United States Senate Committee on Commerce, Science, and Transportation, The Committee, Accessed July 15, 2023, https://www.blackburn.senate.gov/services/files/A5027CD8-73DE-4571-95B0-AA7064F707C1.

重要参考价值。苹果公司于 2018 年 2 月 28 日成为云上贵州公司在中国经营 iCloud 业务的“唯一伙伴”。届时，iCloud 业务在国内采用苹果公司与云上贵州公司的双品牌为用户服务，并由苹果公司一方提供技术支持。“云上贵州”数据中心创建于 2014 年 11 月，拥有国内互联网公司技术支持和贵州省大数据管理局资金注入两方面背景。同年 4 月阿里巴巴派 100 名技术人员入黔，无偿建立“云上贵州”体系。云上贵州公司在 2018 年 11 月完成了股权变更工作，其大股东由原来的省经信委改为省国资委，国有股东所占的股份比例也随之增加。

云上贵州公司是中国本土数据公司，这一点呼应了 2017 年 6 月 1 日施行的《网络安全法》第 37 条规定的“关键信息基础设施的运营者在中华人民共和国境内运营中收集和产生的个人信息和重要数据应当在境内存储”。而且，在苹果公司发送给用户的《有关 iCloud（中国）的重要通知》中，在解释数据转移有助于提升速度的同时提到“遵守中国法规”。因此，国内有媒体将苹果公司此次的数据迁移解读为跨国企业的让步和妥协。2016 年苹果公司总裁库克曾到访我国贵阳，并与贵州省委完成首次会面，当时《网络安全法（征求意见稿）》出台不到两个月。此后，双方经历了两年的艰难谈判，其中苹果公司对是否将云上贵州公司作为其在国内的唯一合作伙伴犹豫不决，云上贵州公司坚称，运营这么大的项目，如无排他性，将面临巨大风险。最终，经过反复磋商，苹果公司妥协了。云上贵州公司对苹果（中国）iCloud 数据的接管，使互联网数据的生产与交换能够被维持在管理者“可见的”视线范围之内。其中的地缘政治逻辑主要体现在主权国家基于“网络安全”和“属地管理”的话语及其法律实践来形塑和规制跨国互联网公司与本土互联网基础设施在特定社会语境中的存在和运作方式。①

① 参见束开荣：《互联网基础设施：技术实践与话语建构的双重向度——以媒介物质性为视角的个案研究》，载《新闻记者》2021 年第 2 期。

第四节 跨境数字经济立法建议

为促进跨境数字经济发展，完善我国跨境数字经济立法，笔者建议：一方面，逐步完善现有法律法规，根据跨境数字经济需要对相关法律条款进行修改、细化，增加必要条款，加快数字贸易法治建设步伐；另一方面，积极主动参与规则的谈判和制定，努力形成反映自身特色诉求的“中式规则”，辩证对待数字贸易规则谈判中的核心议题，加快进行规则研究与制定的“中国实践”。①

一、研究制定跨境电子商务条例

得益于以电子商务为代表的数字经济占据的战略优势，中国数字经济整体立法和规制走在了世界前列。我国如果意图在跨境数字贸易规则领域走向世界前列，与国际主要贸易伙伴达成数字贸易良好关系，则需要在本国数字经济发展的基础上，进一步增强数字贸易国内法律制度的供给与完善，以提高跨境数字贸易规则中的国际话语权与法律硬实力。从整体而言，为回应跨境电子商务当前面临的问题，需要通过立法的形式逐步引导第三方支付公司运用新技术开展符合监管要求的业务创新，引导其在降低交易成本、提高交易效率的同时，提供合格的支付、结算、融资服务。监管机制体制改革必须顺应数字经济的发展，打破传统的单方面监管，“寓监管于服务、以服务促监管”。

建议制定跨境电子商务条例，我国跨境电商的发展，需要立法予以支持与保障。我国企业依然面临对冲汇率风险能力不足等问题，因此银

① 参见朱雪婷、王宏伟：《全球数字贸易规则博弈态势与焦点》，载《技术经济》2022年第4期。

行需要发挥其职能作用，应在立法中通过细化有关规定进一步发挥外汇管理工具的效能。银行应有选择、有计划地面向跨境电商企业，提供汇率风险管理工具，为跨境支付与交易提供更多样化的保障。同时，外汇管理统一监测系统可以考虑对于跨境支付进行登记与备案，如对于个人跨境支付业务采取支付内容或目的的备案，对于大型电商平台、支付平台采取名录登记等。可以采用区块链技术打造监管智能平台，加强各个政府部门之间的信息交流与共享，提升业务能力、服务水平和监管的科学有效性。同时，在国际标准规范、消费者保护等领域进一步完善当前的制度建设，提升我国跨境电商的抗风险能力。①

建议在跨境电子商务条例中构建跨境支付的具体制度构架。促进国际资金清算系统与人民币跨境支付系统战略合作关系的实现，使人民币跨境支付系统成为跨境电商结算的重要渠道。明确国际上适用场景最广泛的国际资金清算系统和人民币跨境支付系统是同时存在的，它们作为国际金融中的重要基础设施，在国际资金清算系统的帮助下，人民币跨境支付系统能够在全世界范围内获得各参与方的支付信息并在适当时候促进交易的达成。国内第三方支付机构和提供跨境电商支付结算的银行可逐渐与电商平台对接的境外金融机构和银行建立合作，大力推广以人民币跨境支付系统为主要结算手段的跨境人民币资金结算模式，也将有助于在策略上逐渐降低跨境支付过程中资金结算对国际资金清算系统通道的依赖性，有助于实现人民币国际化发展。

建议在跨境电子商务条例中引导推动跨境电商集成平台构建，制定不同第三方支付系统之间的统一技术标准。互联网的普及让新型移动金融工具出现的成本大幅降低，各类支付平台、支付系统、移动设备使用的报文接口存在标准不统一的问题，不利于我国跨境支付金融业务的数

① 参见赵越强等：《区块链技术与跨境支付体系：发展现状、趋势及政策启示》，载《新金融》2020年第10期。

据互联互通和有效监管。可以借助人工智能、区块链技术等构建跨境电商支付及相关业务的集成平台，助推跨境支付结算业务的一站式办理，有利于有关政府部门各司其职、协同监管。此外，跨境支付平台化可以助力监管的数字化转型，借助深度学习、隐私计算等技术实现大数据治理，为跨境支付与结算业务提供便利与安全的叠加优势；还能够结合大数据与监管科技形成针对跨境电商大额交易、可疑交易的预警机制，为跨境交易与支付流程提供效率优化与风险预防的叠加优势。

二、研究制定跨境数字贸易条例

要破解跨境数字贸易领域立法难题，从整体上看，必须抓住经济全球化特征，在规则谈判中进行顶层设计，适时实现国内立法和国际规则的有效对接。由于数字化商品和服务具有特殊性，可认为当前国际规则的制定和修订竞争在相当程度上决定了全球数字贸易竞争制高点的地位。为此，我国须在众多涉及技术、服务、内容提供和风险方面的规则谈判过程中秉持发展中成员国地位，并在数字贸易中分担责任。与此同时，对国际竞争和合作持开放和警惕共存的态度，条款一旦涉及国家安全、意识形态等问题，必然会在控制风险的情况下进一步推进国际数字贸易合作。

首先，加快完善促进数字贸易发展与监管的相关立法，健全国内数字贸易的法律体系，促进有关法律法规细则的落地，形成跨境数字贸易条例，营造有利于数字贸易发展的环境。目前我国数字贸易立法明显落后于实践，在个人信息保护、知识产权保护和数字市场秩序方面法律体系尚不成熟。我国应当加速完善数字贸易法律体系框架，从而形成有中国特色和符合中国国情的数字贸易规则模板，将关涉数字经济领域的问题予以汇总并且进行专门立法规定。此外，我国法律体系中原则性条法多而实践性条法少。以通关、商检、消费者权益和知识产权保护为目标，要加快制定和落实跨境数字贸易条例以及其他有关法律细则，使数字贸易法律能更好地指导我国数字贸易的实践。依法促进数字贸易发展，加强对数字贸易安全的重视，规范数字贸易行为，包括数字贸易实施全过程中涉及数据安全、个人隐私保护、数字贸易监管体系、数字贸易税收等行为。应对数字贸易发展的有关法律进行全面梳理和评价，修订和完善不适应数字贸易发展的政策和法律，从而为数字贸易发展提供政策和法律保障并创造有利的政策和法律环境。

其次，跨境数字贸易条例立法应当坚持跨境数字贸易所需知识产权所允许的产品与服务的原则，并对不同情况下知识产权的适用性予以界定，对其是否属于所有权或使用权予以法理肯定。对“版权安全港系统”进行重新思考，形成对数字化商品和服务供给平台的追责和合理保护、知识产权保护与推动数字贸易繁荣创新，并与其他国家协商交流，求同存异，完善数字知识产权保护规则。①

为了有效应对跨境数字贸易中可能产生的纠纷，一方面，必须以国内立法方式将部分 WTO 既有的与数字贸易有关的国际条款本土化，并进行利于中国数字贸易符合性的改造，以增强中国数字贸易的适应性和在应对全球数字贸易纠纷解决中的有效性。另一方面，我国政府可根据跨境数字贸易所面临的重大问题鼓励平台企业以国际性质自发加入第三方争端解决服务机构并对实际复杂问题作出及时有效的反应，也可对平台内部容易发生的纠纷设置争端解决机制以增强争端解决时效性和可执行性。

三、研究制定跨境数据流动规则

首先，通过立法的形式明确数据跨境流动规制的适用对象并落实相应的义务和责任无疑是必要且重要的，建议形成跨境数据流动规则对接

---

① 参见熊鸿儒等：《数字贸易规则：关键议题、现实挑战与构建策略》，载《改革》2021 年第 1 期。

国际的数据治理规则。在实践中，提供服务并收集、处理数据的企业类型是非常多元的。“数据控制者”概念主要由欧盟 GDPR 提出，是指“能单独或联合决定个人数据的处理目的和方式的自然人、法人、公共机构、行政机关或其他非法人组织”。由于数据流动的实际情形较复杂，通常难以真正区分数据控制者和处理者，本书以“数据控制者”指代包括数据处理者在内的更广泛的主体。①

其次，国内关于数据控制者的概念和范围还需在不同法律法规之间进行衔接和协调，以进一步明确规制的机构类型。在科技背景下，数据治理体现了科技化和自动化特征。互联网公司、科技公司、互联网平台等凭借多场景、多维度的大数据优势，通过互联网渠道的迅捷和便利切入传统的消费生产、销售、必需品营销等业务市场，使海量的数据向这些公司和平台汇聚集中。伴随新技术的应用促使传统业态发生革新，数据控制者的范围发生了明显扩张。

最后，需要通过立法明确数据控制者在跨境传输数据时的法定义务，主要包括数据安全保护义务和数据质量保障义务。数据控制者能够决定数据的处理目的和方式，各国或地区通常对其施加最大的数据保护义务。

其一，数据安全保护义务是数据控制者的首要义务，该义务根植于个人隐私保护，但又是不同于个人隐私保护的独立义务。在某些情形下，数据保护的范围比个人隐私保护更广。因为对个人隐私的侵害还取决于数据收集和使用的具体情形，但数据保护规则适用于数据处理的全过程。

从“数据价值链”来看，数据跨境传输位于数据流动的中端，其前端是数据的收集或处理，后端是数据接收方对数据的使用。数据跨境传输安全的实现必须依赖于前、中、后端数据保护的密切配合和无缝衔接。在前端，机构在设立之初通常都被要求构建完整有效的数据治理架构，

---

① 参见王雪、石巍：《数据立法域外管辖的全球化及中国的应对》，载《知识产权》2022 年第 4 期。

包括建立涉及客户信息、账务信息和产品信息等的核心系统并独立运营，建立数据安全策略与标准，划分数据安全等级，完善数据安全技术等。在后端，数据控制者应确保数据接收方有充分的数据保护水平或者保证对数据不做他用。在跨境传输时，数据安全保护包括数据控制者自身数据的安全保护和客户信息安全保护两方面。数据控制者必须定期评估所面临的可能危害自身网络和信息安全以及客户信息安全的风险，并且要提交年度合规证书。同时，数据控制者须履行对客户的告知义务。GDPR 还规定，针对可能对数据主体的权利产生具体风险的跨境传输，数据控制者应在数据传输前通告监管部门进行“事前检查”。

其二，数据质量保障义务是防范数据传输风险的重要前提。数据的质量对机构自身和非现场监管来说都至关重要，低质量的数据不能反映实际运行状况，无法为数据跨境传输时的风险评估和监管提供真实有效的依据。早在 1980 年，OECD 即确立了“数据质量原则”，规定“个人数据应与使用目的有关，并且在达到这些目的所必需的范围内，个人数据应准确、完整并保持最新”。从 OECD“数据质量原则”中引申出了判定数据质量的四个关键性要素，即相关性、准确性、完整性和即时性，这 4 个要素已被吸纳进了欧盟、韩国、加拿大等多个国家或地区的立法实践中。具体而言，相关性是指数据控制者所收集的个人数据应当与使用目的相关；准确性和完整性则是指数据应当精确无误并且完整，以便能反映数据主体的利益；而即时性是指数据控制者应及时更新数据，删除陈旧过时的信息。企业对数据质量四要素的保障能够使其在开展业务时对客户作出准确的判断，以降低不当使用客户信息的可能性。在数据的跨境传输环节，良好的数据质量有助于企业作出合理的风险评估结论，也有助于提升监管部门对数据跨境传输目的和风险评估进行审查的效率。

其三，针对数字平台在跨境数字经济中所面临的数据跨境问题，建议以立法形式将区块链技术纳入数据跨境流动与存储的风险防范体系。区块链技术在贸易领域的应用已经在多个业务场景中进行试点与实践，但是囿于性能“瓶颈”等，区块链技术的潜力尚未完全释放。① 结合区块链去中心化、分布式存储，算法与机器学习可以与个人信息保护并存，提前利用自动识别和加密计算保护、加密隐私相关数据，再由机器学习等加以处理利用。而且，将监管规则运用智能合约、规则代码化的方式纳入区块链，实现监管链与区块链的同步，进而从制度上确保数据跨境流动的安全与合规，可以为中国科技企业的走出去提供有利条件。

总而言之，数据跨境流动治理是世界范围面临的新问题，因此我国现行数字治理体系很难满足现实所需。立法方面需要尽快从较高层面出台针对所有数据的跨境流动分级分类标准，形成与国际标准相匹配、与现实需求相适应、与未来发展趋势相吻合的中国数据跨境治理规则。

---

① 参见欧阳日辉、李林珂：《区块链技术促进贸易创新发展的作用机制与路径》，载《国际贸易》2022 年第 2 期。

第八章

数字经济安全立法

第一节 数字安全与立法现状

一、数字经济安全风险的复杂性

互联网空间是一个共享维度但不平等的社区，生活于其中的居民正处于对数据创建、传播和保存的方式方法感到不安的时期。商业和个人数据的交互和流通越来越多地发生在干预和暴露于各种剥削的威胁中。①数字经济相对之前的经济业态最大的特点就是，对于数据生产要素的利用，因而数字平台普遍汇聚大量数据资源，并竭力充分处理和利用数据以求利益的最大化。对于数据的高度集中和高度利用，必将提高数据被侵害的风险，特别是与个人信息和隐私相关的数据，还会带来对个人信息和隐私的威胁。② 当今世界，每天产生的数据都是海量的，到 2025 年，数据生成设备和服务的激增意味着每个拥有互联网连接设备的人将

① See Robert Herian, *Blockchain*, *GDPR*, *and Fantasies of Data Sovereignty*, 12 Law, Innovation and Technology 156, 160 – 167 (2020).

② 参见任颖：《数字时代隐私权保护的法理构造与规则重塑》，载《东方法学》2022 年第 2 期。

每 18 秒至少进行 1 次或者每天 5000 次的数据交互。① 正如诸多数据滥用事件所表明的那样，即使普通人知道数字平台正在收集关于他们生活的大量数据，但他们并不真正了解数据的去向和用途。②根据中国国家计算机网络应急技术处理协调中心报告，中国 2020 年全年仅监测到可发现的未匿名化（脱敏）展示自然人个人信息事件 107 起，涉及未匿名化的自然人个人信息近 10 万条，发现自然人个人信息被非法交易事件 203 起，电子商务、社交平台等数字经济的用户数据非法售卖占总数据非法售卖事件的约 20%。③ 数字平台对于个人信息的威胁不仅在于用户，也在对于员工的监控式管理上，例如，通过电子邮件、传真、互联网、录音电话、监控摄像头和 GPS 等全方位管理监控员工。④

数字经济超越空间的特性，还导致数据利用上的国家安全风险。数据蕴含海量信息，关涉国家安全，⑤ 因此《数据安全法》强调，数据的本地化处理，谨慎规制数据跨境，强调对于关键信息基础设施的管理和维护。数字平台存在大量的跨国跨地区业务，这些司法辖区之间并非总有相关协议，数据安全水平也不一致，甚至可能存在恶意的数据“走私”行为。因此，需要加强对于数字平台的数据管理，切实维护国家安全。在对于数据安全和个人信息安全的威胁之外，数字经济对于数据价

---

① See David Reinsel et al. , *The Digitization of the World – From Edge to Core*, Seagate (Nov. 2018), https://www. seagate. com/files/www-content/our-story/trends/files/idc-seagate-dataage-whitepaper. pdf.

② See Joseph V. DeMarco & Brian A. Fox, *Data Rights and Data Wrongs: Civil Litigation and the New Privacy Norms*, 128 The Yale Law Journal 1016, 1020 – 1021 (2019).

③ 参见国家计算机网络应急技术处理协调中心：《2020 年中国互联网网络安全报告》，载国家计算机网络应急技术处理协调中心网 2021 年 7 月 21 日，https://www. cert. org. cn/publish/main/upload/File/2020%20Annual%20Report. pdf。

④ See Kevin Aquilina et al. , *The CLSR – LSPI Seminar – "The Future of Privacy Regulation in the Online World"*, 28 Computer Law & Security Review 116, 118 (2012).

⑤ 参见朱雪忠、代志在：《总体国家安全观视域下〈数据安全法〉的价值与体系定位》，载《电子政务》2020 年第 8 期。

值的破坏风险还在于数据垄断和“围墙花园”。数据的价值在流动，流动中为更多人重复使用发挥更多的效用。数据垄断和基于数据的垄断同时存在,① 数据在很多情况下成为必需设施,② 同时也提高了市场进入壁垒，影响了数据的重用和价值实现。③

二、数字经济安全的立法现状

《网络安全法》《数据安全法》《个人信息保护法》等构成我国当前数字经济安全法的主要体系。

2017 年施行的《网络安全法》确立了国家网络安全基本管理制度，是国家安全法律制度体系中的一部重要法律，与《国家安全法》《反恐怖主义法》等属同一位阶，对于确立国家网络安全基本管理制度具有里程碑式的重要意义。它是落实总体国家安全观的重要举措。《网络安全法》的出台，为保障网络安全，维护网络空间主权和国家安全、社会公共利益，保护公民、法人和其他组织的合法权益，促进经济社会信息化健康发展提供了法律保障。它明确了国家、企业、社会组织和个人的权利、义务和责任，规定了国家网络安全工作的基本原则、主要任务和重大指导思想、理念。《网络安全法》是我国第一部全面规范网络空间安全管理方面问题的基础性法律，是我国网络空间法治建设的重要里程碑，是依法治网、化解网络风险的法律“重器”，是让互联网在法治轨道上健康运行的重要保障。它体现了依法行政、依法治国的要求，为政府部门的工作提供了法律依据。《网络安全法》的出台，为数字经济的健康

---

① 参见梅夏英、王剑：《“数据垄断”命题真伪争议的理论回应》，载《法学论坛》2021 年第 5 期。

② See Zachary Abrahamson, *Essential Data*, 124 The Yale Law Journal 867, 867 – 870 (2014).

③ 参见傅晓：《警惕数据垄断：数据驱动型经营者集中研究》，载《中国软科学》2021 年第 1 期。

发展提供了法律保障。它规定了网络产品和服务的安全要求，明确了网络运营者的安全保护义务和责任，为数字经济的创新和发展提供了良好的法治环境。

2021 年施行的《个人信息保护法》的重要性体现在保护个人隐私和信息安全、维护社会公正和公平、促进数字经济发展以及推动国际合作等方面。它是我国个人信息保护领域的重要法律文件，为我国个人信息保护工作提供了有力的法律保障。《个人信息保护法》是保护个人隐私和信息安全的重要法律。在现代社会中，个人信息已成为一种重要的财富，涉及个人的姓名、通信地址、电话号码、银行账户等敏感信息。《个人信息保护法》通过规范个人信息的收集、使用、处理和保护等行为，防止个人信息泄露或被非法使用，保障个人的隐私和信息安全。《个人信息保护法》有助于维护社会公正和公平。在商业领域，个人信息已成为商家获取利润的手段之一。如果个人信息被商业化利用，将可能导致骚扰电话、骚扰短信、垃圾邮件等骚扰行为的增加，给个人造成不必要的干扰和困扰。《个人信息保护法》通过规范个人信息的收集和使用行为，防止个人信息被滥用，维护社会公正和公平。①

2021 年实施的《数据安全法》也具有重要意义，维护国家数据已成为国家基础性战略资源，是国家安全的重要组成部分。《数据安全法》的出台，对于保护国家重要数据、维护国家安全具有重要意义，可以通过加强数据的收集、存储、传输、使用等环节的安全管理，防范数据泄露、滥用、篡改等风险，确保国家数据的安全可靠。随着大数据、人工智能等技术的快速发展，个人信息的收集、使用等行为越来越普遍，但同时也带来了隐私泄露、滥用等问题。《数据安全法》通过规范个人信息的收集、使用等行为，保护个人隐私不受侵犯，维护公民的合法权益。

① 参见高富平：《论个人信息保护的目的——以个人信息保护法益区分为核心》，载《法商研究》2019 年第 1 期。

数据是数字经济的关键要素，《数据安全法》的出台为数字经济的健康发展提供了法律保障，通过规范数据的收集、使用等行为，促进数据的合法、合规流通和利用，推动数字经济的创新发展。

随着数字经济的快速发展，数据安全风险也随之增加。网络攻击、数据泄露、恶意软件等网络安全威胁不断升级，给企业和个人带来严重的数据安全风险。当前，我国数字经济安全的法律制度尚不完善。虽然出台了《网络安全法》等法律法规，但针对数字经济安全的专门性法律法规仍需加强。数字经济涉及多个领域和行业，监管难度较大。同时，随着技术的不断进步，新的数字经济形态和模式不断涌现，监管部门需要不断适应和调整。①

数字经济涉及多个领域和行业，不同领域的法律适用存在差异。如何确定数字经济安全的法律适用范围和标准，是当前面临的重要法律挑战。在数字经济安全问题中，企业和个人的法律责任界定存在争议。如何明确各方的法律责任，确保各方在数字经济安全问题上承担相应的责任，是当前面临的另一重要法律挑战。数字经济具有跨国性，跨国合作是保障数字经济安全的重要手段。然而，跨国合作涉及多个国家和地区的法律制度、监管要求等，需要协调各方利益和监管要求，实现跨国合作的有效性和效率性。

第二节　数字安全立法存在的问题

数字安全不仅涉及国内层面，更应该上升到国际层面的竞争格局，乃至于国际数字经济话语权的归属。相较于发达国家和地区，我国数字

---

① 参见高一乘、杨东：《应对元宇宙挑战：数据安全综合治理三维结构范式》，载《行政管理改革》2022年第3期。

安全保护体系不仅不够广泛，而且还欠缺纵深。前者是指某些关键数据被泄露，后者是指数据处理行为需要进行事前、事中、事后的全方位监管。①

一、问题算法逻辑引发的道德危机亟须规制

数据处理应存在正当合法的处理目的，并结合最小损害原则，否则便会造成对数据资源的滥用。数据驱动型经济是目前创新的“蓝海”，该模式需要对收集的海量数据进行开发利用，平台企业的业务如商业推广、精准营销等大都依赖于此。为了实现利益最大化，各个平台企业纷纷入场，由此也引发了个人信息滥采滥用程度加重的数字经济安全风险。算法帮助平台企业实现了深度挖掘个人信息，部分企业借助资本的力量实行“数字控制”，源源不断收集外卖配送员、消费者等主体的数据，并结合算法使人民群众沦为“数字难民”。数字平台对外屏蔽“封杀”、对内自我优待占据所有的数据要素；用户作为数字长工上交所有数据以及附带在数据之上的权益。例如，某数字企业以玩家只对游戏币等数字资产享有使用权为由起诉某网络游戏交易平台。虽然该案件以该数字企业败诉而告终，但是应该看到，若任由数字平台根据其内部的用户协议对消费者利益进行侵害，那么人民群众的生活终将被平台内规则所操纵。② 这不仅会使原本属于用户的数据资源被剥夺，更会让数字经济安全成为无稽之谈。

二、数据滥用行为需要纳入监管

在防止资本“野蛮生长”的大背景下，平台企业对数据流量的垄断

---

① 参见高一乘、杨东：《应对元宇宙挑战：数据安全综合治理三维结构范式》，载《行政管理改革》2022 年第 3 期。

② 参见［美］凯西·奥尼尔：《算法霸权：数学杀伤性武器的威胁》，马青玲译，中信出版集团股份有限公司 2018 年版，第 253～254 页。

作为数字经济安全风险来源之一也值得重视。数字经济安全虽然是数字资源利用的前提，但切断了数据流动的渠道无疑是扼住了企业的喉咙。某些数字企业屏蔽了一些平台生成的外部链接，却没有提供一个针对外链安全的审查标准。屏蔽外链放大了数字经济的网络效应，中小企业难以独立自主发展，不依托大型平台、不选择一方站队就难逃灭亡的悲惨结局，从而在客观上形成一个庞大的专属于该数字企业的生态系统。大型数字平台并不能等同于其数字经济安全保障体系完善，反而平台企业的产业链越完善，生态系统越封闭，其发生自我优待，包括滥用用户数据等行为的可能性就越高。“默示共谋的数字化卡特尔”、大数据“杀熟”等行为既破坏了数字市场的竞争生态、损害了消费者利益，又严重危害了数字经济安全。数字平台的数据垄断大有向流量垄断发展的趋势，后者可能会形成数据锁定效应，外部平台无法获取该平台内的用户数据，该平台处理数据的行为将更加不透明化。该效应阻断了数据流动的渠道，不利于数字市场的创新，也对数字经济安全体系构成了威胁。更重要的是，数据垄断、流量垄断的发展模式并不利于数字经济的健康发展。

三、平台异化产生监管漏洞

在国内平台竞争的典型案例中，某些即时通信平台以客户端为基础，通过技术端口的流量，妨碍对其他互联网企业的不同产品的数据开放和共享，影响数据作为生产要素的评价贡献，凸显了数字经济时代的流量竞争的法律风险。由于即时通信行业拥有自然垄断的特性，当社交平台拥有最大的移动数据流量入口之后，掌握了供需关系的信号，继而拥有了扼杀竞争甚至制定竞争规则的能力，助长了平台的垄断现象以及资本的无序扩张。超大型平台为了提升自身平台的收益几乎垄断了用户数据，造成了社会公共利益的减损，并且各大数字巨头形成各自的生态系统，对数据的控制提高了进入壁垒及转换成本，带来了赢者“通吃”的局面，并最终形成一个个“数据孤岛”、信息“茧房”。① 用户被迫选择某一平台经营者生态系统内的商品或者服务，进一步加剧了平台对用户数据的滥用，从而形成恶性循环，危害数字经济安全、用户隐私以及数据资源利用。数字平台之间的屏蔽封杀，限制了平台数据的外流或外部产品的接入，严重影响了数字市场的创新发展和商业模式的更迭。互联网头部企业凭借其先发优势，独占用户数据，利用自我优待行为占据数字经济市场的上下游，抹杀了供给端的创新和升级，阻碍了深化供给侧结构性改革的步伐。一方面，封杀行为拖延了消费端产品与服务质量的提升、诱发消费疲倦，影响全面促进消费，形成了经济内循环重大堵点；另一方面，封杀行为也迫使初创企业的产品退出市场，限制了原本“百花齐放”的数字市场，严重挤压了中小微企业的生存空间，阻碍了先富带动后富的进程。

第三节　数字安全立法建议

以《数据安全法》《网络安全法》《个人信息保护法》为基础，逐步发展并完善数字经济安全法治体系。将数字经济安全与数据保护和数据利用的目标相融合，必须回归到平台、数据、算法三维结构，完善数字经济中数字经济安全的综合治理体系。限制生产方式的变革，在工场手工业中以劳动力为起点，在大工业中以劳动资料为起点。② 数字社会治理的“七寸”——三维结构分析范式，为数字经济安全提出了全新思路。该数字经济中国理论与数字文明密切相关，与其对三者进行明确的

---

① 参见杨东：《对超级平台数据垄断不能无动于衷》，载《经济参考报》2019 年 6 月 26 日，第 8 版。

② 参见［德］马克思：《资本论》（第 1 卷），中共中央马克思恩格斯列宁斯大林著作编译局译，人民出版社 2004 年版，第 427 页。

划分，不如统筹规划。数据的物理空间与网络空间的二元论思维是不可取的，应当回归网络本质属性——跨越性。同样地，PDA 分析范式并不是以割裂的视角看待平台、数据、算法，这三者本质上是你中有我、我中有你的密切关系。PDA 分析范式对实现数字经济安全提出了全新思路，从平台作为数据处理者的管理义务、数据结构的安全性、算法技术监管手段三个维度实现数字经济安全、数据保护、数据利用的三元价值目标融合的治理。面向元宇宙中的数字经济安全综合治理，同样应当在该范式的基础上，以新型基础设施、“以链治链 + 以法入链”、双维监管理论为导向，实现多部门协同治理，加快培育数据要素市场，不断做强做优做大我国数字经济。①

一、建立健全数字经济安全法治体系

实现平台数据长治久安的前提就是有法可依，即需要建立健全数字经济安全法治体系，在《数据安全法》《网络安全法》《个人信息保护法》的基础上制定规范数字经济发展的相关行政法规、规章等，建构协调统一、层级分明、逻辑严密的数字经济安全法治体系。数字经济安全中的数据不限于网络数据，还包括了其他形式的数据，其中的安全应被理解为整体性的、抽象的安全而非具体的安全，与之对应的概念应为风险，而非危险。作为数字经济安全法治体系重要内容之一的《数据安全法》是以《宪法》为上位法的“基本法律”之外的一般法律，虽然与《网络安全法》《个人信息保护法》有各自不同的宗旨和目标，但是数字经济安全与个人信息保护、网络安全息息相关，其原因在于数据已经融入了人民群众日常的生产生活当中。② 在网络信息法治体系中，这 3 部

① 高一乘、杨东：《应对元宇宙挑战：数据安全综合治理三维结构范式》，载《行政管理改革》2022 年第 3 期。

② 参见翟志勇：《数据安全法的体系定位》，载《苏州大学学报（哲学社会科学版）》2021 年第 1 期。

法律具有基础性作用，构成了数字社会治理与数字经济发展的基本法。同时，应当吸纳《网络安全审查办法》（以下简称《办法》）、《互联网信息服务算法推荐管理规定》（以下简称《管理规定》）等部门规章之中的相应规则，完善网络空间安全法治化的细节。例如，《办法》第2条第1款规定，“关键信息基础设施运营者采购网络产品和服务，网络平台运营者开展数据处理活动，影响或者可能影响国家安全的，应当按照本办法进行网络安全审查”。该规定既确立了网络平台运营者需要承担更高的数字经济安全保障义务，又体现出数字经济安全对于平台、国家的重要意义。同样地，《管理规定》第8条规定，“算法推荐服务提供者应当定期审核、评估、验证算法机制机理、模型、数据和应用结果……”另外，也可以效仿《区块链信息服务管理规定》，制定元宇宙产业服务管理规定、去中心化自治组织服务管理规定等规章，以充实数字经济安全法治体系。数据驱动型经济下，算法与数据的交互性变得更强了，数据促进算法归纳进程的完善；算法则进一步优化了数据的挖掘和利用。基于此，抛开平台、算法的数字经济安全，将无法使数字经济安全回归到具体的应用场景，会阻碍数字经济安全体系完善的进程。

二、将多中心治理作为数字经济安全法的核心原则之一

在保障有法可依的基础之上，更需要构建平台数据治理的三元融合，即以数字经济安全为中心，强调数据保护、数据利用同等重要，以实现隐私保护和数据市场化配置的利益平衡，最终增加社会整体福利，而非仅强调单方面价值。在行政管理领域，多中心治理理论主张因地制宜，在多样性制度安排下，政府、市场、社区等多行为主体在追求利益的同时，也能相互协调并达成合作，促进公共事务的持续发展。这也是数字经济安全治理的必要内涵。多中心治理理论具有多主体性，使多方利益得以平衡。数据抓取行为具有两面性：一方面，该行为客观上促进了数据价值的进一步发掘，为创新商业模式提供了更多的可能性，有利于促

进数字经济发展；另一方面，数据抓取行为破坏了数字经济安全以及隐私保护。数据抓取行为的客体是数据，其作为新兴的法律客体虽然具有独立的法益，但是绝不能以割裂的视角看待数据抓取行为。

多元共治是智能社会治理的题中应有之义，也是破解“治理赤字”的重要“法宝”。① 在欧盟的立法模式下，数据被分为个人数据与非个人数据，前者由GDPR保护，而后者由《非个人数据自由流动条例》保护，公共数据纳入基础设施予以保护。然而，个人数据与非个人数据的边界越来越模糊，通过算法分析非个人数据可以获取个人数据。例如，“剑桥分析案”中，脸书虽然根据用户协议不收集用户姓名等个人数据，但是通过算法构建的用户画像仍然可以达到进行精准推送的目的。数据流动与数字经济安全构成了数据价值的“一体两翼”。坚持人民主体原则，应当充分发挥公民在数字经济安全治理中的主体作用。首先要落实数字经济安全相关立法中规定的公民投诉、举报的制度并保护投诉人、举报人的合法权益。其次是鼓励数字平台建立群众对数字经济安全的自治机制，使公民有更多参与数字经济安全治理的渠道。公民作为网络空间安全领域的重要权利主体，公民有动力也有能力，可以更好地在政府监管所不能触及的角落发挥监督作用，并且实现网络空间安全治理的即时性与有效性。数据的流通广泛分布于国家、企业与公民个人之间，工业经济时代的物权理论无法应用于数字经济安全治理，需要更多元化、扁平化的治理理论的出现。

“共票”理论作为国内原创的数字治理理论，在数字经济安全、数据保护、数据利用三元价值融合实现的进程中亦有其贡献，并最终让人民群众共享数字红利。结合《个人信息保护法》中提出的数据携带权、个人信息的删除权等权利，“共票”利用区块链等新型技术实现个人数据上链。去中心化的区块链技术改善了传统的数据结构的风险，也可以

① 参见张文显：《构建智能社会的法律秩序》，载《东方法学》2020年第5期。

赋能数字经济，加速数字市场的培育。利用“以链治链＋以法入链”协同监管理念可以有效避免区块链技术存在的安全风险。由时序交易串接起来的区块链构成信息执行证据的载体，形成数字时代的股票、粮票、钞票，完善数据利益的分配机制，①打破平台数据垄断，促进数据的共享利用。目前，仅从反垄断法的角度对以上行为进行规制，其相对复杂的分析模式需要消耗大量的司法资源。在数据权属规则还未完善的情况下，三元融合体系从数字经济安全的角度出发为打破平台的数据垄断提供了新思路。“共票”根据贡献数据的价值分配财富，其重要意义在于可以防止社会阶层固化，畅通向上流动通道，给更多人创造致富机会，形成人人参与的发展环境，避免“内卷”“躺平”。更重要的是，数据要素市场化流通加快有助于社会总福利的提升，继而使全体人民朝着共同富裕目标扎实迈进。

三、将科技治理作为数字经济安全法的专章

数据结构方面的安全治理离不开区块链技术。作为新兴技术手段，区块链的防篡改特性有助于大幅改进重要数据的共享和存储模式。将区块链应用到核心数据、重要数据储存中，有助于在信息对称的基础上实现信任对称。传统中心化的数据存储模式中，数据丢失或泄露风险受中央机构系统整体或构件缺失的影响，导致数据应用安全性降低。在具体应用环节，数字经济安全的维护和数据实时高质量应用的保障也得益于区块链技术不可篡改和安全追溯的特征。相关人员将区块链技术与数据库技术整合应用，分离数据和用户使用权限，能够对个人数据信息进行高效管理，并且实现点对点传输，达到去中心化的目的。区块链系统使用过程中，用户可随时更改访问权限，并且相关操作具有透明、可审计的优势，用户可明确数据具体应用性质，使数字经济安全性得到保障。

① 参见杨东：《“共票”：区块链治理新维度》，载《东方法学》2019 年第 3 期。

数字经济安全对于元宇宙中商品的生产、确权、交易等一系列行为具有重要意义。不同于现实世界的有形商品，元宇宙中的数字商品属于“任何以电子或者其他方式对信息的记录”，故受到数字经济安全相关立法的保护。同时，利用区块链技术可以提升交易的安全性。

“以链治链”的监管模式可以满足链群的安全风险防护需求。互联网跨链技术，一方面促进了区块链技术向更高维度演进，另一方面暴露了区块链技术的弊端。具体而言，区块链技术存在安全管控手段匮乏、风险感知预警滞后、企业治理系统高强度负担等挑战。针对区块链数据的攻防博弈仍在持续升级，并衍生出包括“粉尘攻击”“女巫攻击”“双花攻击”“自私挖矿攻击”等在内的诸多新型安全问题。为化解区块链生态中的安全风险、满足多维监管需求，要建立协同监管技术框架和共性安全风险指标体系。在落实数据分类分级管理机制前提下，先将政府数据开放共享，将政府数据上链，再将不同平台间的平台数据和政府数据互联互通。例如，德国与法国都在致力建立政务数据本地云存储服务；俄罗斯、越南等国家在本地建立数据存储服务器以防止国外的数据监控。①

能够节约监管成本并提升监管效率的有效途径之一是“以法入链”、智能化监管。具体而言，通过 Petri 网等形式化方法构建监管法规的形式化表征机制，以智能合约或共识机制反映到监管链，生成监管合约或协议，该协议具有精确性、一致性和完备性特点。“以法入链”的本质是用计算机可识别的干代码表达监管法律法规语言，同时建立精确、一致和完备的监管法规代码化校验机制，支撑区块链安全风险合规监管。监管法规的形式化合约表达是“以法入链”的重要基础，也是弱信任区块

---

① See Andrew D. Mitchell, Jarrod Hepburn, *Don't Fence Me in: Reforming Trade and Investment Law to Better Facilitate Cross-Border Data Transfer*, 19 Yale Journal of Law & Technology 182 (2017).

链生态中实现信任对称的合规依据。智能监管聚焦监管法规的形式化表达技术，通过完善监管法规代码化的精确性、一致性和完备性，从而实现针对典型业务场景中的监管法规实现形式化合约表达。

算法作为自动化决策的核心技术，在数字经济时代获得了海量的应用场景。利用先进的算法有助于解决“数据孤岛”问题，在不互相共享重要数据的情况下，安全多方计算、联邦学习、可信执行环境等技术有助于实现重要数据的共享，即在终端数据不出本地的情况下实现数据“可用不可见”。然而，算法技术利用其黑箱属性，尤其是大数据“杀熟”等算法歧视现象的出现，对用户数字经济安全形成了巨大的风险。区块链生态中存在的安全风险主要是指不法分子利用区块链技术的民主性以及强大的算力，私自篡改区块链，以达到破坏区块链系统安全的目的。

基于算法可解释性的监管面临巨大挑战。目前，算法可解释性的合规要求已经成为世界各国智能科技立法的规制基础。① 设立算法解释权的目的是在信息处理关系中搭建信任的桥梁，继而在公民与算法之间构建信任。算法推荐规制需要建立在消费者与平台互相信任的基础之上，而在传统模式下信任关系的建立困难重重。其原因在于，目前的规制体系与政策法规仅能够约束人类所作的决策，而无法约束计算机所造成的错误与不公。算法可解释性似乎落入了“两难”的困境，过度的透明或者不透明似乎都无法满足目前算法规制的需要。对于自动化体系而言，相较强制披露体系的设计代码，可信的算法约束和执行更有利于增强人们对体系的信任。但是，算法设计的复杂程度的增加导致可解释性越来越难以实现，若要求平台企业公开披露算法可能违反对商业秘密的保护，并且可能削弱算法对网络攻击的防御，但简单地披露源代码或者技术细

---

① 参见张欣：《算法解释权与算法治理路径研究》，载《中外法学》2019年第6期。

节的算法透明又可能会影响创新动力。可解释性义务需要进一步优化，以满足算法提供者通过更简洁的规则尽可能地预测算法运行原理；让消费者尽可能地了解算法逻辑以满足算法透明度义务。基于此，除算法可解释性外，还需要借助敏捷治理手段强化用户与算法决策者之间的信任。

在传统的算法监管模式下，应当加入科技监管手段，构建双维监管体系，以实现数字经济安全视角下算法科技治理。从社会价值这一参考系出发，算法不能以技术中立之名作恶。针对算法黑箱对数字经济安全的挑战，算法治理需要回归到科技治理的理论基础。传统的“自上而下”的监管体系将监管者与被监管者对立起来，被监管者往往有逃避监管的诱因。在依据科技治理理念所构建的科技驱动型监管模式下，监管者可以借助科技手段及时有效地获得算法逻辑，监管由被动变为主动，监管者与被监管者处于平等获取信息的地位，双方将构建平等的信息共享机制，通过共享形成一个有机的交互系统。所以，监管路径需要由监管者单主体转变为利益相关方多主体治理，监管方式由科层制向扁平化转化。在科技治理模式下构建新型的关系，监管者、数字平台、平台内经营者和消费者都是平等的参与主体，从而可以进行开放式的谈话，从监管者的视角了解监管的目标以及从平台的视角观察监管要求。双维监管理论要求从传统监管模式和科技监管模式对算法实行监管，以构建事前、事中、事后的全方位数字经济安全算法治理。对算法实行科学监管，以填补算法目的与元宇宙价值实现之间的鸿沟。算法需要受到社会伦理价值的规范，并结合社会多方力量实现协同治理。①

---

① 参见张吉豫：《构建多元共治的算法治理体系》，载《法律科学（西北政法大学学报）》2022 年第 1 期。

第九章

数字监管与治理立法

第一节　数字监管与治理现状

我国在数字监管与治理领域的规则体系重视防范数字经济失序发展可能带来的风险，同时坚持鼓励创新与规范有序并重。“十四五”规划中提出“营造良好数字生态”①，为如何构建数字经济监管治理体系擘画了蓝图，同时也指出了不合理行政许可以及平台垄断等当下存在的数字经济发展问题。

一、推进公平竞争审查，维护市场秩序

建立公平竞争审查制度，降低制度性交易成本，克服市场价格和行为扭曲，有利于调动各类市场主体的积极性和创造性，培育和催生经济

① 《中华人民共和国国民经济和社会发展第十四个五年规划和2035年远景目标纲要》的第十八章第二节“营造规范有序的政策环境”提出，要“构建与数字经济发展相适应的政策法规体系。健全共享经济、平台经济和新个体经济管理规范，清理不合理的行政许可、资质资格事项，支持平台企业创新发展、增强国际竞争力。依法依规加强互联网平台经济监管，明确平台企业定位和监管规则，完善垄断认定法律规范，打击垄断和不正当竞争行为。探索建立无人驾驶、在线医疗、金融科技、智能配送等监管框架，完善相关法律法规和伦理审查规则。健全数字经济统计监测体系”。

发展新动能。① 为促进数字经济、共享经济的发展，加强数字政府建设，规范市场准入与公平竞争，我国出台了一系列政策文件用以维护市场竞争秩序。在中央层面，《关于加快建设全国统一大市场的意见》《关于进一步加强市县法治建设的意见》《法治政府建设实施纲要（2021—2025年）》《关于构建更加完善的要素市场化配置体制机制的意见》等文件对于实行统一的市场准入制度、维护统一的公平竞争制度的路径和原则进行了阐释。在法律层面，主要由修正后的《反垄断法》进行规制。该法第5条第2款规定："行政机关和法律、法规授权的具有管理公共事务职能的组织在制定涉及市场主体经济活动的规定时，应当进行公平竞争审查。"在行政法规与国务院规范性文件层面，国务院公布了《关于加强数字政府建设的指导意见》《优化营商环境条例》《关于印发"十四五"数字经济发展规划的通知》《关于在市场体系建设中建立公平竞争审查制度的意见》等文件。在具体实施中，国家市场监管总局、财政部、国家发展改革委、商务部、司法部等部委也出台了《公平竞争审查制度实施细则》等配套文件。

二、完善平台反垄断机制，防止资本无序扩张

数字平台改变了市场竞争的外在形式和内在逻辑，其作为海量、多元、实时的数据集合体，通过数字技术和算法设计获得了一定的市场影响和优势地位。② 为引导平台经济规范健康发展，激发平台创新活力，完善数字经济监管制度，自2018年起，我国开始颁布有关平台监管治理的法律法规，重点就平台的垄断行为和不正当竞争行为进行规制。法律层面的规制体系主要由《电子商务法》《反垄断法》《反不正当竞争法》

---

① 国务院《关于在市场体系建设中建立公平竞争审查制度的意见》（国发〔2016〕34号）。

② 参见杨东、臧俊恒：《数字平台的反垄断规制》，载《武汉大学学报（哲学社会科学版）》2021年第2期。

构成。行政法规与国务院规范性文件层面，国务院办公厅《关于促进平台经济规范健康发展的指导意见》、国务院《关于印发“十四五”市场监管现代化规划的通知》、国务院《关于开展营商环境创新试点工作的意见》等文件就健全完善协同平台经济监管规则制度，强化反垄断和防止资本无序扩张作出规定。部门规章与规范性文件层面，出台了国务院反垄断委员会《关于平台经济领域的反垄断指南》、国家发展改革委等部门《关于推动平台经济规范健康持续发展的若干意见》。

三、探索科技创新监管，规避技术风险

数字经济领域无人驾驶、在线医疗、金融科技、智能配送等由于技术进步出现的新型法律关系，需要建立相应的监管框架，在鼓励创新的同时防范可能存在的技术风险，完善相关法律法规和伦理审查规则。我国目前主要采取行政法规、部门规章以及规范性文件等加以规制。行政法规与国务院规范性文件层面，包括国务院《关于加强数字政府建设的指导意见》《关于印发新一代人工智能发展规划的通知》《关于进一步扩大和升级信息消费持续释放内需潜力的指导意见》《关于积极推进“互联网+”行动的指导意见》《关于支持北京城市副中心高质量发展的意见》。在部门规章与规范性文件层面包括《金融科技产品认证规则》、《金融科技发展规划（2022—2025年）》、银保监会办公厅《关于银行业保险业数字化转型的指导意见》、科技部等《关于加快场景创新以人工智能高水平应用促进经济高质量发展的指导意见》、国家发展改革委等《关于推进“上云用数赋智”行动 培育新经济发展实施方案》、国家发展改革委等《关于支持新业态新模式健康发展激活消费市场带动扩大就业的意见》。

第二节　数字监管与治理主要问题

技术创新在经济创新中占据主导地位，若经济监管与立法技术手段滞后且不能及时回应，则会使部分科技创新有可能游离于监管体系之外而变相逃避监管，从而造成监管套利与监管空白。传统经济监管的弊端集中体现为“信息不对称”“缺乏技术性”“监管滞后”，特别是着眼持牌机构、商业企业的管理模式已经不适应数字经济。更深层次的原因在于这些传统规则并没有更好地促进“平台化”和“共享化”，从本质上无法促进数字经济健康发展。无论是对政策制定者还是对监管者，在缺乏数据、信息和缺乏情景评估的情况下仍然要求其作出精确且具有深远意义的决定无疑是强人所难。监管者与决策者基于碎片化甚至错误信息作出的决断将极大地威胁到整个数字经济的持续发展。① 在市场主体就管制型立法进行多重监管套利博弈过程中，数字经济呈现“非平台化”“非共享化”的逆向趋势。

经济与技术是紧密相连的业态，现代经济生命力体现在科技的运用上，离开了科技，现代经济便无从谈起，而技术变革也在改写着经济业态交易规则。数字经济作为经济创新与法律技术密切结合来推动交易方式变革的产物，一般表现为一种破坏式创新。经济业态正面临以工业革命为背景的近现代商业机构——商业市场产生以来最深远和宏伟的技术创新——如大数据、云计算、人工智能和区块链等，物联网这样迭代创新的技术发展甚至会开始根本改变当前的业务模式和监管框架。数字平台运用区块链、人工智能、大数据、物联网、云计算等新技术打破时间

① 参见臧俊恒：《人工智能与金融科技监管》，载《中国经济时报》2019 年 6 月 28 日，第 3 版。

和空间的限制，将各主体联系在一起，建立联动交互的数字经济生态并进行收集和分享，运用各主体数据来提升交易效率是支持与稳定经济运行的新基础设施。新冠疫情暴发之后，数字经济平台在信息聚合、数据共享、资源调配、物资流转及支撑复工复产和稳定就业方面起到了举足轻重的作用，在防控疫情、减少疫情负面影响中体现了独特优势。① 但同时也隐含一些问题：平台治理难题、数据治理难题、竞争失序难题等。如何在利用科技创新活动促进发展的同时，更好地规避数字经济带来的风险，成为亟待解决的问题。

数字经济创造了以用户为主体，能够实现高效传递信息、分散化管理的竞争数字市场。如果法律规则能够保障当事人充分竞争、理性博弈，那么资产公正价格形成、信息高效传递以及风险高效分散共担的市场环境将在大数据平台支撑下成为可能。其原因在于市场价格其实就是信息充足情况下供求的实时反映。如有效市场理论所述，市场价格可以反映一切可得信息，当新信息流入市场后，货物、服务和资产价格都会相应地变化。这一理论的比喻是指信息可以内置在交易价格之中。② 用户在数字经济市场中的现实作用包括：作为资金供给者，决定市场的规模；作为价格接受者，约束市场的行为；作为信息传递者，引导各方匹配供需关系。相关法律制定和修改中必须充分完善和发挥好用户的相关作用和价值，维护用户权益，特别是基于数据的信息安全。

传统的金融监管模式在面对科技创新时往往乏力，游离在监管体系之外的技术变革能够敏锐地发现监管漏洞，从而进行规避或套利。③ 监管与创新之间的脱节和监管机构缺乏有效监管工具密切关联，亦是因为创新发展的速度超前于现行监管法规，其深层原因在于，传统监管已落

---

① 参见杨东、俞晨晖：《发挥数字普惠金融在“抗疫”中的作用》，载《中国金融》2020 年第 7 期。

② 参见杨东：《互联网金融风险规制路径》，载《中国法学》2015 年第 3 期。

③ 参见张焯：《加密数字货币风险及规制》，载《证券市场导报》2021 年第 2 期。

后于数字经济行业的发展。

在数字经济和监管依据——法律法规之间有一个“步调问题”，数字经济发展必然超前于现有法律规范，由此才能产生数字创新。数字经济发展环境中，无论是交易效率、交易量还是交易模式以及所涉及的金融和消费节点个数等方面都会对传统经济模式产生较大的影响。新兴的数字经济业态中监管者与被监管者之间的信息不对称程度越来越高，监管法规落后的弊端逐步显现，金融风险迅速蔓延，波及范围越来越广泛，更加容易引发系统性危机。在区块链技术驱动下，智能合约、数字货币等数字经济新业态层出不穷，人为规制这种自动交易或者履约活动根本不现实，传统人为监管模式转向自动化监管模式的趋势已经不可逆转，如果没有采用自动化合法审查、记录追踪以及监管变革等手段，就很难适应极端复杂性监管需求。法的滞后性和确定性是一体两面的关系，要打破公众对不确定性的恐惧心理，法就应该维护确定性；同时，稳定的规定也必然落后于时代的发展。监管一般被认为是可预测性之源，注定要继续存在下去，随着创新速度加快，法律的发展有所滞后，必须与时俱进。

中心化组织体监管已经难以适配去中心化数字经济领域，具有法律的滞后性。法规通常是以防范基于同样原因引发的经济危机而采取监管措施。然而，新兴科技的产生使新的事物、活动或关系，随着人们从事到新行为中，既有法规可能无法像以往那样有效运转，实现既定的规范目标。同时，导致法规难以明确如何适用，确定法律的调整范畴以及考量其如何更好地服务于立法目的亦十分困难。此外，法规也会滞后于时代发展，其所规范的行为将因科技的发展变得不再重要，导致法律的规范不再合乎逻辑，或者其选择不再符合制度的“成本—收益”分析。传统的监管框架未能（也无法）预知创新所带来的监管问题，规则制定者根本没有或者很晚才可以识别适用于创新的监管需求或相关的监管问题。规则制定者仅仅依赖稳定的并被假设为最优的监管规则，却忽略了创新引发的不断变化的规则适用环境。产品创新的速度通常使与创新产品相关的监管规则在最终出台前便已过时。随着创新速度的加快，规则制定中的未来或然事件将持续增长，使预测这些不确定性因素对于规则制定至关重要。为了适应生产力之改变，生产关系也随之作出相应变化。数字经济监管理论必然会因为数字经济的蓬勃发展而发生巨大变革，数字经济监管理论之重塑也迫在眉睫。

第三节　数字监管与治理立法建议

数字经济仍在探索发展阶段，应给予其适当的容错空间，采取常态化、法治化、科技化的监管范式，以及包容审慎的监管态度。数字经济、平台经济的各种业态共性不足，为兼顾其发展创新与风险防范的需要，建议按照产业、技术、模式等，采取分类监管立法的模式组成数字经济治理体系。例如，针对发展较成熟的平台竞争领域和金融科技领域分别确立数字平台监管法和金融科技监管法。分类专门立法时，在整合现有法律法规、规范性文件的基础上，建议设立基于分布式监管、智能式监管和沙箱式监管的容错机制专章，以达到鼓励创新、促进数字经济发展的目的。

一、分布式监管：建立监管信息共享机制

传统的监管理论要求，通过法规强制市场主体向监管者和社会公众进行披露，以有效地对金融行业进行监管。但强制信息披露义务通常会引发被监管主体提供假数据或者不主动提供的问题。在“自上而下”的理念下构筑的金融监管体系往往会引起被监管者对于监管的抵

制、逃避。①

在科技驱动型监管下，基于公平的信息共享机制，监管者与被监管者双方在数据共享与信息获取方面能够实现地位平等。对于监管者来说，科技手段的辅助能够提升其获取信息的有效性与时效性，其和被监管者的信息交互也能够使监管治理的参与方更加多元。在此模式下，信息披露主体既包括金融机构、信用平台，也包括政府部门和行业协会等。扁平化、利益相关方共同参与的治理模式将取代层级制、单一监管方的治理模式，② 包括监管者、金融中介以及消费者在内的各方都将以平等身份参与治理，各方间有关监管目的、监管要求的交流会更加开放。此外，区块链技术可以使监管者在无须监管对象报告的前提下获取相应数据信息，进而防范监管对象为规避监管而针对特定要求采取的策略性调整，提升监管效能。

二、智能式监管：建立科技驱动型应对机制

在人工智能的辅助下，智能监管系统可以按照预设的监管规则对监管对象进行主动即时的监管，避免激励不足对监管效果的影响。③ 在交易规则日益复杂的前提下，监管科技的应用是必然的。科技创新能够使监管更加透明化与自动化，使合规程序更加完善，而且有利于更有效的风险识别和监管合规。利用有效的数据管理和市场监测手段，科技治理为基于风险且智能动态的监管创造了条件，如基于深度学习的人工智能技术可以在消费者保护、市场监测和审慎监管等方面实现自动化监管

---

① 参见刘艳平：《新时代中国金融监管法治化路径探索》，中国铁道出版社2018年版，第14页。

② 参见杨东、武雨佳：《利用监管科技　保障互联网金融安全》，载《互联网经济》2017年第12期。

③ 参见杨东：《监管科技：金融科技的监管挑战与维度建构》，载《中国社会科学》2018年第5期。

(Regulate-Through-Code)。

基于去中心化技术的区块链能够进一步扩张代码、硬件等约束行为方式的“结构”作用，需重新定义监管规则的设计、实施和执行。在此模式下，监管者不仅是规则的制定者，还是技术专家的合作者，通过将规则数字化并且利用区块链技术内嵌于代码中，从而通过代码实现规则的自动执行。①

基于代码的自动化监管模式最重要的组成要素是数据和协议。前者主要包括风险数据（risk data）、交易数据（transaction data）和流程数据（process data）；而后者则是监管要求的数字化。在此模式下，统一的执行标准由于脱离了人工干预与自由裁量的影响而得以建立。而且自动化程序在有效提高效率的同时，还能降低成本、减少道德风险。监管者可以直接提供代码化的监管文件，实现在各方面监管动态的同步。规则的修改也可以采用数据形式加以记录存储，从而金融相关主体可以直接以数据形式获取，并且据此自动修改其内部设置、规章制度和报告机制。②

需要注意的是，因为撰写代码需要特定的专业技能，若不与去中心化技术生态系统中的专家合作，监管者将无法起草可以让机器识别的规则。只有法律的起草者和代码的撰写者之间高频合作并互相回应，才能最终产生严密且有价值的监管规则。另外，在监管者与金融科技行业合作的过程中难免要对监管的功能目标进行讨论，如何将这些目标内嵌于一个由代码支撑的体系并使其发挥同等功能将非常关键。

最重要的是，在一个法律代码化的金融监管环境中，如何保证代码或其背后的算法可信是有效监管的前提。人工智能、机器学习、预测分析，均涉及对大量且多样数据集的数据科学复杂应用。当合规管理者与

---

① 参见杨东：《P2P爆雷并非商业模式出了问题》，载《新华月报》2018年第18期。

② 参见孙国峰主编：《监管科技研究与实践》，中国金融出版社2019年版，第21页。

监管者在利用此类工具进行自动化决策或其他监管目的时，无法就其决策结果的公正性或正确性进行判断，因此有必要采取措施确保其决策过程是可控可信的。① 但是，约束自动化运行体系的信任机制和法律标准并未与技术的发展同步。② 目前的监管框架尚无法对计算机造成的错误与不公进行限制，只能使用于人类决策的情形。

针对上述问题，可以采取“以毒攻毒”思路，通过计算机程序的设置，以可信算法的约束和执行为前提构建自动化体系，从而增强使用者对于技术的信任。在过去一段时间，有学者呼吁通过披露源代码等方式提高程序透明度以获取信任。但这一方案显然无法实现上述目的，不仅是因为源代码的理解需要一定专业知识作为基础，还因为机器学习等技术的涌现使源代码并不能完整预测程序如何运行，因为代码只表明了所使用的机器学习方法而并非数据驱动的决策规则。即使这一方案在技术上可信，其也面临消费者数据保护、商业专有信息和交易秘密等方面的限制。而现阶段，随着科技的发展，通过计算机程序的设置来优化治理和增进可靠性，使自动化决策更符合法律和政策的目标成为可能，也为这一问题的解决提供了契机。

三、沙箱式监管：建立封闭试错机制

对于监管者来说，过度依赖市场的自我矫正与合规程序无法有效实现监管目的。对于市场主体来说，其掌握的信息有限，难以就竞争者在内的各类主体以及市场整体情况进行准确判断，也无法预测自身行为对于市场整体的影响，在利益最大化导向的驱使下，也可能有意忽视行为后果中潜在的不利影响。特别是在金融市场基础设施这类持续变化的领

---

① 参见李敏：《金融科技的系统性风险：监管挑战及应对》，载《证券市场导报》2019 年第 2 期。

② 参见刘炼箴、杨东：《区块链嵌入政府管理方式变革研究》，载《行政管理改革》2020 年第 4 期。

域中，如上模式的弊端会愈加凸显，因此有必要引入监管试验提升监管效能。①

英国金融行为监管局（Financial Conduct Authority，FCA）所创设的“监管沙箱”制度为实现这一目标，有效利用监管科技提供了契机。“监管沙箱”可以为监管科技的预期治理提供保障，所谓预期治理，即是“引导未来技术走向理想社会成果”的过程。通过“监管沙箱”，监管者在创新监管手段与框架的同时，能够维护市场信心。同时，沙箱内部的试验对于监管者仍然是可预见、可参与和可集成的，有助于参与式规则制定，即允许监管者在制定规则、预测趋势、设想替代未来和促进改进结果方面采取多层次的信息以实现动态监管。②

“监管沙箱”实验为监管者了解监管科技的运行模式、突破“技术黑箱”提供了可能。适当的激励机制可以通过促进竞争的方式提高沙箱实验的有效性。对于竞争参与者来说，现金与监管数据都可以作为激励手段，而后者通常更具有吸引力。监管者可以适当开放监管数据库权限，允许监管科技的创新主体利用此类经过筛选或者匿名化处理的数据进行不同类型的算法测试与演进，如反洗钱交易检测算法，从而提高对应监管算法或交易系统的有效性和精确性。③

具体来说，监管者可以采取以下措施促进监管科技发展：（1）对需要作出解释的问题快速回应，并对特定立法所期待金融机构实现的目标予以详细指引。（2）接受监管科技合规方案的试错。监管者需要表明自己接纳监管科技合规方案的开放态度，并允许其在安全的环境中进行测

① 参见杨东：《Libra：数字货币型跨境支付清算模式与治理》，载《东方法学》2019 年第 6 期。

② 参见刘文献、李利珍：《共享数字新经济》，中国商务出版社 2018 年版，第 23 页。

③ 参见杨涛、贲圣林主编：《中国金融科技运行报告（2019）》，社会科学文献出版社 2019 年版，第 15 页。

试（FCA的“监管沙箱”）。（3）使自己的监管措施与金融机构的监管科技合规方案相匹配。若金融机构使用监管科技合规方案与监管者互动和数据传递，那么监管者势必也需要投资发展自动化的系统，从而接收和处理所获取的相应数据。①

我国的金融监管机构在实践应用监管科技时，可以采取“监管沙箱”模式。在选定的试点区域内按照一定的策略谨慎而有序地开展项目实验，在实验设计时可以将较极端的情形纳入考量，如成本最低或不确定性最大、各种潜在风险最高。在制定假设后进行改革实验，则能够通过逐步试点验证项目可行性，同时获取市场反馈与相关数据，在政策制定者与利益相关者的不断互动中完善方案。对于发现的问题与风险，基于收集的数据进行评估使用，可以有针对性地设立预案与应对措施，最终提高监管效能。

需要注意的是，至少与传统的管理流程相比，创新、试验和测试可能会大大增加监管成本。那么，资源必须投入使用，不仅要提出立法和评论意见，而且要为试验创造条件，制订适当的保障措施，并审查制定和完善初步政策预感的结果。而且，即使在制定了周到的政策方法之后，也有必要定期更新和完善政策，以在市场实践或基础设施方面进行改变。当发展和促进监管科技的不同努力产生积极的效果时，合作和协调努力必不可少。要使监管科技合规方案获得预期结果，需要法律和计算机专家的密切合作。构建监管合规方案的技术专家首先要准确理解预期实现的结果，这就需要法律职业人士参与整个监管科技合规系统的构建流程，不仅要检查系统的输出结果，而且要检查每一个中间环节。技术专家需要法律专业人士及时阐明法律概念及其规则，必要时可以请求监管者进行法律适用的解释。对于要形成一个目标明确、整体化地降低监管压力

① 参见孙国峰主编：《监管科技研究与实践》，中国金融出版社2019年版，第51页。

的方案来说，监管科技解决方案提供者和需求者两方之间的数据格式标准方面的协调统一是绝对不够的。另外，监管人员和监管机关代表也被强制参与相关应用程序的开发。在开发监管科技解决方案过程中的政府机关的作用发挥延伸到提供识别法律障碍的相关监管技术、发布标准和指导，甚至可能对监管科技应用和提供商采取准入式规制。

第四节 新就业形态劳动权益保障立法建议

在数字经济发展的过程中，新就业形态劳动者规模增长迅速，与其相关的劳动保障问题也受到了党和国家的关注。党的十八届五中全会强调“加强对灵活就业、新就业形态的支持”①。2021 年 7 月，人社部等八部门发布了《关于维护新就业形态劳动者劳动保障权益的指导意见》(人社部发〔2021〕56 号，以下简称《指导意见》)。国家市场监管总局②、中华全国总工会③、交通运输部④等多部门也先后就此发文，强调相关从业者的保护。以上文件体现了党和国家在维护新就业形态从业者权益方面的坚定决心和政策方向，但将此权益保障措施转化为法定权利和现实权利，仍需要进一步立法加以实现。⑤

---

① 《中国共产党第十八届中央委员会第五次全体会议公报》，载中国共产党员网，https://news.12371.cn/2015/10/29/ARTI1446118588896178.shtml。

② 国家市场监管总局等《关于落实网络餐饮平台责任切实维护外卖送餐员权益的指导意见》(国市监网监发〔2021〕38 号)。

③ 中华全国总工会《关于切实维护新就业形态劳动者劳动保障权益的意见》(总工发〔2021〕12 号)。

④ 交通运输部等《关于加强交通运输新业态从业人员权益保障工作的意见》(交运发〔2021〕122 号)。

⑤ 参见谢增毅：《平台用工劳动权益保护的立法进路》，载《中外法学》2022 年第 1 期。

一、新就业形态劳动保障的主要问题

首先，新就业形态下平台用工模式存在多样化特征，这导致了平台与从业者之间法律关系定性模糊。大部分从业人员拥有高度的自主性，平台通常不对其实行直接的考核管理，但会通过算法进行监督与控制，并且对服务着装与服务态度做一定要求。同时，平台会采取多种方式来减轻或逃避其用工主体责任。从已有的实例可以发现，平台通常会选择服务外包、分别设立多个公司等方式混淆其与从业人员的实质法律关系。例如，平台要求从业者注册为个体工商户后再与其签订合同以隐藏双方劳动关系的实质，或者引入第三方公司将相关服务外包，又或设立多个不同的公司，分别从事其实质经营活动的不同环节。① 这些重叠复杂的法律关系不仅试图回避从业者作为“劳动者”的主体身份与平台的用工责任，对劳动者在基本劳动保护、最低工资保障、职业伤害保障等方面产生不利影响，也增大了社会运行成本，造成了不必要的资源浪费。

其次，外包模式下平台、外包企业和从业者所构成的三角用工关系，也会导致平台和外包企业之间的用工责任分配困难。② 尽管是外包企业与从业者建立劳动关系，但平台才是经营活动的组织者与实际管理者。平台所提供的信息与技术服务是外包企业开展业务的基础，外包企业进行劳动管理也需要依赖平台用工数据以及借助人工智能、大数据等科技手段的算法。在此意义下，平台和外包企业通过分享算法管理权而构成共同用工的局面，平台和外包企业分享了对从业者的管理权。《指导意见》第3条规定：“……对采取外包等其他合作用工方式，劳动者权益受到损害的，平台企业依法承担相应责任。”该条宣示了平台企业对从

---

① 参见北京市第一中级人民法院课题组等：《新就业形态下平台用工法律关系定性研究》，载《人民司法》2022年第7期。

② 参见王茜：《平台三角用工的劳动关系认定及责任承担》，载《法学》2020年第12期。

业者负有责任，但未就“相应责任”进行解释，导致地方性规范在对其究竟属于连带责任①、补充责任②、依法律关系应承担的责任③或约定的责任④存在不同的解读，为平台用工的权益保障增加了困难。

最后，新就业形态下平台用工的劳动基准制度仍处于相对空白的状态。在近几年的平台用工相关报道中，网约车司机超长时间工作、外卖配送时间不足、平台抽成占比过高等新闻屡次成为社会热点。这反映出新就业形态下平台与从业者间仍存在诸多矛盾，集中于工作报酬、劳动时间等方面，二者间尚未形成合理且可持续的权利义务结构。⑤ 区别于传统的“企业—雇员”的用工模式，在此新形态下的从业者在工作时

---

① 湖南省人力资源和社会保障厅等八部门《关于维护新就业形态劳动者劳动保障权益的实施意见》（湘人社规〔2021〕24号）第2条第3项规定：“……对采取外包等其他合作用工方式，劳动者权益受到损害的，平台企业和外包企业依法承担连带责任。”

② 天津市人社局等八部门《关于维护新就业形态劳动者劳动保障权益的实施意见》（津人社局发〔2021〕29号）第1条第4款规定：“……劳动者权益受到损害的，由外包服务企业依法承担责任；平台企业有过错的，根据其过错程度依法承担相应责任。”上海市人力资源和社会保障局等八部门《关于维护新就业形态劳动者劳动保障权益的实施意见》（沪人社规〔2022〕1号）第3条规定：“……平台企业采取外包等其他合作用工方式的，应督促合作企业依法用工并维护劳动者相关权益；平台企业存在未及时有效进行监督、未合理披露实际用人单位情况等过错，导致劳动者权益受到损害的，应依法承担相应责任……”四川省人力资源和社会保障厅等十一部门《关于维护新就业形态劳动者劳动保障权益的实施意见》（川人社发〔2021〕29号）第2条第1项第3目规定：“……因外包、加盟、代理等合作用工企业原因导致劳动者劳动报酬等支付性待遇得不到及时偿付的，可由平台企业以未结清的金额为限履行先行清偿或补偿的责任。”

③ 江苏省《关于维护新就业形态劳动者劳动保障权益的意见》（苏人社发〔2021〕125号）第1条第2项第5目规定：“……外包企业应依法合规用工，外包企业违规用工，损害新业态劳动者工资报酬、职业伤害保障等权益的，根据平台企业与外包企业之间的具体法律关系，依法确定平台企业与外包企业应当承担的法律责任。”

④ 重庆市人力资源和社会保障局等十一部门《关于维护新就业形态劳动者劳动保障权益的实施意见》（渝人社发〔2021〕38号）第1条第3项规定：“……平台企业采取劳务派遣、外包、加盟等形式合作用工的，应在协议中明确劳动者劳动保障权益相关内容，并实施监督……”

⑤ 参见王天玉：《平台用工劳动基准的建构路径》，载《政治与法律》2022年第8期。

间、地点、方式等方面都享有一定的自由度，并且其与平台的收入均来自消费者支付的服务对价的分成，这导致了现有劳动相关法律存在一定适用上的困难。此外，由于劳动基准制度的缺失，劳动强度与劳动时限均无标准，在收入激励下部分劳动者存在过度劳动的倾向，在无外部约束的前提下，平台为追求商业效率也可能会促进此倾向，导致平台与从业者在连续达成订单合意的过程中劳动强度持续增加。算法的自动化决策加剧了这种劳动强度失控风险。在外卖业中，算法在商业逻辑的驱动下追求最优劳动效率，导致了所谓的“最严算法”① 和极限竞争。② 尽管目前“最严算法”已被“算法取中”所取代，但这仅仅是针对极端情形的一种解决方案，而非对算法决策下劳动者保护问题的回应。同时，在缺乏足够外部制约的前提下，平台的用工定价与排名机制也会加剧前述过度劳动的问题。平台借助算法工具将订单价格、时效、接单数纳入奖惩规则时，会促使从业者更多接单以提高平台内排名，以获取竞争优势，最终在增加收入与获取优势双重动机的推动下，提高整体劳动强度。

二、新就业形态劳动保障的立法进路

首先，确定平台与从业者之间的法律关系。在界定此法律关系时应当遵循实质判断原则，从主体资格、人格从属性、经济从属性、社会保障需求四个方面界定。③ 主体资格是指平台与从业者是否符合有关法律、法规的规定，满足成为相应主体的条件。人格从属性需要考虑从业者是

---

① 国家市场监管总局、国家网信办、国家发展改革委等《关于落实网络餐饮平台责任切实维护外卖送餐员权益的指导意见》(国市监网监发〔2021〕38 号) 规定，优化算法规则，不得将“最严算法”作为考核要求，要通过“算法取中”等方式，合理确定订单数量、在线率等考核要素，适当放宽配送时限。

② 参见陈龙：《“数字控制”下的劳动秩序——外卖骑手的劳动控制研究》，载《社会学研究》2020 年第 6 期。

③ 参见江苏省苏州市中级人民法院课题组：《关于新就业形态劳动用工法律关系界定的调研报告》，载《人民司法》2022 年第 7 期。

否实质上需要遵守平台的考勤、奖惩等制度，工作时间、方式等是否会受到企业调整。经济从属性则是区分从业者属于“不完全符合劳动关系情形”还是“自主开展经营活动、从事自由职业”的核心指标，主要通过从业者在收入和工作时长上对平台的依赖程度进行判断，同时要考虑从业者是否需要承担经营风险。社会保障需求，是指平台对从业者生活来源以及状况的影响程度。

其次，明确平台应承担的用工责任。平台在实际用工中居于核心地位，要求其承担用工责任的正当性来源有二。一是平台作为经营业务的“主控者”对于外包后可能产生的损害后果应负有担保责任。① 二是按照公平原则，平台在依靠从业者劳动获取收入分成的同时也应适当承担对其的保护责任，这不仅是责任与利益相一致的体现，也是互联网平台企业社会责任的重要组成。同时考虑发展与安全的平衡，《指导意见》中所提及的平台用工的“相应责任”应理解为补充责任，这也更符合政策本意和平台经济实践的客观现实。要求平台企业承担连带责任，就当下情形而言过于严厉，不承担责任则不利于劳动者保护，因此能够兼顾平台企业和从业者的利益的补充责任是一种更恰当的选择。

再次，建立从业者与平台间的集体协商制度。目前，新就业形态劳动中，已经形成了由数家主要互联网平台所主导的市场格局，在从业者寻求交易的过程中，这数家用工平台实际掌握着定价权，且在此格局下，分散的从业者无从得知具体定价方式与其他相关信息，不具备协商议价能力。②《指导意见》中已经注意到了这种现象，并且明确要求平台企业需要在与从业者切身利益相关的问题上听取工会或劳动

① 参见王全兴、黄昆：《外包用工的规避倾向与劳动立法的反规避对策》，载《中州学刊》2008 年第 2 期。

② 参见娄宇：《平台经济灵活就业人员劳动权益保障的法理探析与制度建构》，载《福建师范大学学报（哲学社会科学版）》2021 年第 2 期。

者代表的意见并提供相关资料。① 对从业者来说，由于其信息以及知识技能上的相对弱势，有必要对其进行适当的倾斜保护。除上述措施外，还应当参照《劳动合同法》设置集体协商制度，并将其明确为一种平台企业的强制性义务，为保护新就业形态劳动者的权益、改善其工作条件奠定基础。

最后，需要以任务承揽为内容的劳动形态为基础，建立明确的平台用工劳动基准制度。在劳动报酬方面，建立平台定价协商结果公示制度，通过调整平台价格形成机制的关键要素，包括奖惩规则、任务单价、分成比例等，以提高任务单价的稳定性。从业人员在具有一定的收入预期后，就可以据此单价计算需要工作的总时长，自主调节工作时间。此外，考虑劳动时间与劳动强度具有相关性，平台在进行任务分配时，也应该将此纳入考量，通过大数据、人工智能等技术手段测算平台提供的各种类型任务的劳动强度。根据不同劳动强度设置梯度劳动总量控制制度，并且在从业人员持续一定时长的较高强度劳动后，进行提醒或强制休息，以防止其过度劳动。劳动者可能为获取高收入而在多平台接单以规避这一机制，尽管平台不具有查明其连续劳动时长与劳动总时长的能力，但主要平台间仍应就此进行沟通限制，并且承担对从业者的引导教育义务，帮助其合理控制工作总量与总时长。②

---

① 人力资源社会保障部、国家发展改革委、交通运输部等《关于维护新就业形态劳动者劳动保障权益的指导意见》（人社部发〔2021〕56号）第10条规定："督促企业制定修订平台进入退出、订单分配、计件单价、抽成比例、报酬构成及支付、工作时间、奖惩等直接涉及劳动者权益的制度规则和平台算法，充分听取工会或劳动者代表的意见建议，将结果公示并告知劳动者。工会或劳动者代表提出协商要求的，企业应当积极响应，并提供必要的信息和资料……"

② 参见王天玉：《平台用工劳动基准的建构路径》，载《政治与法律》2022年第8期。

第五节　数字经济时代消费者权益保护立法建议

一、数字经济时代消费者权益保护现状

目前，互联网金融产品越来越多，它与传统金融产品最大的不同是，它利用互联网的渠道销售金融产品。最常见的是互联网公司与基金公司合作。基金公司拥有金融牌照，互联网公司没有牌照（但他们已经从中国证监会取得支付销售业务的许可证）。互联网公司通过自己的渠道，以更高的价格更有效地销售互联网金融产品。互联网金融将场内、场外的交易连接起来，打破了“一对一”“一对多”等传统的营销方式。“一对一”的线下交易方式在网络上被转变为开放式的交易方式，私募和公募、场内和场外、金融机构和非金融机构，甚至是批发和零售的交易方式，都逐渐变得模糊不清。同时，市场信息具有不对称性，尤其在数字经济时代更甚。大部分金融消费者分布在市场的不同角落，没有足够的自卫能力，加上金融机构可能会藏匿敏感、潜在风险等重要信息，有可能会使消费者作出不合理的判断。

基于数字经济时代可能产生的一系列问题，尤其是针对金融消费者可能面临的一系列风险问题，我国政府和金融机构长期以来都高度重视金融消费者信息保护，在工信部等机构发布的 20 多项规范性文件中，①都有对保护个人信息的明确规定。《刑法》、《网络安全法》以及最高人民法院、最高人民检察院发布的司法解释、指导意见等为个人信息的保护提供了一个基本的法律框架。2017 年的全国金融工作会议也对此作出

① 例如，全国人大常委会《关于加强网络信息保护的决定》、工业和信息化部《电信和互联网用户个人信息保护规定》等文件。

了相关规定。① 为了给金融机构的个人信息保护和监管部门的执法提供可参照的技术标准，在2020年2月，中国人民银行颁布了《个人金融信息保护技术规范》；2020年11月，为了让金融机构能够更好地利用、转移和存储个人信息，中国人民银行实施《金融消费者权益保护实施办法》，其中对金融机构的个人信息进行本土化保护进一步作了明确规定。

二、消费者权益保护现存主要问题

（一）金融服务交易法律关系不平等加剧

为了追求暴利、规避监管，金融机构有意把金融衍生品进行了极其复杂的设计，从而掩盖了金融衍生品的高风险性、投机性等实质。金融衍生品交易中存在信息不对称、风险不对称和销售过程缺乏规范性等诸多问题。对于消费者而言，金融衍生品交易存在诸多法律“陷阱”。金融商品种类多而杂、金融机构专业化和集团化、消费者选择权受到制约、金融消费者救济渠道不畅以及金融消费者面对纷繁复杂的金融商品与服务所必然存在的局限性，是导致金融消费者与金融机构交易关系失衡的主要原因。传统金融法很难统合规制金融交易环节终端的交易客体，交易主体以及主体之间的权利与义务关系，在金融市场上留有监管漏洞与空白。金融交易客体复杂化及专业化、金融机构专业化及集团化、金融监管的空白点及漏洞等因素深化了金融消费者及金融机构间不公平交易关系，即金融消费者和金融机构权力分布失衡现象越来越显著。2008年的金融危机同样给我们以启示：正是因为金融立法没有对金融市场上长期存在的大量不平等交易关系进行良好的规制，金融消费者才遭受巨大损失，对金融市场失去信心，并直接导致了金融市场功能的崩溃。与此同时，在平台经济蓬勃发展的背景下，平台权力日益膨胀，平台权力通

① 在2017年的全国金融工作会议中，习近平总书记明确指出要“加快建立完善有利于保护金融消费者权益、有利于增强金融有序竞争、有利于防范金融风险的机制”。

过软性治理取代强制统治并逐步掌握了平台准入权和资源调配权、实际管制权和其他庞大的权力，把用户圈入其可掌控范围内，用户不易发现自己已经处于被统治地位，从而使平台用户和平台间的交易关系表现出不公平。

（二）数字金融监管及交易纠纷解决机制有待健全

数字经济存在城乡发展的不平衡性，农村金融消费者日益增长的权益保护需求未得到充分满足。相较城市金融消费者，农村金融消费者由于欠缺专业知识、正确的消费理念、风险承受能力更低等需要得到更多保护。从 2022 年 4 月 18 日开始，储户反映河南、安徽等地多家村镇银行线上线下系统骤停，网上银行、手机银行 App、微信小程序等电子账户出现存款问题，一些通过“度小满”这类第三方数字金融平台的存款无法提取。线上取款异常后，储户向银行客服咨询相关情况，几家村镇银行的答复否认与其第三方数字金融平台有任何线上合作、否认“掌上银行”小程序的线上存款，甚至否认银行存在“掌上银行”微信小程序。2018 年以来，部分中小银行特别是村镇银行受限于机构网点较少、获客渠道狭窄，转向与网络平台合作，将互联网揽储的思路引入市场，通过非自营网络平台、自营网络平台等开展存款业务。然而，目前监管机制及纠纷解决机制并不完善，导致消费者的损失难以追偿。

（三）统一的金融消费者保护法律框架有待完善

目前，我国关于金融消费者权益保护的法律法规比较零散，而且立法层级不高，没有一个统一的法律框架来对金融消费者权益进行保护。以《消费者权益保护法》为例，该法对消费者个人信息保护有最为直接的关系，尤其是规定了消费者购买、使用物品以及接受劳务等行为，对个人信息有合法受保护权，不经消费者同意不发布商业性信息等。但《消费者权益保护法》仅保护一般商品与服务消费者，未把金融消费者列入“消费者”之列，在维护金融消费者权益方面存在不足，难以发挥统合作用。而《金融消费者权益保护实施办法》《中国人民银行法》《商业银行法》《证券法》《保险法》《征信业管理条例》《个人信用信息基础数据库管理暂行办法》等法律、法规及规章制度，虽也存在市场禁止性规定和金融机构规范性规定等，但是覆盖面狭窄、操作性差、真正面向金融消费者的保护性条款并不多，而是以规范金融机构运行秩序为主。与此同时，我国金融消费者信息保护机构众多，一些监管职责不明确，金融消费权益保护协调机构存在多头管理的现状，易形成多头监管的状况。①

（四）平台经济用户权益保护面临困境

在移动互联网、大数据等技术的加持下，我国平台经济保持在高速发展轨道中，已然成为推动我国经济高质量发展及“双循环”发展格局的重要力量。但由平台经济的不断兴起和发展而产生的问题也层出不穷，侵害了平台经济中用户的权益。首先，平台经济中的大数据“杀熟”问题给消费者的合法权益带来严重损害。大数据“杀熟”是在平台经济条件下，各个平台为了谋求自身利益最大化和获取更多的消费者剩余，借助大数据技术大量收集用户信息和利用熟客信任进行价格差别待遇。与传统经济相比，平台经济下交易更方便快捷，所派生出来的大数据浩如烟海，瞬息万变。无论是对商家、平台还是对消费者来说，积极使用大数据都可以充分释放数字资源潜力、降低成本、提高效率、优化服务和创新模式，它有极大的经济和社会价值，有利于多数民众享受到新技术所带来的红利。但是，在充分肯定大数据积极作用的同时，我们不应忽视其中隐藏的风险和隐患，而隐蔽式的“杀熟”恰恰代表了大数据的阴暗面。造成大数据“杀熟”现象和失控倾向的原因是多方面的：平台经济追逐数字资源过热和大型互联网平台无序竞争强化大数据滥用；各个平台在数字变现带来的强大诱惑下，不惜代价地破坏社会责任和商业利

---

① 参见杨东、顾雷：《数字经济时代金融消费者信息保护的核心要素》，载《清华金融评论》2021年第2期。

益的动态平衡；以算法为基础的“杀熟”行为极其隐蔽，信息不对称使消费者很难筛选，多数消费者被“杀熟”而不自知，平台违规违法成本几乎可以忽略。大数据“杀熟”不同于精准营销和差异化营销，可能会有价格歧视或者价格欺诈的嫌疑。一些专家表示，大数据“杀熟”导致了不同的消费者在同一时间和同一平台面临相同的产品或服务而无法分享相同的价格，企业/平台主观上未告知和试图隐瞒此类行为，使一些消费者的利益受到了严重损害。其次，平台经济中企业间对抗竞争行为更易损害消费者选择权和知情权等权益。比如，在“3Q”大战期间，互联网企业明显地通过破坏平台用户——消费者——而互相对抗，其中一方公司以竞争者“窥探用户的隐私”误导消费者，另一方公司竞争者则要求用户“两选一”。受网络效应制约，消费者很难从现有平台中退出，而平台间的对立从本质上缩小了消费者的选择范围。以损害消费者为手段的竞争是反垄断法乃至反不正当竞争法都应着重注意并坚决予以取缔的。最后，目前平台经济还存在未经授权支付侵犯用户权益等问题。未经授权支付，是指用户未通过协议授权，由用户之外的其他人下达支付指令而造成用户账户资金下降或者授信额度占用。未经授权支付始终是电子支付日常生活层面的重要问题之一。在未经授权支付产生后，《电子商务法》第57条对于用户和电子支付服务提供者责任承担机制进行了具体规定。

三、优化消费者权益保护的监管建议

（一）重构金融法体系，适应数字经济时代消费者保护需求

在数字经济背景下，对金融法律主体、金融法律关系、金融法的内在价值体系和外部的制度体系重新进行构建。在金融法律主体方面，普通投资者作为相对弱小的一方，往往不具备与金融机构平等的博弈能力，在交易场所往往呈现不完全理性、异质的特征。在金融立法中，可以采用静态和动态两种划分的方法，将较脆弱的普通投资者从投资者中区分

开来。以“投资人差异化”为切入点的金融消费者理念，不仅可以有效地破解当前学术界所面临的两大困境，还可以为金融法律主体的重建与金融法学的发展提供新的思路，从而达到公平与效率的均衡。在金融法律关系方面，应当建立以金融消费者为中心的金融服务法律关系，并通过建立与金融服务相关的法律法规来充实和完善金融法律制度。同时，金融法律调整客体系统的变化，也深刻地影响金融法，从而导致金融法律内在的价值系统和金融法律外部的制度体系的变化。从金融法的内在价值结构来看，应当保护金融消费者的核心价值，保障市场功能，注重发挥金融市场信息的完备性和投资者的同质性。

在市场中，为了使金融消费者根据市场中的信息作出理性的投资决定，进而提高整体金融市场的效率、促进公平的交易价格的形成，应当促使供求双方进行平等的交易，这是形成均衡价格的先决条件。将金融消费者保护作为金融法内在价值体系的基础和核心因素，有助于对金融机构进行不公平交易的相关行为进行规制，纠正金融市场主体间权力分布的不平衡，从而使二者能够进行平等的交易，从而对金融市场信息在金融消费者和金融机构之间的合理流动产生有利影响。将金融消费者保护作为金融法基石的核心价值目标，不仅是基于新的金融服务法律关系的产生和金融法律关系的重构，也是保证金融市场功能的目的。在金融法中，对金融消费者的保护是金融法内在价值体系的基轴，这就决定了金融法的外部制度规范体系应当以对金融消费者的保护为基础，并作为其最核心的一部分来进行建设。从金融消费者的生成路径来看，由于金融消费者与金融机构之间的交易关系不平等，因此必须构建一种新型的金融法律关系，即金融服务业，以对处于金融交易终端的金融消费者进行保护。金融法外部制度的重构，必须从垂直分割的监管路径向水平统一的监管路径转变，以促进行业割据的金融市场向商业化金融市场的转变。

（二）弥合监管漏洞，强化村镇金融消费者权益保护

数字金融利用大数据、云计算等技术，能有针对性地降低农村资金需求方获取金融服务的成本，并改善信息不对称问题；数字金融能记录农民之间的资金流动过程，打通各地原先封闭的农村信用信息，助力我国农村金融的长远发展。可以说，数字金融为满足农村对金融产品“低成本、广覆盖、易推广”的需求提供了绝佳平台。发展数字金融的前提是完善包括电子支付结算系统在内的农村数字基础设施。面对农村金融消费纠纷，银行业金融机构亦可建立高效便捷的线上纠纷解决机制以实现更好化解纠纷。同时，加强对数字金融消费者的保护力度至关重要。我国 P2P 平台已普遍建立了针对单笔风险进行防控的风险保障金制度，但依旧难以消除金融风险。对此，原银保监会、中国人民银行作出了相关规定①，但该规定无法监管到微信“掌上银行”小程序这类银行自营网络平台，因此，仍然存在风险隐患。面对村镇银行线上揽储造成的金融风险，监管部门应尽快出台更细化的规则，避免数字金融平台钻监管漏洞，进而对金融消费者合法权益予以切实保障。围绕金融消费者权益保护，数字金融监管可从数字金融产品的监管、数字金融产品销售过程的监管、数字金融平台的监管以及数字金融监管体制构建这几方面着手，即数字金融的监管应该以行为监管、功能监管为主，以审慎监管为辅。在数字金融产品销售过程中，需要增强对消费者权益的保护。首先，要使数字金融产品的风险提示与原有的传统金融法保持一致；其次，网络理财产品的营销要遵循“适格”原则，即要将适合的理财产品投放到适合的用户群体中；再次，要赋予网络金融消费者更大的可选择的权利，

---

① 2021 年 1 月 13 日，中国银保监会办公厅、中国人民银行办公厅发布了《关于规范商业银行通过互联网开展个人存款业务有关事项的通知》，其中第 4 条明确规定：“商业银行不得通过非自营网络平台开展定期存款和定活两便存款业务，包括但不限于由非自营网络平台提供营销宣传、产品展示、信息传输、购买入口、利息补贴等服务。本通知印发前，商业银行已经开展的存量业务到期自然结清……”

并要使网络理财产品的信息披露更加明确、准确；最后，导入冷静期制度。①

（三）立足中国国情，考察国际立法经验

为了更好地维护消费者的利益，必须加强有关的法律制度的建设。但是，我国缺乏相应的法律法规，导致了合同各方的权利与义务关系无法界定，从而导致了合同中的“弱者”也就是金融消费者的地位无法得到提高。目前，国际上的相关法律主要借鉴了欧盟GDPR。由于GDPR与西方的法律文化、社会习俗、市场经济的发展程度等有千丝万缕的联系。因此，我国在进行相关立法时需要将我国与西方不同的经济发展水平和社会文化发展程度纳入考量。② 从功能主义的视角来看，在数字经济环境下，应该将对金融消费者的个人隐私的保护与数字经济的发展相结合，以保持信息保护法律政策的权威性。我国出台了几部与数据保护相关的法律法规③，从数据的流通、使用、侵权等多角度对数据的保护和使用等问题作出了较详尽的规范，形成了数据的保护和使用的法律制度。与此同时，要依法依规，对那些泄露了个人信息甚至是违法倒卖客户数据的金融机构、征信机构以及有关人员进行严厉惩处，对以大数据公司、大数据征信的名义，非法买卖个人信息的各类行为进行打击，以维护好个人信息与公共安全之间的关系。

---

① 参见杨东：《互联网金融监管体制探析》，载《中国金融》2014年第8期。

② 不仅要考虑我国的法律文化、社会习俗、互联网市场的发展状况，还要遵循《民法典》《网络安全法》以及金融监管等方面的规定，将现行的立法、司法、执法等系统的资源进行有效的整合，形成一个以金融消费者保护为核心，涵盖金融产品与服务的一体化立法系统。与此同时，应该在金融消费纠纷中大胆运用和解、调解、仲裁等非诉讼方式，发挥其快捷、灵活、简便的特点，来处理金融消费者个人信息滥用或侵权纠纷，建立以金融消费者保护为核心的多元化金融纠纷解决机制的统合体系，建立一个金融商品、金融服务统合立法体系，建立一个多元化、全方位、无缝的金融消费者保护立法体系。

③ 如《个人信息保护法》《民法典》《网络安全法》。

（四）建立金融信息保护的专门监管机构

在当前全球经济发达的国家中，加拿大和英国等都有承担金融消费者保护责任的重要组织，美国则成立了“消费者金融保护局”（Consumer Financial Protection Bureau，CFPB），以协调行使分散在各个联邦政府机构中的保护责任。因此，笔者提出设立金融消费者保护组织的设想，将中国人民银行、原银保监会、证监会 3 个部门的金融消费者保护组织合并，针对跨市场、跨行业的金融产品和服务，成立一个独立的、全国统一的金融消费者保护部门，由中国人民银行负责。该机构的主要工作是对金融消费者的个人信息进行保护，具体工作包括：（1）制定金融消费者的个人信息保护的相关政策、法律、规章；（2）加强对银行业、保险业、证券等行业的法律法规的引导与协调，以解决目前我国银行业法律法规中存在的问题，以节省监管费用；（3）加强对侵害金融消费者隐私的违法行为的监管；（4）组织对金融消费者进行自身保护的宣传与咨询；（5）加强与市场监督管理部门、消费者协会和金融行业协会的合作，共同维护金融消费者的合法权益；（6）在世界范围内进行沟通，积极参加有关金融消费者信息保护的国际公约的制定，并在此基础上加强国际合作。

（五）将数字化信息披露作为金融信息保护的核心要素

在数字经济时代，大数据、人工智能、区块链、云服务等技术的优势被广泛应用于对金融消费者的信息处理上。在“弯道超车”的过程中，个人信息的收集、汇总、分析、共享等过程中，个人信息的隐私权利会不可避免地受到侵犯，数据的泄露、丢失、伪造、滥用等现象时有发生，出现了金融服务平台利用信息优势欺诈消费者并威胁金融安全的情况。因此，研究个人信息的隐私保护具有重要的理论和现实意义。

因此，我们必须充分重视数字经济时代相关信息和数据的合法利用问题，通过各种技术手段①对金融消费者信息进行创新保护，尤其是涉及消费者权益和责任的关键事项，并通过“共票”（“共”，即凝聚共识、共同筹措和共同智慧，是可以实现共同分享的股份；“票”，即流通、支付、权益、分配的票据）、对各部门的数据进行质量与数量的评估，使其能够在最短时间内获得相关的信息，从而达到防患于未然的目的。

（六）将交易机会和个人信息保护纳入消费者福利考量范畴

面对平台经济中出现的大数据“杀熟”等对消费者权益造成损害的问题，应该持续地采取措施保护消费者不被利用，并享有市场竞争的利益。即便不承认消费者利益是反垄断法律的直接目的，它也是反垄断法律的间接价值目标和需要着重考量的抗辩因素，是反垄断法律保护的一个重要内容。应该加大对消费者利益的考虑，以防止“二选一”等强迫的排他性交易。失去了大量的交易机会会增加消费者的实验成本，使他们的交易习惯变得更加固化，影响他们将来获取更好的价格、质量和体验感，从而使市场的竞争程度下降。与此相类似，对个人信息权益的保护也要考虑到消费者的利益，它之所以会被反垄断法律所规制，主要是因为对个人信息权益的损害并非对其他竞争者的间接损害，而是对个人信息等重要数据竞争策略的直接损害。诸如“数据池”的共享和其他一些竞争性的做法，给用户的隐私安全带来了威胁。此外，还有一些学者认为，个人信息具有一定的公共属性，因此，用户的义务也应得到强化与改善。在激烈的平台竞争环境中，从根源上进行监管，将有利于提升用户对个人信息权利的保护意识。社交平台应该更好地履行对个人信息保护的责任和义务。② 为了加强对个人信息的保护，信息的收集与利用必须坚持“最小够用”的原则。在数字经济背景下，由于用户拒绝向应

---

① 如大数据、云计算、人工智能、区块链等。

② 参见黄尹旭、杨东：《超越传统市场力量：超级平台何以垄断？——社交平台的垄断源泉》，载《社会科学》2021 年第 9 期。

用程序、App 提交个人资料和信息，或未经其许可而不开放其所需的权限就使用户无法使用这个应用程序，以及某些网络金融平台所采集的与其已有的服务功能不相关的个人资料的行为，均违背了“最小够用”的原则，实质上是对信息的“勒索”。2017 年 6 月生效的《网络安全法》即对“最小够用”原则进行了诠释。这是“最小够用”原则在法律中体现的一个实例，它既能保证消费者及时、方便地获得消费金融服务，又能防止对消费者的个人信息进行过度收集。在数字经济条件下，如何更好地使用该原则并得到认可，又是一个值得关注的问题。

（七）启用数字用益权保护信息安全

以区块链为代表的新一代信息技术正促进着从监管到治理的思想转型，“共票”是一种将投资者、消费者和管理者三方联结起来的共享分配制度，是通过外部引入的资源获得收益，而收益则是通过区块链体系的运作而获得的。每个创造价值的人都能得到“共票”，通过直接的流通，得到对应的收益。换言之，数据资产所产生的效益应当被及时地回馈给金融消费者，从而保证其财产的增值。在确认了数据使用权的基础上，数据的处理、控制、开发、许可甚至转让等行为才能得到合法、有效的保障；只有在对用户数据的价值予以重视的情况下，平台对于用户数据的控制权才会得到承认。如果不能做到这一点，那么对金融消费者的保护也就形同虚设了。综上所述，在数字经济背景下，金融监管机构应当对金融消费者各项权益①等进行充分的尊重和保障，从多个角度②来实现其合法、合规，提升消费金融产品和服务的透明度，增强数字化监管，运用科技手段加强对金融消费者的个人隐私的保护，真正践行社会主义核心价值观。③

---

①　如知情权、隐私权、信息安全权、同意使用权、追责求偿权、数据用益权。

②　如产品设计、信息披露、费用标准、风险提示等。

③　参见杨东、顾雷：《数字经济时代金融消费者信息保护的核心要素》，载《清华金融评论》2021 年第 2 期。

第十章

数字税立法

第一节　数字税现状与国际实践

近年来，数字经济发展进入“快车道”，开始成为世界各国经济发展的引擎及新业态全新发展的主要着力点。数字经济不仅对工业文明时代产生的社会生产协作方式、市场资源配置方式及价值创造模式产生了颠覆性改变，还带来了复杂的税收问题。通过为用户提供数字服务进而掌握海量数据资源的大型数字企业从中攫取巨额利润的同时，也引发了许多社会问题。其中，最突出的问题源于“价值创造与税收规则的错配”。相较传统税收，数字税所特有的纳税人身份认定难、收入来源划分难以及交易性质界定难等问题成为各国应对数字经济带来的税基侵蚀、国际避税等矛盾的重大障碍，数字经济的全球蔓延导致各个主权国家的税收征收权均受到严峻挑战。在此背景下，OECD 等国际组织已经开始就数字税立法国际规则的制定进行规划，部分国家（如英国、法国）已经开始在本国立法中率先开征数字税，通过数字税立法的途径，从国家规制层面，结合市场配置，以保护数字经济发展为原则，以保护本国税收征收权为目的，构建各自应对数字经济的新型税收体制。

一、我国数字税立法现状

（一）数字税立法理论进展

关于数字税的立法路径、原则等基础内容的研究一直存在分歧，各个领域的学者分别从立法体制、税收征收需求和法理基础等不同角度展开了广泛的讨论。

差异化的数字经济发展水平是世界各国数字税制立法分歧的根本矛盾点，任何期望于在数字经济时代背景下获得发展的国家，都应该也有必要在“信息技术—数字经济—税收法治”的框架下，探究数字税立法的基本原理。在立法中应注重效率与公平、自由与秩序以及安全与发展这三对价值。①

数字税立法的必要性就在于规制企业利润来源与归属相脱节这一问题，利润处于“真空”状态，国家的税收征管权轮空。交易方在利润来源地无须实体经济组织便可通过先进科技获得高额利润，之后通过避税手段将相关利润转送母公司所在地，利润来源国的税收利益丧失严重②。

用户数据“对价—补偿”理论是数字税立法的底层逻辑，是用户与市场主体的深度互动，推动了网络效应以及相关商业利益转化能力的增长，这从根本上就异于传统工业经济体制下消费者仅作为市场的消极参与主体。因此，税收需要放大其调节经济发展的基本功能，为以消费者为积极参与主体，以数据为核心生产要素的新型经济形势提供税制保障。③

除主流观点中的支持呼声外，仍有较多学者认为，目前就开始对数

---

① 参见张守文：《数字税立法：原理依循与价值引领》，载《税务研究》2021 年第 1 期。

② 樊轶侠、王卿：《数字服务课税模式比较研究及其启示》，载《财政研究》2020 年第 12 期。

③ 林婧雯：《我国数字服务税立法的逻辑与展望》，载《西华大学学报（哲学社会科学版）》2022 年第 2 期。

字企业征收服务税的做法会妨碍其迅速发展。任何一个国家为了自身的税收管辖权，单方面制定税收征收规则都是对现有国际税收征收体制的破坏，进而影响全球数字经济的发展。① 同时，数字税很可能会演变成为一种新型的贸易壁垒歧视，是贸易保护主义的另一种形态。②

从总体来看，数字税立法路径的探索还处于初级阶段，大部分立法技术与细节问题仍存在较大争议，如数字税的概念界定、征收方式以及征收范围等，应审慎面对数字税的这一立法构建问题，以开放包容的态度吸收各方面观点的积极性，从中国实际出发，探索数字税的立法路径。

（二）数字税立法实践情况

近年来，各国均已开始在财政立法领域布局征收数字税。随着信息科学技术的发展，企业的经营活动开始逐渐脱离了传统地域的限制，一种新的生产经营组织模式、一种完全通过互联网提供商品和服务而不依赖传统实体经营场所的新型数字跨国企业（digital MNEs）应运而生，对传统的税收制度形成了巨大挑战。OECD 和二十国集团（Group of 20，G20）在税基侵蚀与利润转移项目的框架下开展研究，试图通过多边一致行动来改革现有国际税收制度，以应对数字经济的影响。然而，作为数字商品和服务的输出大国，美国多次阻挠相关国际谈判，致使国际层面迟迟难以采取协调一致的行动。在国际统一税收制度改革难产的情况下，一些数字服务输入国决定采取单边措施，措施之一就是通过国内立法开征独立的数字税。

我国是当前具有全球最大及增长最快的数字商品和服务市场的国家之一，数字经济规模位列全球第二，同时，我国也拥有一些向国际市场提供数字商品和服务的成功企业。因此，对数字经济征税和应对其他国

---

① 肖荣美、张巾、吴辉：《数字经济背景下的现行税收制度反思》，载《互联网天地》2020 年第 6 期。

② 茅孝军：《新型服务贸易壁垒："数字税"的风险、反思与启示》，载《国际经贸探索》2020 年第 7 期。

家的相关税收政策也是我国所面临的重要问题。长期以来，我国一直坚持在税基侵蚀与利润转移项目框架下，通过多边措施解决这一问题。例如，面对数字经济发展的全球化浪潮，中国积极参与 OECD 主导的相关项目文件的签订，同时我国制定并实施了对数字经济进行规制的基本法即《电子商务法》，部分省份税务机关尝试将“跨境在线广告收入”作为数字税先行的主要征税对象，通过对相关公司进行试点测试来保证数字服务边界认定的准确性。整体而言，我国针对数字服务的税收征管体系正处于初步讨论规划阶段，但是，在多边数字税方案前景不明的背景下，如果数字税确实正在成为一种国际税收的新趋势，出于维护本国数字企业税收公平的立场，我国也有向他国数字企业对等征收数字税的需要。在2021 年3 月的全国“两会”上，有多位代表已经通过提案建议我国加快数字税立法工作，也有官员表示要深入研究是否对平台企业征收数字税。无论我国是将开征数字税作为应对数字经济税收挑战的一个选项，还是被动地对等征收数字税，都有必要对数字税进行讨论。结合中国数字经济的发展实际，构建具有中国特色的数字税立法体制是中国在世界数字经济发展浪潮中首先需要解决的问题，这也将有助于我国在未来可能出现的国际博弈中进退自如。

二、欧美数字税立法现状

综观世界各国，开征数字税的目的主要有三个：一是补足传统税收征管体制的弱点；二是从缓解国内财政赤字角度出发，维护本国税收征管利益，缓解本国财政赤字；三是提升本国互联网企业的国际竞争力，防止大型垄断数字企业对本国数字企业实施扩张性的发展策略。①

全球数字税立法的发展大致可以划分为三大阶段：第一阶段以 2013

① 参见何玉长、刘泉林：《数字经济的技术基础、价值本质与价值构成》，载《深圳大学学报（人文社会科学版）》2021 年第 3 期。

年跨境电子商务的蓬勃发展为主要标志，OECD 等国际组织开始组织讨论电子商务等涉税问题，OECD 发布《应对税基侵蚀和利润转移报告》，欧盟成为世界上第一个对电子商务进行征税的地区，并于 2011 年提出“数字单一市场的基本构想”，数字产品理应成为增值税的课税对象。① 第二阶段以欧盟提出的“差异化征税规则”为主要标志，主张通过运用差异化的征税规则在短期法律规制和长期法律规划中实现过渡。一方面，短期内向特定大型互联网企业征收数字税；另一方面，通过欧盟相关立法程序对整体欧盟国家的征税规则进行改革，以“突出的、显著的以及具备经济实质原则”补充“属地兼属人”的基本原则。第三阶段以 2019 年法国、意大利等国家开始试点征收数字税为标志，部分国家走在了数字税立法的实践前列，并且仍然希望通过 OECD 确定全球整体化的数字税立法方案。

截至 2023 年 8 月，全球范围内已经有超过 30 个国家或者地区引入了数字税的概念，但拥有大型数字服务企业的国家普遍反对开征数字税，而主要的数字服务消费国则在数字税立法方面表现得更加积极。从整体来说，当前域外各国数字税立法主要基于跨境电子商务的发展需求。其中，欧美的数字税立法模式在国际上较具代表性。

（一）欧盟

欧盟较早提出征收数字税，但欧盟内部对推动数字经济公平征税的立场存在差异。2014 年，欧盟指出，在税收征管方面数字企业与传统企业差距较大，并建议针对数字经济税收问题，各国应加强谈判达成协议。2018 年 3 月，欧盟委员会通过《关于对提供特定数字服务收入征收数字税的统一标准》，分别提出两套（短期和长期）应对数字经济征税的立法提案。其中，短期提案强调，用户的价值创造是经济数字化税收规则构建的核心理念，要求按照 3% 的税率就数字公司在欧盟取得的相关收

① 参见徐孟洲主编：《税法原理》，中国人民大学出版社 2008 年版，第 21 页。

入征收数字税。长期提案将数字经济的时代背景纳入考量，重新为常设机构设定概念并修订了利润分配规则。为了解决数字税概念界定较模糊、政策规则冲突等现实问题，2019 年欧盟还专门设立了“数字欧洲计划”，以确保区域内拥有应对数字经济挑战所需的技能和基础设施。

但是，在欧盟内部，各成员方基于本国利益，就数字税提出了不同意见。其中，法国、奥地利、意大利、比利时、西班牙因本国国内有大型数字企业或与其关系密切，影响较大，故而对数字税立法持赞同意见；而爱尔兰、爱沙尼亚、塞浦路斯、瑞典、芬兰等国土面积和经济体量不占优势，且数字税立法与其国家利益有根本冲突，故上述国家以传统行业发展、产业创新、税收改革成本、外资规模等理由反对欧盟推进数字税立法；其他国家如保加利亚、丹麦、马耳他、罗马尼亚等持中立态度。欧盟成员中，法国和意大利的数字税立法较积极，已经从法律层面确认了征收数字税的合法性。

法国是世界上第一个以法律的形式明确开始征收数字税的主权国家，其在 2019 年 4 月正式通过了《数字服务税法案》，确定了针对数字服务企业的全新征税原则，即由传统的“常设机构主义”转换为“营业额主义”，其征税对象主要包括数字服务企业的广告业务，以及依托数字平台所产生的其他业务流转接口业务。同时，这项法案为暂时性过渡方案，主要针对的是谷歌、亚马逊以及苹果公司等国际巨头数字服务企业。①

意大利从 2019 年 1 月 1 日起开始征收针对数字服务的“网络税”，征税对象主要是数字企业的商业交易，包括基础性质的广告交易、依托云计算的数字服务等。

---

① 参见张春燕：《法国数字服务税法案的出台背景及影响分析》，载《国际税收》2020 年第 1 期。

此外，英国“脱欧”后，于2020年4月1日正式通过了数字税的立法程序，其征税对象更广泛，即以英国籍消费者参与的数字服务为主要征税对象，主要包括在线零售平台、在线社交媒体平台以及搜索引擎服务平台等。

目前，欧盟统一数字税立法最终方案尚未出台，但部分成员国已经单独征收数字税（见表10－1），截至2020年10月，法国、意大利、奥地利、突尼斯等已经宣布、提议或实施数字税，且有全球扩散态势。

表10－1　欧盟部分国家数字税政策对比

类型	法国	意大利	奥地利	匈牙利
应税服务	—	数字界面上的广告； 允许用户买卖货物和服务的多边数字接口； 使用数字接口生成的用户数据的传输	在带有奥地利IP地址的设备上收到的广告； 广告地址是奥地利的用户	广告服务
全球收入门槛/欧元	7.5亿	7.5亿	7.5亿	28万
国内收入门槛/欧元	2500万	550万	2500万	无
税基	纳税人就应税服务收到的所有全球收入（总收入，不包括增值税）乘以被视为在法国制造或提供的此类应税服务的百分比	提供给意大利客户的合格数字服务中获得的总收入，扣除增值税（VAT）和其他间接税	奥地利服务提供商的广告服务营业额	在匈牙利发布广告产生的净营业额（年广告收入超过2773欧元的部分收税）

续表

类型	法国	意大利	奥地利	匈牙利
税率/%	3	3	3	7.5 （从 2019 年 7 月 1 日起，税率为 0）

资料来源：清华大学《数据要素治理研究报告》（2022 年）。

以上国家数字税立法的初步实践，可以纳税要素为出发点进行分析。

其一，各国对纳税主体的认定标准尚未达成共识。目前，关于数字税纳税人，大部分国家认为应主要针对非居民大型数字企业。经济水平较发达的欧盟国家认为，满足“全球营业额”和“本国营业额”这两个标准的纳税人，才属于数字税的纳税主体。相较欧盟国家，部分数字税立法起步较晚的国家则设置了较低的征税门槛，如新加坡在 2020 年 1 月通过数字税的立法，规定对于营业额超过 100 万新加坡元，且当地销售额超过 10 万新加坡元的跨境数字企业征税。

其二，各国对征税对象的范围界定标准不一。征税对象要解决的问题是，确定对纳税人从事的哪些行为进行课税。就数字税而言主要分为五大类：一是数字搜索引擎带来的收入；二是通过在线广告服务带来的收入；三是数字中介服务带来的收入；四是基于通过数字界面获取的用户信息带来的收入；五是社交媒体平台运营带来的收入。同时，还有部分国家认为，互联网企业中的定向广告、数字接口服务等也存在较大收入缺口，应该成为数字税的纳税对象。

其三，各国对税率认定方式较单一。目前，已经开征数字税的国家主要采用比例税率，如法国的税率为 3%，英国的税率为 2%，意大利的税率为 3% 等，无法有效应对数字经济复杂形势与各国不同现状带来的挑战。

（二）美国

美国在数字税征收问题上采取了对外反对、对内征收的立法方式。首先，反对外国对美国的高科技和数字企业跨境征收所得税或对本国数字企业征收数字税。例如，在谷歌、亚马逊等国内数字巨头面临他国数字税征收要求时，美国不惜出台反制措施予以反对。2021 年 1 月，美国公布对印度、意大利和土耳其数字税的“301 调查”结果，认定上述国家对美国企业征收数字税属于“歧视行为”，违反了国际税收普遍原则，阻碍了美国数字企业参与正常的商业竞争。其次，对本国内各州之间的数字企业采取较强硬的税收征收措施，认可了对州外电商企业征收电商企业销售税。2018 年 6 月，美国联邦最高法院就“南达科他州诉 Wayfair 案”作出裁决，如果州外零售商向所在州居民销售产品，则各州有权向州内无实体店的零售商（如网上卖家）征收销售税，此项裁决改变了美国互联网销售税的管理规则，不再将有无实体店作为向零售商征收销售税的评判标准。截至 2018 年年底，明尼苏达州、北达科他州、密歇根州、北卡罗来纳州、新泽西州等 30 多个州相继开征电商企业销售税。2019 年美国进一步明确云计算交易的范围，并列举了所得类型，以方便对数字企业征税。

但是，由于世界各国的数字经济处于不同的发展阶段，对于数字税的征收存在不同的市场需求与国家立场，故对于数字税的立法实践存在不同的认识和分歧。我国如何在数字经济的时代命题下，立足构建“双循环”的全新发展格局，结合中国自身数字服务企业的发展实际，加强与国际税收征收体系的衔接，探索中国数字税立法的路径，对于实现数字经济的健康发展、建设新经济时代中国的税收法治具有重要现实意义。①

---

① 参见林美辰：《基于 OECD 双支柱框架的我国数字经济税收挑战与应对》，载《财政科学》2021 年第 5 期。

三、国际背景：数字税国际规则谈判进展

联合国已修订《关于发达国家与发展中国家间双重征税的协定范本》，从双边协定的角度助力国际税收应对数字经济的挑战。关于数字税国际规则制定影响最大的是 OECD 的“双支柱”方案多边谈判。2022 年 8 月，参与谈判的 141 个经济体中已有 137 个认可了该方案。2021 年 10 月，OECD 将最终方案提交给 G20 财长和央行行长会议审批，计划于 2023 年开始实施。包括我国在内的 137 个声明国承诺在 2023 年年底之前参与“支柱一”方案中“金额 A”规则的相关谈判，并将按照谈判中拟定的规则进行国内立法，以确保各国一旦达成多边税收协定，具有一致性的数字税国内法和国际法能够同时生效。

（一）联合国《关于发达国家与发展中国家间双重征税的协定范本》

双边协定是传统国际税收治理的核心工具，联合国提出通过修改双边税收协定条款以应对数字经济税收挑战的方案。联合国于 2021 年修订了《关于发达国家与发展中国家间双重征税的协定范本》，主要修订内容为增加了自动化数字服务的内容，税收来源国可以就本国税收居民支付给缔约国另一方的自动化数字服务相关所得征收预提所得税，具体征收比例由缔约两国协商设定。

（二）OECD“双支柱”方案

现行的企业所得税征税规则以“税收联结度”（nexus）为主要依据，即以该企业是否在一国境内设有实体机构，而数字经济对该征税原则带来了极大的挑战。借助数字技术，在用户所在国设立实体机构已不再是企业经营的必要条件，这直接导致给数字企业带来巨额利润的海量用户所在国失去了向境外数字企业征税的依据。

OECD 于 2013 年着手研究“应对数字经济对国际税收规则的挑战”，并得到 G20 圣彼得堡峰会支持。2018 年 3 月，OECD 发布《数字化带来的税收挑战中期报告》，阐述了营销型无形资产（marketing intangibles）、

用户参与（user participation）、显著经济存在（significant economic presence）3 种方案，具体如下：

第一，美国提出“营销型无形资产”方案。美国主张用户所在国向境外数字企业征税的联结度是“营销型无形资产”。营销型无形资产，是指数字企业通过营销活动所增加的商标、品牌、用户数据等无形资产收入。无论是互联网公司还是传统销售企业都可以借助互联网平台向境外销售产品或者服务，获得营销型无形资产，而不需要在用户所在国设立实体机构。因此，该方案主张用户所在国有权对互联网公司及传统销售公司从营销型无形资产创造的利润中征税。

第二，英国提出“用户参与”方案。该方案主张“用户参与”是消费者所在国向数字企业所在国征收数字税的联结度。海外用户对社交媒体、搜索引擎、在线交易平台的积极参与对大型科技公司至关重要，上述业务的共同之处在于均具有明显的网络效应，即活跃用户数量、业务价值、用户参与数量三者呈现正相关关系。因此，大型科技公司既可以通过在线广告投放等增值业务获得额外利润，又可以收集海量用户数据并进行分析，提高服务的个性化水平和精准度。鉴于此，英国主张，消费者所在国有权对包括主营社交媒体、搜索引擎和在线交易平台的大型跨国科技公司等因用户参与而产生的额外利润的实体征税。

第三，印度提出“显著经济存在”方案。印度并未对现有的税收联结度规则进行重构，而是通过对原有的“物理存在”联结度规则进行延伸解释予以适当修正。按照该方案，如果跨国公司通过数字技术与消费者所在国保持着“有目的性和持续性的”互动，则跨国公司在消费者所在国应被视为在海外设置实体机构具有“显著经济存在”。被判定为“显著经济存在”的必要条件是企业在该国持续产生收入，并可参考消费者所在国的用户数量及交易信息超过一定规模、源自消费者所在国用户的数字内容达到一定数量、以消费者所在国的货币计价或收款等附加条件。①

综上所述，美国、英国方案均基于数字经济的特点，提出了新的税收联结度规则，而印度方案只是对“实体存在”规则进行扩大解释，得出大型科技公司在消费者所在国拥有类似实体机构的“存在”的法律地位，从而沿用现行的税收联结度规则。

此后，OECD 框架下关于数字税改革的讨论基本围绕上述 3 个方案展开。由于“显著经济存在”方案本质上只是现有规则的延伸，并未从根本上解决税收联结度问题，因而较少被提及，受到关注更多的是“营销型无形资产”和“用户参与”方案。谈判过程中，英国、欧盟基于“用户参与”方案建议仅对美国的谷歌、苹果、脸书、亚马逊等科技巨头征税；美国“营销型无形资产”方案的征税对象更广，还包括从事面向消费者业务的传统跨国消费品公司，如法国香奈儿、德国大众等，这实质上是对英国、欧盟主张的反击。美、欧双方就此问题争论不休，导致全球数字税改革进程大大延缓。2020 年，英国、法国、意大利、西班牙等欧洲国家陆续开始对美国大型科技公司征收单边数字税，美国随即对此展开“301 调查”，认定数字税歧视美国企业，并威胁称对这些欧洲国家的进口品征收报复性关税。

在综合各方主张的基础上，OECD 形成了关于国际企业所得税改革的“双支柱”方案（《关于“双支柱”方案应对经济数字化税收挑战的声明》）。几经讨论和修改，OECD 于 2021 年 10 月发布了最终框架方案。该方案已非单纯的数字税方案，而是针对更广泛跨国公司的企业所得税方案。

“支柱一”主要解决征税主体的确定问题，主要包含以下两个方面。一是提出适应数字经济特征的税收联结度规则，规定即便不在海外设置

---

① 参见中国人民银行国际司课题组：《全球数字税改革及其影响》，载《中国金融》2022 年第 2 期。

实体机构，跨国公司的自动化数字服务和面向消费者业务创造的利润也应由常设机构所在地和消费者所在地共享。二是明确应税门槛和利润分配方案。出于成本收益考虑，该方案建议若跨国公司全年总营收高于200亿欧元、利润率超过10%，且在消费者所在地营收超过100万欧元，则消费者所在地有权对其10%以上利润的25%征税。其中，符合上述门槛值的公司大约有100家，既包括美国的谷歌、脸书等大型科技公司，也包括欧洲的大众汽车、香奈儿等传统消费品公司。

“支柱二”主要解决跨国公司利用现有国际税收规则避税的现状。为解决国际税收“逐底竞争”问题，防止科技公司通过低税率辖区避税，OECD建议设定“全球最低所得税税率”，以削弱跨国公司向低税率国家或地区转移利润的动机，避免全球税收恶性竞争。“支柱二”主要包括以下内容：一是明确全球最低所得税税率为15%，但各经济体可在此基础上视情况加点（top up），覆盖总收入超7.5亿欧元的跨国公司。二是规定刚开始全球展业的跨国公司（海外有形资产不超过5000万欧元、营业地不超过5个），可在满足总收入门槛值5年内暂不适用全球最低税率。

“支柱一”方案只是纯粹技术性的规则，没有正面回答用户在价值创造中究竟扮演了什么角色，但通过创设“市场管辖权”，肯定了“用户作为市场的价值”，至少令“双支柱声明”参与各方第一次就“用户价值的存在”达成了共识。中国作为“双支柱声明”参与国，面临将“金额A”规则转化为国内法的任务。截至2022年7月底，OECD为方便各国进行与“支柱一”方案一致的国内立法而起草的“金额A范本规则”尚处于公开征询意见阶段，不代表最终规则和各国共识。①

因此，从长期来看，“双支柱”方案可能对全球产业链、价值链产

① 参见中国人民银行国际司课题组：《全球数字税改革及其影响》，载《中国金融》2022年第2期。

生深远影响，并间接影响我国的国家利益。

第二节　数字税立法存在的主要问题

一、数字税内涵尚未达成国际共识

国际上对数字税的内涵尚未达成共识，在纳税主体、收益归属、税收征管等方面仍存在争议。

第一，纳税主体物理关联明显减弱。在数字经济中，平台、商家和消费者跨区域、跨国界已成常态。数字企业无须在利润来源国设置实体营业机构，仅通过先进的数字化媒介即可在多边市场中销售数字化产品、提供数字化服务等。①

第二，收益归属难以区分。传统上，“价值取得”是国家所得税规范的一般标准，数字经济的发展给国际税收带来挑战的同时，“价值创造”开始取代“价值取得”，成为所得税法律规范的核心概念。数字经济价值创造模式原则的转变会带来一系列问题。其中，最主要的问题是，用户价值与货币的换算标准，销售额与劳务，转让费用、许可费等费用难以区分。

第三，实体属地课税原则难以适用。当数字企业向用户提供数字商品或者服务时，没有在用户所在国设立实体机构的必要，也就是说，数字化使“实体存在”不再是经济主体从事营业活动的必要因素。根据双边税收协定的常设机构原则，如果缔约一方居民在缔约另一方没有“实体存在”，只通过互联网向用户提供商品或者服务，则不构成缔约另一方的常设机构。

---

①　参见张守文：《税法原理》（第8版），北京大学出版社2018年版，第八章第三节。

二、数字税与传统税法体系中的国际税收规则相背离

由于基于数字经济的数字税与基于传统实体经济的所得税的概念、内涵存在较大区别，双方在税基、税收管辖权、征税门槛等方面均存在不同需求，现有的基于传统税法体系的国际税收规则无法满足数字税的需求，二者在规范层面相背离。

第一，在税基层面。传统上的“国际税收”仅仅是指主权国家对跨国纳税人征收所得税，即主权国家对本国居民在其他国家取得的所得征税，或对他国居民在本国取得的所得征税。传统上的企业所得税税基计算方式为收入减去支出，因为其评价的是企业的利润。然而，主权国家难以对大型跨国数字企业的虚拟商业交易征税，难以对以本国消费者为基础的用户创造收入征税，这严重影响了本国的财政收入和税收利益的分配，且当前各国的数字税法均将集团企业整体的特定数字服务总收入作为税基，不允许扣除与取得收入相关的支出。因此，价值创造链条与税收利益分配机制的错配是数字税立法所面对的第一重矛盾。长此以往，数字经济的发展必将受制于税收体制的滞后性。①

第二，在税收管辖权层面。由利润创造国行使税收管辖权原则是构建国际社会税收秩序的基本原则，是解决国际税收征收冲突的基本判断标准。其背后的经济原理是：税收管辖权的产生与经济业务的存在与发展具有一定关联，基于关联构建的因果关系是国家实现税收管辖的合理路径依据。传统税法体系以国家领土和“实体存在”为要素构建的居民身份规则以及常设机构规则，共同划定了国家行使税收管辖权的边界。根据居民身份规则和常设机构规则，国家不能够对未在本国设立常设机构的非本国居民企业的境外所得征税。但是，大型数字企业在利润来源

---

① 参见杨铜铜：《论立法目的司法适用的方法论路径》，载《法商研究》2021 年第 4 期。

国往往并无经济实体或常设机构，利润来源与经济业务之间的关联因果关系证成困难，使“属地兼属人”原则的适用缺乏前提和基础。然而，根据“实质重于形式”的原则，存在价值创造的利润来源国当然地享有对于相关数字企业的税收征缴权。数字税法中没有居民身份和常设机构的要求，数字税的征税国可以绕开传统的联结度规则，对在本国没有常设机构的非居民企业的特定数字服务收入行使税收管辖权，或者对虽然在本国有常设机构，但是特定数字服务收入与该常设机构无关的非居民企业行使税收管辖权。因此，传统税收征收权与新型数字化商业模式的交错成为数字税立法所面对的第二重矛盾。

第三，在征税门槛层面。传统税收规则中企业承担税负的门槛是在征税国境内取得利润，或者通过在征税国境内的常设机构取得利润。数字税的征税门槛则与利润无关，而是要求纳税人来自征税国的数字服务收入达到一定数额。一些国家还要求企业的全球数字服务收入也达到一定数额。因此，传统税收与新型数字税的征税门槛的依据的不同是数字税立法所面临的第三重矛盾。

第四，在税负层面。数据是数字经济发展的核心生产要素，其整体成本稳定，较其他生产资料而言更易收集、分类与重复利用。数据既可以创造实体产品，提供无形服务，也可以成为商业交易行为的标的。①但数据在获得、加工与流转的过程中并不同于一般的商品或者服务，依据现行税收实体体制，数字企业的上游端无法对其生产环节征税，下游端也无法核算其真正的应纳税额，这导致数字企业的税收征收额处于“真空”状态，其所面临的税负远远低于一般经济型实体企业。因此，不同产业间收入与税负的较大现实差距是数字税立法所面对的第四重矛盾。

---

① 参见蔡昌、赵艳艳、李梦娟：《区块链赋能数据资产确权与税收治理》，载《税务研究》2021年第7期。

数字税在这四个方面对国际税收规则的背离，引发了有关数字税税基的合法律性争议、税收管辖权的正当性争议和税制的公平性等争议。数字税是流转税，这意味着它们对总收入而不是净收入征税。这种设计可能导致利润较低的企业的边际税率很高。从历史上看，流转税被认为是糟糕的税收政策而被拒绝，因为它们效率低下，对经济增长造成障碍，并且通常被认为是不公平的税收政策。针对单一部门或活动的税收政策可能是不公平的，并会产生复杂的后果，数字经济不能轻易地与全球经济的其他部分分开。

三、数字税立法的国际化进程存在障碍

单边数字税举措不符合我国的国家利益，数字税立法需要国际协作。首先，对于我国数字企业来说，直接针对数字税采取所得税单边措施，会加重企业的税收负担和合规成本，带来税收不确定性以及新的重复征税问题。其次，对于数字服务加征所得税与中国希望创设包容、宽松的发展环境，提升数字企业的国际竞争力的发展战略不符，不利于数字经济的长远发展。最后，单边举措与我国希望通过多边方案应对数字经济税收挑战的主张不符。当前，数字税立法的国际化进程存在以下三大障碍。

（一）数字税立法缺乏国际协作的基础

数字税的立法本身是国际税收体制与主权国家税收征收权的协调，与贸易保护主义政策的性质是截然不同的。应通过国际协作，协调不同数字经济发展国家的税收征收范围，形成框架性的国家间一致协定，① 明确各国数字税的征收基本原则，赋予各主权国家一致协定范围内的有限自主立法权。一方面，以国家间的一致协定为依托，保证各个国家间

① 参见马洪范、胥玲、刘国平：《数字经济、税收冲击与税收治理变革》，载《税务研究》2021 年第 4 期。

的法律政策不存在根本性质上的冲突；另一方面，充分发挥主权国家的灵活性和自主性，结合本国实际，设定符合本国数字经济发展实际的数字税法体制。

目前，国际社会仅 OECD 和欧盟共同倡导的《一般数字税方案》具有多边性质，大部分主权国家均选择通过本国单独立法的方式来应对短时间缺乏国际共识的处境。其中，数字服务消费者群体庞大的国家，以维护国家利益为终极目标，推出了对于跨国大型数字企业的高税率征收法律政策，使数字税的立法路径显现出了“贸易保护主义”的色彩，引起了大型数字企业所在国家的强烈反对。①

（二）征税形式差异较大，设定新税种与承袭原税制分歧严重

数字税的征税形式较多，新税种与原有税制间的不适配问题较突出。俄罗斯、新加坡等国家将数字服务纳入原有的增值税或者消费税体制中；印度等数字经济发展较慢的国家采用了预提税扣缴机制，以防止跨国大型数字企业的大面积避税政策；英国等国家则规定了仅针对特定大型数字服务企业的征税措施，只有符合相关征税标准的大型数字服务企业才被赋予纳税的义务，也被称为“门槛税”。②

各国征税形式的差异，反映了不同国家对于数字税的认知差距，但是新税种的设定与维护原有税收征管体制不是矛盾和排斥的。部分国家尝试在增值税和消费税的框架下，在数字服务的消费和流转环节中征税。这种做法的优势在于可以有效防止上下游之间通过虚拟服务器等无形资产的流转方式逃避相应的纳税义务，但其问题在于，各数字服务之间缺乏明确界限，难以区分究竟应该在哪个环节施加赋税义务，“多重征税”

---

① 参见毛彦：《数字经济时代的区际税收挑战：成因与应对路径》，载《财政科学》2021 年第 5 期。

② 参见樊勇、邵琪：《数字经济、税收管辖与增值税改革》，载《国际税收》2021 年第 3 期。

风险较大。① 相较而言，重新设立全新的数字税种，根据数字服务的虚拟性、规模性以及跨境服务器等特征设定差异化的课税要素的优势在于更加具有针对性、更加专业，但同时这也是对于传统税收征管体制的突破与冲击。

（三）征税要素等设定缺乏统一指引

征税要素是数字税立法中最关键的一环。其一，征税额的确定目前存在“营业收入”与“利润”的争议，对营业收入进行征税是传统税收的基本方向，但直接税与间接税的划分难以确定。数字企业的经营活动虚拟性质突出，导致收入分配与收入归属不易确定。其二，“显著经济存在”的认定标准存在争议。OECD 在 2015 年正式提出“征税对象”概念，通过法律的手段拟制虚拟营业机构并通过实质重于形式的基本原则来认定征税对象。这种概念的提出在一定程度上破解了传统税制中的经济关联原则，但在技术和政策认定层面仍有较大问题。其三，用户在价值创造中的贡献度难以确定。数字经济导致“利润征税地”和“价值创造地”之间存在错位，用户对于整个数字服务参与程度的确定将直接决定最终的征税范围。

第三节　数字税立法建议

数字税争论仍未结束，政策制定者应遵循合理的原则来制定和完善数字税收政策。在消费税和企业所得税（以及相关的常设机构规则）这两个领域，各国正在努力将其现有规则扩展到数字业务。这为实现对实体和数字商业模式的平等对待提供了机会，但也为在多边基础上调整标

---

① 参见冯守东、王爱清：《数字经济背景下我国税收面临的挑战与应对》，载《税务研究》2021 年第 3 期。

准和实施政策带来了真正的挑战。这些领域的政策应达到与其他司法管辖区保持一致的高标准，最大限度地降低复杂性和合规成本，并避免对目标业务部门进行差别待遇。同时，可以改进研发税收抵免，以避免合规挑战限制有能力遵守规定的企业的利益。

数字税的出现，并不是对传统税制的根本性否定，而是对整体税制改革发展提出的新思路、新需求，传统税法原则仍然是税种设立的根本原则性基础。但应该明确消费者贡献度对于数字企业实现经济效益的重要性，适度扩大经济连接度衡量标准的适用对象并且进一步更新课税要素的设置，完善所得来源地和征税权益分配机制。一方面，不再仅将常设机构所在地作为衡量纳税基准，更加注重用户实质性参与和经济实质，将数据提供、用户参与等相关要素同时纳入衡量体系，为跨境营业收入征税主体范围的扩大提供理论支撑。① 另一方面，重新审视跨境数字商业模式的特征与变化。

对此，笔者提出以下立法建议。

一、建立适应数字经济的征管模式，应对数字经济挑战

数字经济背景下的数字税征收规则相较传统税收在税基、计税方式、税收管辖权方面的差异造就了征管模式的变革，如此能更好地应对数字经济的挑战。

1. 把数字服务和产品纳入消费税，将税基扩大到数字消费

由于消费税的目的是在消费发生的地方征税，因此将税基扩大到数字消费只是该原则的延伸。但是，合规成本、费率或注册阈值的差异可能会造成新的扭曲或不必要地增加合规成本。立法应当实现广泛的消费税基，包括数字服务和产品，并实现数字和实体企业之间的平等待遇，

① 参见徐加喜、陈虎：《论数字经济时代国内税法和国际税法的良性互动》，载《税务研究》2020 年第 1 期。

与收集远程销售和数字交易数据的一般标准保持一致；合规性要求旨在最大限度地降低与构建新系统和确定销售或客户位置相关的成本。立法应避免针对数字跨境交易的政策与适用于类似本地商业的政策不同。

2. 将数字税作为企业直接税合并计税，避免对数字收入进行两次征税

数字税的征税对象是用户价值，而非企业的数字服务收入或者消费金额。因此，数字税既不是一些国家宪法或上位税法禁止的营业税（流转税），也不是双边税收协定适用范围内的所得税，而是一种特殊的企业直接税。立法时，应当采用同一个受益所有人控制的所有纳税实体合并计税的规则。根据建立在《企业所得税法》第 2 条、《企业所得税法实施条例》第 3 条、《税收征收管理法》第 19 条基础上的法人企业独立核算制度，同一受益所有人控制的子公司和常设机构分别计算税基和报税。

3. 在立法中确立数字常设机构规则

在制定对数字业务的企业收入征税的政策时，一些国家调整了其对常设机构的定义，但这极易导致同一数字企业受到不同国家的双重甚至多重征税问题。尽管国际税收的全面改革也将解决经济数字化问题，但各国可能仍将重点放在数字商业模式的改革上，而不是迎接基础性改革的挑战。

二、完善现有计税规则，消除数字税征收法律障碍

现行的企业所得税等传统税收的计税规则均是基于“常设机构”等明显不适配数字税的征税原则、计税模式建立，不符合数字税的特点，给数字税的征收带来了较大的法律障碍。

1. 重构非居民数字企业①的“常设机构”认定规则，建立适用于该类企业的税收联结度规则

可尝试构建基于营业收入等指标的新联结度规则，以此向未在本国境内设立实体机构但通过中国海量用户获取巨大利润的大型数字企业按照税收新联结度规则征税，从而促进境内外企业税负公平。

2. 适用受同一个受益所有人控制的所有纳税实体合并计税的规则

根据建立在《企业所得税法》《企业所得税法实施条例》《税收征收管理法》基础上的法人企业独立核算制度，同一受益所有人控制的子公司和常设机构分别计算税基和报税。而按照“金额 A 范本规则”②，为计算“金额 A”，受同一个“最终母实体”控制的各纳税实体将作为同一个纳税人，以“集团”身份合并计算营业收入、税前利润和税前利润率。因此，我国应在现行企业所得税法外制定特殊的纳税人身份规则，明确“最终母实体”的构成标准，并规定在哪些情况下受同一个“最终母实体”控制的法人企业应当合并核算。

3. 适用“视同来源地”规则

根据我国《企业所得税法》第 3 条和《企业所得税法实施条例》第 7 条的规定，我国仅对外国居民企业“来源于”我国境内的所得课征所得税，即当且仅当交易地点位于我国境内时，我国才会对相关交易征税。而按照“金额 A 范本规则”，除采掘业和受监管的金融服务业外，纳税人的营业收入需要根据每一笔交易的特性和具体情况来判断其“来源”。因此，我国需要在现行企业所得税法外制定特殊的交易活动发生地认定

---

① 非居民数字企业，是指在中国境内未设立机构场所，但有源于中国境内的所得，且采用数字化技术进行业务管理和运营，参与数字经济运行的企业。

② 2021 年 10 月 8 日，130 个税收管辖区通过 G20/OECD 包容性框架发表《关于“双支柱”方案应对经济数字化税收挑战的声明》，拟对现行国际税收规则进行改革。其中支柱一由金额 A、金额 B 和税收确定性三部分组成，旨在解决超大型跨国集团利润重新分配的问题。金额 A 是为应对经济数字化税收挑战，对超大型跨国集团全球利润征税权在各辖区间的重新分配。

规则，明确规定视同发生于我国境内的境外交易标准。

4. 持续健全企业所得税、个人所得税等相关税种设计，着力化解现行税制与数字经济的不适配问题

对企业所得税中防范税基侵蚀和利润转移的具体条文规定进行完善，限制在免税或低税收国家设立实体机构的数字经济企业通过转移利润的方式避税；将跨境数字服务和产品的税收管辖权规则从一般所得税扩展至增值税，并以目的地原则为基础，探索通过一般定义和正面清单相结合等方式对数字产品和服务的范围进行明确。

5. 丰富征税原则，增设目的地征税原则

根据价值创造原理，赋予消费者所在地、价值创造地政府相应的征税权。同时，为推动落实“利润应在经济活动发生地和价值创造地征税”的征税原则，应探索逐步将增值税、消费税等的征税范围缩小为仅限货物和服务零售环节征收，为目的地征税原则的落实创造良好的环境，推进税收分配公平。

6. 明确税收管辖权行使规则

根据我国《税收征收管理法》第5条的规定，国家税务总局主管全国税收征管工作，具体的税收征管由各地的税务部门按照所辖区域承担职责。然而，“金额A”有可能产生于在我国没有纳税实体的跨国企业，其不属于任何一个地方税务部门的管辖区域。另外，“金额A”的归属规则以国家为单位，而我国现行企业所得税属于“中央地方共享税”，如果指定一个地方税务部门进行征管，并允许该地方分享税收，将造成对其他地方的不公平。因此，我国有必要制定特殊的税收征管规则，甚至可以设立独立的税收征管机关，统管视同发生于我国境内的境外交易和参与交易的跨国企业。①

---

① 参见张牧君：《用户价值与数字税立法的逻辑》，载《法学研究》2022年第4期。

三、加强体制机制建设，着力提高税收征管能力

数字税立法不仅要注重征税规则的重构，还要在立法中嵌入机制建设内容，确保相关配套机制的有序运行，保障数字税征收的良好环境，才能确保税收征管能力提升的效果。

1. 在立法中健全税务登记制度、完善数字经营者税务登记细则，促进数字经济纳税义务人的确定和监管

通过完善制度设计助力税务机关对数字经济纳税义务人进行及时全面的监管；通过立法明确即使数字产品或服务的提供商在境外，境内提供的税务登记细则将极大促进在境内提供数字产品和服务的境外企业有效执行税务登记，从而实现对以我国海量用户数据为利益基础的境外数字企业纳税义务人更加精准高效的锁定和监管。

2. 立法鼓励税务部门加快研发自动化税务软件、税务管理平台等，减轻税务机关在数字经济税收征收上面临的技术难题

在数字企业中推广应用自动化税务软件，在进行纳税申报时，系统可以自动计算出应纳税额，减轻数字企业的纳税遵从负担。此外，应提升税务部门数字化建设水平，基于大数据、区块链等技术打造更加高效的税务管理平台，打通数据壁垒，加快相关数据的互联互通，提升数字经济税收征管能力与效率。

3. 正视数字平台在税收征管中的作用，对平台行为进行引导与规制

加快出台网络交易监督管理办法，引导数字平台经营者认真履行信息收集、核验、登记等义务，设置激励措施鼓励平台定期向税务部门提供平台内经营者的涉税信息（必要时可进行脱敏性处理），支持平台监督平台内经营者税务登记情况，并向平台内经营者提供纳税义务提醒、税务培训等相关服务，充分发挥平台自身优势，构建多方共治的税收治理格局，促进数字经济税收征管的高效实施。

四、建立互联网平台公司征收数字税机制，维持税收公平

我国互联网平台公司往往将总部设在一线城市或东部发达地区，不设分公司，却在全国展业。在现行税制下，其他地区的地方政府无权对平台公司征税，这有违税收公平。鉴于此，未来可考虑研究通过数字税（费）解决跨地区税收不公平问题的可行性。在设计数字税的具体方案时，应处理好数字税监管效果与企业及税收管理部门成本间的平衡问题。例如，在征税门槛方面，OECD 指出，门槛选择应遵循成本收益原则，既能发挥数字税的监管作用，也不应给规模较小的跨国公司或税收管理当局带来过重负担。税率设定亦类似，既要体现对用户数据使用的合理定价，也不应给企业（尤其是边际企业）带来过高成本。从国际经验来看，发达国家税率普遍较低，新兴经济体则较高，我国可折中考虑。另外，为保持我国对海外跨国公司的吸引力，可考虑以降费替代减税，同时大力推进“放管服”改革，改善营商环境，提升国际竞争软实力。

建议在税收规则立法中引入利润率标准。根据我国《企业所得税法》第 4 条的规定，我国对纳税人的全部利润适用比例税率，不以利润率为标准区别适用税收规则。但“金额 A”规则的核心就在于按照 10% 的税前利润率将利润区分为“常规利润”和“剩余利润”，使“市场管辖区”对取得剩余利润且达到征税门槛的纳税人以“剩余利润的 25%”为税基征税。另外，“金额 A 范本规则”中，“金额 A”规则下的“利润”本身也与我国现行所得税法中的“应纳税所得”在计算方法上有所不同。例如，纳税人的股息收入就不属于“金额 A”规则下的“利润”。因此，我国需要明确规定纳税人计算剩余利润时应当扣除的项目，并按剩余利润的 25% 计算税基。①

---

① 参见张牧君：《用户价值与数字税立法的逻辑》，载《法学研究》2022 年第 4 期。

第十一章

国际数字经济法律发展

第一节　欧美数字经济法律发展

一、欧盟数字经济立法

20 世纪 80 年代初开始，欧洲共同体和随后的欧盟启动了激励整个欧洲大陆在信息通信技术和竞争力方面发展的方案。1984 年，根据欧盟委员会的提议，欧洲共同体理事会决定制订“欧洲信息技术研究与发展战略计划”，然后于 1985 年设立“欧洲高级通信研究计划”，以及高度关注领域的几个研究和技术项目（如 DRIVE 用于在公共道路上交付，AIM 用于医疗保健，DELTA 用于远程教育）。欧洲层面，创新的基准步骤是：1994 年接受所谓的《班格曼报告》。该报告敦促欧洲采取立法措施，制订数据保护、知识产权保护和网络安全议程，以在确定信息社会规则方面发挥主导作用。该报告强调了愿意适应不断变化的环境的立法之间的竞争作用，并提高了欧洲决策者的认识，即这些立法将决定创新技术议程，谁可以根据这些技术发展调整立法。《班格曼报告》的直接后果是：欧盟委员会制订名为“欧洲通往信息社会的道路”的行动计划。2002 年《电子欧洲行动计划》继续推进这一进程，该计划旨在鼓励公共部门的发展（促进电子商务、电子保健、电子公共行政等），然后是2002年的《基本公共服务共同清单》，其中包括成员应以电子方式为其公民提供的公共服务清单（如所得税服务、车辆登记服务、报警等）。这一进程的后续是在2002年通过了《2005年欧洲行动计划》。该计划涉及2004年加入候选方的“类别”，包括中欧和东欧地区的后社会主义国家。国家间对话支持各国就其制度、社会和法律差异相互理解。作为这些对话的结果，欧洲议会和理事会通过了关于取代欧洲公共行政部门的互操作性解决方案的决定。

欧洲一系列法案制定过程中的一个重要内容是2006/123/EC指令。该指令为内部市场服务制定了规则。这宣布了国家作为服务提供商的任务，包括简化程序，在更广泛的范围内通知公民、提供电子服务等。这一过程促成了“欧盟数字议程”，这是欧洲2020战略的优先事项。数字议程旨在到2020年在整个欧洲应用信息通信技术工具。因此，数字议程旨在通过基于高速、超高速互联网和可互操作应用程序的数字化单一市场创造可持续的经济和社会效益。该议程旨在创建一个以单一市场为蓝本的数字化单一市场，允许在欧盟等地提供跨国服务。2015年5月，让-克劳德·容克（Jean-Claud Juncker）领导的欧盟委员会通过了数字化单一市场战略，包括针对私营和公共部门的创新建议，为国家设定如何提供服务的目标。DSM打算通过协调成员国公共行政的几个要素来达到欧洲统一行政。后者意味着，例如，为用户实现类似或统一的识别程序，以及统一的电子签名和认证规则。DSM之所以重要，是因为它包括了受数字化影响的多个部门和参与者的一般和具体目标。例如，它通常旨在消除虚拟边界、促进数字连接，并使消费者更容易访问跨境在线内容和服务。此外，DSM试图通过从28个国家数字市场（英国“脱欧”后，变为27个国家数字市场）转变为单一市场，然后向所有公民开放数字服务并加强数字经济中的商业竞争力，以适应欧盟的数字化单一市场。①

由乌尔苏拉·冯德莱恩（Ursula von der Leyen）领导的现任欧盟委员会（2019～2024 年）致力发展大规模的数字化，从而实现“适合数字时代的欧洲”。这些目标可以转化为 20 项新的立法和非立法举措。本届委员会根据 DSM 采用的两项重要具体战略是《数字服务法》（DSA）(欧洲议会和理事会，2020 年）和《数字市场法》（DMA）（欧洲议会和理事会，2020 年)。《数字服务法》建议升级数字平台、服务和商品的责任和安全规则，并采取进一步措施以完成数字化单一市场。《数字市场法》解决了平台作为单一市场的数字“看门人”的某些行为所产生的负面后果。关于《数字市场法》，这些机构已经在 2022 年 3 月达成了“关于确保公平和开放数字市场的规则的政治协议”。这些机构于 2022 年 4 月就《数字服务法》达成了政治协议。如果欧盟打算在全球范围内领导数字立法，它必须决定其标准并利用其市场力量来影响欧洲司法管辖区。②

设计一个优秀的法律架构是欧盟通过将 27 个成员国数字市场协调为一个来提高其竞争力的机会。同时，协调的基础是欧盟在监管单一市场方面的能力。实际上，欧盟可以利用其市场力量来影响全世界的数字经济法律。欧盟作为世界上最大的单一市场具有很大吸引力，符合欧洲标准，从而进入该市场的企业具有优势。此外，由于治外法权是欧盟法律的一个特征，因此协调并在某些情况下统一单一市场的规则正在影响第三方。因此，设计数字经济法是欧盟的软实力，它能够将欧洲大陆解决方案出口到全球其他地区。

国际组织和超国家联盟通常制定远大的目标，需要其成员移交某些

---

① Laitinen E. , Troitiño D. R. & Kerikmäe T. , *European Union and Great Britain: After Brexit, Who Wins the Break-up?, The EU in the 21st Century*, Springer Cham, 2020, p. 103 – 116.

② Ibid.

国家权力（权限），并协调一些政策。欧盟是国际组织中的特殊组织，其权力受到条约的限制。尽管如此，它仍然非常有效地利用其软实力，以便在多个政策领域促进其成员国之间的更密切的合作。挑战和危机为欧盟创造了机会，可以共同运用其硬实力和软实力，即使在它没有能力这样做的领域（如直接税）也能实现合作。

欧盟可以利用其在其他领域的市场力量和立法能力来定义某些概念。例如，在数字领域，谁是未成年人并不总是显而易见的。根据《数字服务法》的规定，欧盟范围内具有约束力的义务将适用于将消费者与商品、服务或内容联系起来的所有数字服务，包括更快地删除非法内容和全面保护用户在线基本权利的新程序，这些规定旨在重新平衡用户、中介平台和公共当局的权利和责任。《数字服务法》提议，在欧盟范围内为数字服务引入一系列新的、统一的义务，例如，在线删除非法商品、服务或内容的规则；对内容被平台错误删除的用户采取保护措施；超大型平台采取基于风险的行动以防止其系统被滥用的新义务；广泛的透明度措施，包括在线广告和用于向用户推荐内容的算法；审查平台运作方式的新权力，包括为研究人员访问关键平台数据提供便利；关于在线市场商业用户可追溯性的新规则，以帮助追踪非法商品或服务的卖家；公共当局之间的创新合作流程，以确保在整个单一市场中有效执法。① 因此，《数字服务法》在多个政策领域提供了多样的规则，这支持了欧盟进一步协调其市场规则和协调提高其合规水平的意图。此外，根据《数字服务法》的规定，覆盖欧盟人口10%以上（约4500万名用户）的平台被认为是“系统性”的，其不仅要承担控制自身风险的具体义务，还要遵守新的监督结构。

《数字市场法》于2022年7月通过，旨在通过防止大公司滥用其市

---

① Complex Discovery（December 15，2020），https://complexdiscovery.com/the-digital-services-acttransformational-digital-regulation-from-the-european-commission/.

场力量并允许新参与者进入市场来确保欧洲数字市场中更高程度的竞争。该法生效后，它将为指定的“看门人”制订一份义务清单，如果不遵守，将有强制制裁机制，包括高达全球营业额10%的罚款。它的目标是在欧盟运营的最大数字平台。《数字市场法》的域外影响是实实在在的，因为欧洲最大的平台不是欧洲自己的，而是大多数美国公司的。

为了应对成员国不同发展水平的挑战，欧盟的数字经济法强调数字议程中规定的4个基本点（数字能力和数字基础设施的发展，以及企业和公共行政的进一步数字化）。更重要的是，每个成员国在制定目标时应最大限度地考虑其国情、能力和当前发展水平。数字经济法律应避免进一步加深成员国之间和公民之间的数字鸿沟。关于数字基础设施的目标、技术中立原则以及以使用为重点的监管仍将是欧盟和其成员国的首要任务。此外，欧盟机构应考虑现有规则的遵守和连贯性，否则相互矛盾的立法可能会阻止竞争对手，并适用意外后果法。数字经济法是一个非常复杂的领域，影响着全球所有部门和行业。这挑战了国家和国际行为体（如欧盟）的作用和地位。国家规制竞争是符合国家利益的，类似需要确保在线领域公共和私人服务的安全性和一致性。在应用数字经济法律时，应考虑数据保护、消费者权利、人权和合法利益之间的平衡。欧盟在过去几十年中取得了很多成就；最近，数字化的显著加快是有形的。数字经济法是一种软实力，可以协调国家立法，拉近了成员国之间的距离，并通过市场标准影响第三国。因此，通过其立法和市场来支持欧盟成为全球技术革命领导者的雄心壮志。

二、国家（联邦）与地方（州）分立的美国数字经济立法

美国数字经济立法呈现国家与地方分立的特征，主要表现在以下四个方面。

（一）电子商务监管

在美国，有很多适用于电子商务业务的地方、州和联邦法律，包括

许可要求在内的义务因州而异。《马格努森—莫斯保修法》（Magnuson-Moss Warranty Act，MMWA）适用于所有对消费品提供书面或暗示保证的人，要求这些人以简单易懂的语言披露任何此类保证。MMWA 还禁止供应商在某些情况下否认或修改对消费者的任何默示保证。此外，州和联邦数据隐私法可能要求电子商务企业在收集消费者的任何个人信息之前，发布清晰和醒目的隐私政策，实施适当的保护措施来保护此类信息，并采取措施安全处置数据。此外，一些法院认为，《美国残疾人法案》（Americans with Disabilities Act of 1990，ADA）适用于网站，从而要求电子商务企业采取措施确保其网站符合 ADA 标准。无数的广告法也适用于数字广告。《联邦贸易委员会法》（Federal Trade Commission Act，FTCA）禁止商业中或影响商业的某些不公平或欺骗性行为或做法。其他州和联邦法规管理货物运输以及退款的签发或通知。

（二）数据与隐私保护

美国隐私法采取了部门法来规范各个行业。加利福尼亚州率先颁布一项适用于许多电子商务企业的总体消费者隐私保护法，即《加利福尼亚州消费者隐私法案》（California Consumer Privacy Act ，CCPA）。CCPA 自 2020 年 1 月 1 日起生效。2020 年 3 月 27 日，总检察发布了修改后的 CCPA，以解决合规性问题。CCPA 之后，多个州（包括科罗拉多州、康涅狄格州、伊利诺伊州、纽约州、宾夕法尼亚州、得克萨斯州等）提出或通过了类似立法。这一趋势一直持续到当前。在联邦范围内，FTCA 适用于电子商务企业，并已用于禁止企业实施不公平地损害客户的网络安全措施。许多州也同样实施了总体网络安全法。无论当地法规如何，美国几乎所有司法管辖区都对网络安全问题采用“合理的安全”标准（这是相对的和比例的，而不是规定性和确定性的）。美国国家标准与技术研究院（National Institute of Standards and Technology，NIST）于 2018 年 4 月发布了《改善关键基础设施网络安全框架》。该框架自 2020 年年初以来一直没有更新，但仍被广泛认为符合“合理的安全”标准。在实践中，这确实可以被视为一个“商业上合理”的标准。在联邦层面，对于包括金融科技公司在内的金融机构，《格雷姆—里奇—比利雷法案》要求，采取适合金融机构规模和复杂性及其活动性质和范围的网络安全措施（这可以追溯到上文讨论的“商业上合理”标准）。对于医疗保健行业，《健康保险可携带性和责任法案》要求采取合理的安全措施。《儿童在线隐私保护法》要求收集儿童个人信息或与儿童有关的个人信息的企业采取安全措施来保护此类数据。《萨班斯—奥克斯利法案》适用于上市公司，其包含与数据安全、完整性和监督相关的规定。

（三）平台监管

在美国运营的科技公司对在线内容和内容审核做法的监管一直受到限制。这是由于塑造美国在线言论自由的两个主要法律框架：美国《宪法第一修正案》和《通信规范法》（Communications Decency Act，CDA）第230条。《宪法第一修正案》概述了个人的言论自由权，并防止政府侵犯这一权利。互联网平台能够制定自己的内容政策和行为准则。CDA第230条规定了与美国用户生成内容相关的中介责任保护，赋予科技公司以广泛豁免权，规定交互式计算机服务的任何提供者或用户均不得被视为其他信息内容提供者提供的任何信息的发布者或发言人。因此，公司能够在不承担责任的情况下审核其平台上的内容。换言之，即使言论受到宪法保护，网络平台也可以自由地监管他们的网站，并限制他们认为不适当的内容。如果用户发布非法内容，这可以保护平台免受诉讼，尽管侵犯版权、与性工作相关的材料和违反联邦刑法也存在面临诉讼的例外。需要注意的是，CDA第230条是美国法律所独有的，欧洲国家、加拿大、日本和绝大多数其他国家都没有类似的法规。

（四）数字贸易

《美国、加拿大和墨西哥协定》（USMCA）中有一章专门讨论数字贸易。在实践中，USMCA旨在确保数据可以跨境传输，最大限度地减少对数据存储和处理地点的限制，并确保供应商在使用电子认证或电子签名时不受限制。2022 年贸易执法重点报告显示，USCMA 的执法是当前的优先事项，鉴于电子商务零售额的持续增长，有理由假设其中包括数字贸易条款。

第二节　其他一些国家数字经济法律发展

一、力图通过立法改善数字化进程的日本

与电子商务有关的主要法律文书是《关于电子消费者合同及电子承诺通知的民法特别规定法》(《特别规定法》)、《特定商业交易法》和《特定电子邮件传输管理法》。《特定电子邮件传输管理法》还禁止电子商务经营者发送垃圾邮件。《消费者合同法》禁止电子商务经营者在其服务条款中加入过分不利的条件。此外，一些知识产权法律可能适用于与互联网相关的问题。

《个人信息保护法》是日本数据保护的主要法律，于 2020 年和 2021 年进行了修订。除部分条文外，2020 年修正案已于 2022 年 4 月 1 日生效。2020 年修正案是日本政府根据 2015 年修正案的规定每 3 年审查一次法律制度的政策的后续行动，2015 年修正案于 2017 年 5 月 30 日全面生效。2020 年修正案对该法进行了改革，以加强对可能通过个人信息识别的委托人的权利的保护，以及日本个人信息保护委员会的监督和执法权。修正亦旨在促进社会对资料的运用。

2014 年 11 月颁布的《网络安全基本法》为网络安全提供了基本的法律框架。除其他事项外，该法为国家和地方政府加强网络安全的责任和政策提供了基本框架。此外，该法还要求，关键信息基础设施运营商（如金融机构、铁路运营商、航空公司、其他运输运营商以及公用事业提供商）和网络运营商（如电信网络运营商）在自愿和主动的基础上加

强网络安全，并与国家和地方政府合作采取措施加强网络安全。在支持社会基础设施的行业方面，根据《网络安全基本法》（促进关键基础设施运营者网络安全等）第14条的规定，定期制订关键基础设施网络安全行动计划，以确保网络攻击不被忽视，政府机构和相关基础设施运营商一直做好应对网络攻击的准备。鉴于此，经济安全立法咨询小组（顾问委员会）于2022年2月发布了《经济安全立法建议》。为了应对这一趋势，2022年5月11日制定的《经济安全保障促进法》引入了一种制度，即政府在基础设施公司引进重要设备（包括系统）时进行初步审查。

经济产业省在其网站上发布了《电子商务和信息财产交易解释指南》。该指南每年或每隔几年更新一次，其覆盖范围也有所扩大。该指南包含将《民法典》《消费者合同法》《特别规定法》《特定商业交易法》的规定适用于电子商务的方法，包括修改服务条款、未成年人保护、与互联网拍卖服务相关的各种问题和人工智能扬声器的说明。此外，该指南还涵盖了知识产权法的适用，包括《版权法》《商标法》《管理广告问题的景品表示法》，以及其他与互联网相关的法律，适用于电子商务企业。

日本国会2021年通过了3项促进“数字社会”的法律。2021年5月19日在《官方公报》上公布的法律是《数字社会形成基本法》（2021年第35号）、《数字厅设置法》（2021年第36号）和《数字社会形成相关法律调整法》（2021年第37号）。尽管日本拥有先进的互联网基础设施和世界第七高的互联网用户数量，但它在2020年管理发展研究世界数字竞争力排名中仅列第27位。数字化步伐缓慢的原因之一是国家政府IT系统不够健全。此外，许多行政应用程序无法在线完成，这进一步阻碍了数字化步伐的加快。尽管政府在2001年启动了使人们能够在线提交行政程序文件的计划，但目前超过80%的行政程序已被抛在后面。为了解决这一问题，日本内阁促进了政府信息系统的整合，并促进了与私营系统的合作。

根据《数字社会形成基本法》的规定，“数字社会”，是指用户通过互联网等先进的信息通信网络，在全球范围内自由、安全地获取、共享或传播各种信息或知识，并通过利用信息和尖端技术正确有效地利用多样化和大量信息，实现各个领域充满创造性和活力的发展的社会。《数字社会形成基本法》包含数字社会形成的基本方针和措施，国家政府、地方政府和企业的责任，建立数字机构，以及制订优先计划。国家政府负责制订和实施形成数字社会的措施。

根据《数字厅设置法》的规定，数字机构于2021年9月1日正式营业。该机构招聘约500名官员，包括从商业部门招聘的IT工程师。该机构的职责是迅速执行与形成数字社会有关的行政事务。日本内阁于2020年12月敲定了《数字政府行动计划》，数字机构实施该计划。

该计划中提出的重要任务之一，是确保大多数日本居民获得个人编号（IN）卡，并扩大IN卡的使用范围。2021年10月之后，人们能够将IN卡用作健康保险卡。该计划列出了其他卡功能，如用作居留卡和学生卡，已经添加到IN卡中。另一项重要任务是利用云服务建立与新技术兼容的信息系统。此外，政府将通过进一步整合和聚合各部委和机构独立开发和运营的信息系统和数据，加强IT治理，集中管理，加强安全性并降低运营成本。《数字社会形成相关法律调整法》修改了多项法律，使上述两部法律得以实施。

二、探索数字经济综合立法的印度

2023年通过的《数字印度法案》预计将成为印度最新的立法和法律框架，用于规范该国的在线环境和数字数据保护政策。2000年颁布的《信息技术法案》，已经进行了多次修正，试图定义其监管的数字空间，同时试图更加强调数据处理政策。然而，由于《信息技术法案》最初只是为了保护电子商务交易和定义网络犯罪，因此它没有充分处理当前网络安全环境的细微差别，也没有解决数据隐私权问题。如果不对数字法律进行全面改革,《信息技术法案》将无法跟上日益复杂和日益严重的网络攻击速度。根据电子和信息技术部部长拉吉夫·钱德拉塞卡(Rajeev Chandrasekhar)的说法,《数字印度法案》的目标是“促进更多创新、更多初创企业的发展,同时在安全、信任和问责制方面保护印度公民,成为印度经济的催化剂”。

《数字印度法案》将是印度历史上最重要的 IT 立法,并可能在未来 10 年或 20 年内管理整个国家的数字法律。通过这项新法律,该国希望其数字法律面向未来,并使企业能够在全球范围内竞争。此外,印度政府还试图让尽可能多的利益相关者(公民)参与到《数字印度法案》当中,就相关问题进行咨询,以确保该规则和框架至少在未来 10 年内在该国实现全面的 IT 生态系统。

印度议会计划实施《数字印度法案》以及最初于 2022 年 11 月提出的 2022 年《数字个人数据保护法案》。这两项立法相互配合,《数字个人数据保护法案》只关注印度的个人数据处理。该法案的目的是解决“以承认个人保护其个人数据的权利和出于合法目的处理个人数据的必要性的方式处理数字个人数据”。2022 年《数字个人数据保护法案》与 GDPR 相比,该法案的重点是规范用户隐私、用户同意和数据处理。

《数字印度法案》是一个更大框架的一部分,该框架规范了数字世界的各个方面,而不仅仅局限于数据处理政策。然而,随着立法的不断修订,它代表了印度向前迈出的重要一步:除围绕数据和信息安全的全新立法框架外,《数字印度法案》还强调了以下领域:

第一,围绕 5G、物联网设备、云计算、元宇宙、区块链和加密货币等新技术制定新法规。印度正在接近世界上互联网连接最多的国家的门槛,因而《数字印度法案》旨在围绕当今社会最新、最相关的技术制定新的法规,借助云、物联网设备和社交媒体等关键业务技术,通过新技术解决安全和隐私问题。

第二,将在线中介机构重新分类为单独的类别,而不是一个通用的中介标签，每个中介机构都有自己的一套法规。《数字印度法案》将所有在线中介机构分为不同类别，例如，服务提供商（CSP）、社交媒体平台、互联网服务提供商、元宇宙、OTT 提供商、在线游戏等。该法案还旨在任命一个监管机构，对违反规则的行为进行处罚。

第三，取消在线中介机构因第三方故意提供错误信息或其他内容违规而享有的“安全港”豁免权。过去，社交媒体平台等在线中介机构被赋予“安全港”的法律豁免权，有效地保护他们免受发布在各自平台上的第三方内容的影响。然而，由于中介机构获得了豁免权，他们往往缺乏对第三方内容的审核和不删除违规内容。根据《数字印度法案》的规定，每个中介类别都将受到新法规的约束，重点关注事实核查，以防止错误信息或滥用数据。此外，这些平台将对其网站上发生的任何内容违规或网络犯罪负责。现在，这些平台不再依赖政府标记这些违规行为，而是承担了审核和删除不允许的内容的法律义务，包括脸书和推特等主要社交媒体公司。

第四，制定有关人工智能和机器学习技术的数字标准和法律。随着人工智能和机器学习技术不可避免地渗透到企业中，《数字印度法案》希望通过关注一个主要方面来领先于这一浪潮——问责制。尽管人工智能在构建和创新方面拥有无限的机会，但它也代表了滥用和伤害的新途径。保护用户安全和隐私将继续成为《数字印度法案》的核心，该法案希望充分解决和监控当今世界人工智能的使用。

第五，将网络欺凌、身份盗用和未经同意擅自共享个人信息定为刑事犯罪。根据《数字印度法案》的规定，印度电子和信息技术部计划将新形式的网络犯罪，如网络欺凌、冒充、身份盗窃、身份欺诈、人肉搜索和恶意未经授权共享个人信息归类为新的刑事犯罪。

第六，规范广告技术公司对内容创作及其创作者的货币化。为了帮助建立印度内容创作者及其数字平台，《数字印度法案》希望重新审视大型广告技术公司与其对货币化和收入分享的控制之间的不成比例的关系。随着亚马逊和谷歌等全球广告技术公司主导广告领域，印度内容创作者很难就收入分成进行谈判并在全球范围内获得知名度。

第七，消除数字空间（大型科技公司）的垄断，允许本地初创公司的公平竞争，并为用户提供更多选择。在监管大型广告技术公司的类似背景下，《数字印度法案》希望防止大型科技公司对数字空间的统治。由于印度的数字政策在很大范围上不受监管，许多本地和外国初创公司被劝阻进入印度科技领域。印度政府希望挑战大型科技公司的控制，并允许小型企业开始建立基础设施和小型电子商务空间。

三、尝试数字经济立法创新的澳大利亚

在澳大利亚，法律和普通法原则都包含在数字经济的法律义务和要求中。可能特别相关的立法包括：（1）2001 年《公司法》。除其他事项外，该法规定了在澳大利亚开展业务时可能使用的公司结构、经营公司的规定、有关企业名称的义务、董事职责、股东保护、报告和其他公司治理事项。（2）2010 年《竞争和消费者法》。该法规定了竞争、公平交易和消费者保护，旨在防止反竞争行为。（3）1988 年《隐私法》。该法规定了个人信息的收集、使用、披露、安全和其他处理以及与个人信息有关的权利。（4）2003 年《垃圾邮件法》。该法禁止发送未经请求的商业电子信息，并规定了发送电子信息的同意和其他要求。（5）2021 年《在线安全法案》。该法案规范了有害的在线材料，如网络欺凌材料或未经同意共享的私密图像。它还引入了基本的在线安全期望，并规定了行业规范的制定，以规范某些类型的有害在线内容。上述法律还辅之以包含细节的法规，以协助立法的实施。

2019 年7 月，澳大利亚竞争与消费者委员会（Australian Competition and Consumer Council，ACCC）发布《数字平台调查最终报告》。该报告旨在探讨网上搜索引擎、社交媒体及数码内容聚合商（数码平台）对媒体及广告服务市场竞争的影响。《数字平台调查最终报告》包含 23 项

建议，涉及以下事项：在 ACCC 内成立一个特别的数字平台部门，以监督潜在的反竞争行为，进行查询和调查，并在有需要时采取执法行动。建议对广告和媒体机构提供广告技术服务和在线广告服务的竞争进行单独调查。一项提案，指定数字平台制定并实施管理其与新闻媒体企业关系的行为准则，由澳大利亚通信与媒体管理局（Australian Communications and Media Authority，ACMA）批准和执行。拟议引入版权侵权的强制性删除代码，由 ACMA 根据《电信法》的规定强制执行，该法管理在澳大利亚运营的数字平台的删除流程。

作为联邦政府对调查结果的回应的一部分，2020 年 2 月，ACCC 被指示进一步调查以下两项内容：一是数字广告服务调查，以审查数字广告技术服务和数字代理服务供应的竞争；二是数字平台服务调查。用于审查数字平台服务、数字平台的数字广告服务以及数字平台和数据经纪人的数据实践。审查将在 5 年内进行。

2022 年 11 月，ACCC 在其数字平台服务调查中发布了第五份中期报告——《数字服务报告》。《数字服务报告》建议，采取一系列措施，以解决数字平台对消费者、小企业和竞争的明显危害。ACCC 对数字平台的一系列行为表示担忧，如自我偏好、搭售和拒绝访问重要的硬件软件和数据输入。在竞争法方面，监管机构提出了一项新的权力，为“指定”的数字平台制订强制性的、针对特定服务的行为准则。每个准则都将针对一种独特的数字平台服务类型，并将含有针对性的义务，以解决诸如反竞争、自我偏好或搭售等令人关切的问题。

澳大利亚政府现已启动咨询，以考虑是否需要按照 ACCC 的建议，为数字平台建立新的竞争和消费者保护监管框架。2023 年 2 月，联邦司法部发布了《隐私法审查报告》。该报告包含对《隐私法》进行的 116 项具体修改建议。如果实施，这些提案将彻底改变澳大利亚的隐私格局，并对所有收集、处理、使用和披露个人信息的组织产生重要影响。

第三节　形成中的国际数字经济规则

一、国际数字经济规则的焦点

21世纪以来，特别是近10年来，许多国际主要论坛和组织纷纷将数字经济作为重要议题列入议事日程，在讨论协商的基础上发表联合倡议和声明。这些丰硕成果体现了与会方在数字经济治理方面的共识和愿景。例如，G20是占全球经济主体的20个经济体之间的非正式对话机制，许多成员也在引领数字经济的发展。此前的G20会议讨论了数字税收、人工智能、数字基础设施、消费者保护、电子商务等问题，并发表了《二十国集团数字经济发展与合作倡议》等多项联合声明。2016年G20杭州峰会期间发布的《二十国集团数字经济发展与合作倡议》，鼓励G20成员促进信息通信技术投资，促进电子商务合作，增强数字包容性，支持制订和使用国际标准。该倡议指出，G20欢迎并鼓励联合国等国际组织为跨境数据流动和物联网等问题制定更好的衡量标准，鼓励成员交流决策和立法经验，分享最佳实践。

我国参与的另一个主要国际合作机制是亚太经济合作组织（Asia - Pacific Economic Cooperation，APEC）。在APEC下，成立了一个专门的数字经济指导小组，组织成员之间就数字基础设施、数据流动和数字贸易等主题进行讨论。截至2023年年中，该指导小组已达成《亚太经济合作组织数字经济统一框架》和《亚太经济合作组织贸易和数字经济政策实施声明》等成果。《亚太经济合作组织数字经济统一框架》提供了不具约束力的原则和战略性建议，为各成员制定保护其数字经济和数字未来的政策和监管框架提供参考。该框架鼓励成员经济体考虑4项原则：意识、责任、合作和隐私。该框架还提出了7项实施战略，包括数字安全风险管理、弹性关键信息基础设施、加强协作和个人数据安全等内容。

这些倡议和声明通常在总结经验和建立共识的基础上为成员提供建议，虽不是制定具有约束力的规则，但却在主要国际论坛和组织上达成数字经济相关文件，在形成讨论议程、形成共同愿景方面发挥着重要作用，有助于促进参与数字经济的国家和地区之间就相关议题进行磋商和谈判，并逐步将提案和愿景发展为具有约束力的国际条约。不同国家和地区通过其他渠道谈判并缔结了数字经济国际协议。在 2017 年 12 月举行的第十一届世贸组织部长级会议上，71 个世贸组织成员发表了《关于电子商务的联合声明》，宣布为今后的电子商务谈判开展探索性工作。随后，76 个世贸组织成员于 2019 年 1 月共同启动了电子商务谈判。2021 年 12 月，包括中国在内的 86 个世贸组织成员参加了谈判，成员贸易额占全球贸易额的 90% 以上。电子商务谈判涵盖多个议题，包括贸易便利化、数码产品和资讯流动、设施本地化、源代码、加密产品和网络安全等。在主要国家就相关议题提交提案后，谈判各方于 2020 年 12 月 7 日分发了现阶段电子商务谈判的合并文本。

随着数字经济的快速发展，尽管各国存在显著差异，但全球网络和市场已经相互联系，数字经济的全球治理日益受到国际社会的关注。对此，世界主要经济体通过多种平台和渠道积极提升数字经济治理的优先次序，包括：

（1）电子商务便利化，包括电子签名和电子认证技术、电子支付服务、无纸化交易和消费者保护的相互认可；

（2）个人信息保护，包括个人信息保护的途径、标准和互认渠道，个人信息跨境流动的限制，以及相关例外的可用性；

（3）数字产品的待遇，包括对跨境数据传输的关税和对来自不同国家的数字产品的非歧视待遇；

（4）跨境数据流动，包括对跨境数据流动的限制和相关例外的可用性；

（5）计算设施的位置，包括是否要求在一国使用的计算设施位于该国，以及是否有相关例外情况；

(6) 网络安全保护，包括网络安全保护的监管模式和跨境合作机制等；

(7) 密码算法和源代码，包括是否要求公司提供其销售的软件的源代码或密码算法，以及是否需要特定的密码算法。

二、数字经济主要协定

众多成员参与的世贸组织诸边电子商务谈判，既具有代表性和包容性，也存在立场多、意见分歧、协调困难、进展缓慢等问题。因此，随着数字经济的快速发展，各国也在积极寻求数字经济治理中“志同道合”的伙伴，谈判缔结区域和双边国际协议，力求在符合各自需求、符合自身标准的规则上取得突破并达成一致。

2021 年 11 月 1 日，中国商务部部长王文涛致信新西兰贸易和出口增长部长奥康纳，代表中方向 DEPA 保存方新西兰正式提出申请加入 DEPA。11 月 4 日，中国国家主席习近平以视频方式出席第四届中国国际进口博览会开幕式并发表主旨演讲。国家主席习近平强调，“中国将深度参与绿色低碳、数字经济等国际合作，积极推进加入《全面与进步跨太平洋伙伴关系协定》、《数字经济伙伴关系协定》”。DEPA 包括 16 个模块：初步规定和一般定义、商业和贸易便利化、数字产品及相关问题的处理、数据问题、广泛的信任环境、商业和消费者信任、数字身份、新兴趋势和技术、创新与数字经济、中小企业合作、数字包容、联合委员会和联络点、透明度、争端解决、例外和最后条款。

CPTPP 是一个区域自由贸易协定，设定了相对较高的标准。它由美国主导的 TPP 发展而来。在美国退出 TPP 之后，原 TPP 的 11 个缔约方签署了 CPTPP，CPTPP 基本吸纳了 TPP 的规则。2018 年 12 月 30 日，CPTPP 在首先完成国内批准程序的 6 个签署国（澳大利亚、加拿大、日本、墨西哥、新西兰和新加坡）以及随后对越南和秘鲁生效。CPTPP 将电子商务规则纳入指定章节，除对贸易便利化、个人信息保护、消费者保护等传统议题的规则外，还对数据跨境流动、计算设施本地化、电子传输零关税、数字产品非歧视待遇等方面制定了规则。2021 年 9 月 16 日，中国已正式提交加入 CPTPP 的申请。

近年来，数字经济国际规则制定也呈现专业化趋势，相关国家和地区之间缔结的专门针对数字经济治理的协定越来越多。此外，在双边层面，《英国—新加坡数字经济协定》（UK Singapore Digital Economy Agreement，UKSDEA）和 UJDTA 等协定也专门针对数字经济问题。这一趋势也表明，数字经济治理在国际经贸关系中发挥越来越重要的作用，受到各国的高度重视和积极推动。

三、我国缔结的国际协定中的数字经济规则

作为数字经济大国，我国近年来也积极参与和引领了数字经济的全球治理。迄今为止，中国已谈判签署了若干国际经贸协定，包括《中澳自由贸易协定》《中韩自由贸易协定》《中国—毛里求斯自由贸易协定》等。这些协定规定了各方在电子商务监管框架、电子认证和数字证书、网络消费者保护、网络数据和个人信息保护、无纸化交易和电子商务合作等多个数字治理领域的权利和义务，反映了中国在数字经济国际规则方面的主要关切和基本方针。

与上述双边协议相比，我国于 2020 年 11 月 15 日签署并于 2022 年 1 月 1 日生效的 RCEP 涵盖了数字经济和电子商务领域更广泛的前沿议题，如在公共政策和国家安全考虑下数据自由跨境流动，而不是计算设施原则上不国产化。RCEP 的缔结和生效反映出，我国在制定数字经济治理国际规则方面又迈出了重要步伐。然而，我国已经缔结的国际经贸协定与我国计划加入的其他国际协定中的数字经济规则仍存在较大差异。具体而言，我国现有协议中关于数字经济的规则通常侧重与传统商品和服务贸易密切相关的话题，如电子商务便利化和消费者保护，而不是与

“纯”数字经济相关的问题，如跨境数据流动、计算设施的位置、密码产品和源代码。在某些协议中，涉及跨境数据流动和计算设施的非本地化等问题时，这些规则往往只规定基本原则而没有规定可执行的规则，给缔约方留下了较大的自由裁量空间。

由于这些差异，在加入 CPTPP 和 DEPA 的过程中，我国在跨境数据流动、数字产品的非歧视待遇、计算设施国产化等方面，可能面临更大的挑战。谈判者和政策制定者需要在安全和效率之间取得平衡，同时兼顾监管者、企业和消费者的利益，以实现与其他国家共同促进数字经济健康有序发展的目标。随着数字经济成为全球经济的重要组成部分和新的增长动力，治理国际合作的必要性也日益凸显。对此，参与数字经济的主要国家和地区在国际舞台上积极提出自己的数字经济治理方案，逐步形成多规则新型相互关联、交织互通的体系。近年来，除签订一系列纳入数字经济规则的国际经贸协定外，我国还决定加入其他数字经济相关协定，这些协定涉及的问题范围更广，对数字经济的纪律更加严格，如 DEPA 和 CPTPP。加入这些高级别协定将为中国提供机会，进一步完善其国内立法、扩大市场准入，并释放数据作为其经济中的关键生产要素。同时，我国在加入这些协定时提出自己的建议，妥善平衡数据跨境流动、国家监管和数据安全之间的关系，积极参与多边、区域和双边规则的制定也很重要。

以金砖合作机制为例，近年来，金砖各国纷纷提出数字经济发展的战略规划及政策措施，包括《金砖国家数字经济伙伴关系框架》、《俄联邦数字经济发展 2035 规划》、《巴西数字政府战略》、《南非国家数字及未来技术战略》、中国《“十四五”数字经济发展规划》、《印度“数字印度”战略规划》等，在数字经济领域合作方面取得了一定的成效。金砖各国积极增加在数字基础设施领域的投入，拓宽数字技术应用场景，加强在数字基础设施领域的合作。近年来，我国对数字基础设施建设进行综合部署，已经建成全球最大规模的 5G 网络。鉴于在数字基建领域的超前性，我国也积极帮助其他金砖国家完善数字基础设施建设，我国企业纷纷与金砖国家当地信息通信企业合作，帮助制订数字基础设施解决方案。金砖合作机制建立以来，我国与其他金砖国家借助一些官方机构以及非政府机构积极推动数字经济合作，通过召开领导人峰会、金砖国家外长会晤、金砖国家财长和央行行长会议、金砖国家科技创新部长级会议、金砖国家工业部长会议等为数字经济合作提供政策思路；通过举办金砖国家工商论坛、金砖国家青年科学家论坛、金砖国家可持续发展大数据论坛、金砖国家工业互联网与数字制造发展论坛、中俄数字经济高峰论坛、中俄数字经济创新合作论坛、中非合作论坛等积极探讨数字技术在农业、制造业、服务业、政务服务等领域的运用。金砖国家积极探索中国与其他金砖国家在政策协调、人才培养、项目开发等领域的合作。特别是《金砖国家制造业数字化转型合作倡议》就凝聚数字化发展理念和建设通达的数字基础设施等达成了 10 点共识。

四、中国立法与国际实践

根据相关国际组织及国家的数字经济立法可以总结出以下经验：

其一，立法需要前瞻性。立法需要能够包容可预见未来的新技术和新业态，并提供基础框架和监管路线，引导新生技术和业态增益国家战略和总体布局。

其二，立法需要及时性。为因应数字经济快速发展的基本形态，相关立法进程也需要提速，以有为政府促进有效市场，防范和化解风险，积极培育和促进数字经济健康发展。

其三，立法需要系统性。数字经济呈现系统性和生态化的基本趋势，特别是数据成为连通整个数字经济基本架构的重要生产要素，数字经济立法需要在整体层面应对社会经济变革浪潮。因此，需要完善自身的系统性，在具体领域完善部门立法的同时，需要制定基础性和纲领性的总括法律，既有的其他立法也需要随之加以革新和调整。

第十二章

数字经济立法顶层设计

习近平总书记强调指出，要“加快数字经济、互联网金融、人工智能、大数据、云计算等领域立法步伐”。我国应立足中国式现代化，面对全球竞争格局，着力提高我国数字经济治理体系和治理能力现代化水平。要着眼立法全局性和系统性、前瞻性和战略性、针对性和有效性，在既有立法成果的基础上，按照系统思维，加强顶层设计，完善数字经济立法，解决实际问题，做强做优做大我国数字经济。

第一节　多层次的数字经济立法

完善数字经济立法是数字经济健康发展的重要保障。数字经济已经成为经济增长的新动能，但也带来了一系列新的问题和挑战。需要优化既有的法律，积极根据社会现实需求制定新的法律，因应现实问题，明确各方责任和义务，促进数字技术的创新和应用，维护数字市场的公平竞争秩序，① 推动数字产业化和产业数字化，引导促进数字经济整体健

① 参见杨东：《论反垄断法的重构：应对数字经济的挑战》，载《中国法学》2020 年第 3 期。

康有序发展。数字经济立法有助于中国在全球数字经济治理中发挥更加积极的作用，并引领国际规则的制定。

多层次数字经济立法是完善立法的重要路径。多层次数字经济立法，是指针对数字经济的不同领域、不同层面和不同主体，制定相应的法律法规和政策措施，以构建全面、系统、协调的数字经济法律体系，以更好地适应数字经济的快速发展与变革，保障数字经济的健康发展，促进经济社会的数字化转型。

基础类立法：针对数字经济的一般规则、基础设施建设、数据要素治理、信息安全等方面，制定基础类的法律法规，为数字经济的健康发展提供基础保障。随着大数据、云计算等技术的快速发展，数据已成为数字经济的核心资源。基础类立法需要明确数据的利益分配与激励、使用规则、交易规则等，同时加强隐私保护，防止数据泄露和滥用。数字经济依赖通信网络、数据中心等基础设施高效稳定运行。因此，基础性立法需要规范基础设施的建设、运营和维护，确保其安全、可靠、高效地为数字经济服务。

促进类立法：数字经济需要国家采取积极措施以有效地推动和激励，法律的促进功能在数字经济发展中发挥重要作用，完善促进类立法以鼓励创新和技术进步，推动相关产业和领域的融合发展。通过制定税收优惠、资金扶持等政策，鼓励企业和个人在数字经济领域进行创新活动，推动新技术、新产品的研发和应用。通过立法促进数字经济与实体经济、传统产业之间的融合发展，推动数字化转型和智能化升级，培育新的经济增长点，为数字经济的发展创造良好的法治环境，提供政策支持和引导。

产业类立法：针对数字经济的不同产业领域，如电子商务、数字金融、人工智能等，可以制定相应的产业性法律法规，规范产业发展秩序。在制定产业类立法时，需要充分考虑相关产业的发展需求和实际情况，确保立法的针对性和有效性。例如，优化既有的电子商务法律，适应不断变化的电子商务业态；调整既有的金融法律，从一般规则上包容数字金融发展，并有针对性制定专门的数字金融监管规则，在鼓励创新的同时，管控风险；因应人工智能的发展和可能的风险，加强制度供给，专门制定人工智能领域的新立法，将新生事物融入整体法律秩序中。在一般性的监管和促进法之下，产业类立法还需要针对特定产业的发展特性、发展阶段和主要“瓶颈”，制定相应的风险治理与促进扶持条款，推动相关产业的创新发展和安全可控，提升整个数字经济的竞争力和发展水平。

主体类立法：针对数字经济的不同主体，如数字平台、数据主体、消费者等，制定相应的主体性法律法规，保障主体合法权益，明确各方权利义务。主体类立法需要规范数字平台的市场行为，促使其提供公平、透明和高效的服务，并明确其在数据保护、隐私安全等方面的责任和义务。一些符合元平台要件的数字平台还应承担额外的公共性责任与社会性义务，发挥其经济效果和社会职能。主体性立法还可以从促进数据要素价值的实现角度，明确数据主体的数据责任与权益,① 通过正向激励与反向规制，促进数据的流动和利用，实现数据要素价值。② 主体类立法还应当加强用户（消费者）权益保护，规范市场主体的经营行为，抑制欺诈和虚假宣传等恶性伤害用户（消费者）合法利益的行为发生。面对 Web3. 0 时代，应当积极探索用户（消费者）中心的新法律制度。③ 数字经济领域涌现出大量的新兴业态和经济主体，需要明确市场准入条件、竞争规则等，维护公平竞争的市场环境，防止垄断和不正当竞争

① 参见黄尹旭：《平台经济用户的责任规则重构——基于未授权支付的研究》，载《华东政法大学学报》2022 年第 3 期。

② 参见杨东、白银：《数据“利益束”：数据权益制度新论》，载《武汉大学学报（哲学社会科学版）》2024 年第 1 期。

③ 参见黄尹旭：《Web3. 0 时代重构竞争法治的开放和统一》，载《东方法学》2023 年第 3 期。

行为。

监管类立法：针对数字经济的监管问题，制定相应的监管性法律法规，明确监管职责、监管方式和监管标准，保障数字经济的规范有序发展。随着数字经济的迅猛发展，各种新业态、新产业不断涌现，给传统监管模式带来了巨大的挑战。监管性立法在数字经济中扮演至关重要的角色，针对数字经济的监管问题，制定相应的法律法规，以明确监管职责、监管方式和监管标准，从而保障数字经济的规范有序发展。需要加强技术驱动型监管，积极在监管中应用区块链、人工智能、大数据等技术，① 并确定监管方式和标准，为数字经济提供清晰、稳定的监管环境，有助于引导合规经营，促进市场公平竞争，维护消费者权益。监管性立法应及时调整和完善，以适应新的形势和需求。此外，还应加强国际合作，提高我国的数字经济监管水平，为世界数字经济健康发展提供中国经验和中国模板。

第二节　系统性数字经济立法体系

“一典五法”组成当前数字经济的主要法律基础，以网络空间主权、网络安全和信息化发展并重、网络利益相关者共同治理为指导原则，旨在明确网络安全、数据安全、个人信息保护治理目标，完善网络安全监管体制，全面提升关键信息基础设施的安全保障能力。但与此同时，数字社会的治理难度不断上升，一些问题日渐暴露，传统法律还不足以支撑相关问题的解决。以“一典五法”为代表，我国虽然通过立法解决了数据信息与网络安全保障问题，但对于数据价值实现的关键性问题，数

① 参见杨东：《监管科技：金融科技的监管挑战与维度建构》，载《中国社会科学》2018 年第 5 期。

据产权、数据流通交易、收益分配及数字资产等围绕数字技术创新所引发的新型法律问题都尚待进一步解决。

规制理念近年来发生变化，在当下，普遍存在对非典型规制者及规制措施的依赖、传统上作为规制对象的主体之间形成准规制关系、规制日渐强调效率的重要性、规制的广度前所未有地扩张等新情况，① 跨国层面和超国家层面的规制兴起也是为了处理数字经济市场的复杂性和超时空性。② 此外，在数字经济时代公共服务和关键基础设施私有化的世界中，对公共产品的私人供给者的规制已成为社会上日益关注的问题，公共产品的私人供给者已敦促协调规制方法以降低其合规成本。越来越多的制度碎片化使规制决策的正式和明确的规则变得更加重要，这种趋势受到经济参与者日益增长的社会异质化和国际化的推动，以及更广泛地依赖规制来构建参与者之间的关系。③

在磨合和适应中发展的“回应型规制”代表规制发展的趋势，回应的核心在于“适应”，而非“压制”。④ 不应动辄提出所谓的“强监管”和“运动式监管”来面对新生事物。同时，还应强调以问题为中心的规制范式。以问题（规制挑战）为中心的规制模式强调将解决问题置于规制策略的中心，以解决问题的思路区分规制的阶段：准确定义问题；确定如何衡量影响；制定解决方案或干预措施；实施计划；监督、审查和调整计划。以问题为中心的规制模式之核心是选择最重要的任务，然后

---

① See John Braithwaite, *Regulatory Capitalism: How it Works, Ideas for Making it Work Better*, Edward Elgar Publishing, 2008, p. 41.

② 参见高秦伟：《跨国私人规制与全球行政法的发展——以食品安全私人标准为例》，载《当代法学》2016 年第 5 期。

③ See Robert Baldwin, Martin Cave & Martin Lodge, *Understanding Regulation: Theory, Strategy, and Practice*, Oxford University Press, 2013, p. 376.

④ 参见邓峰：《公司合规的源流及中国的制度局限》，载《比较法研究》2020 年第 1 期。

决定重要的工具，而不是决定重要的工具再去选择适合的任务。① 重要的是制订一个可接受的方案，以检测和识别实现规制目标的关键风险，并确定关键风险创造者。②

系统化的规制，不仅可以由国家进行，数字平台、公共利益团体、专业团体和行业协会等准规制者都可以参与其中。③ 法律应当允许在某些情况下可能比国家控制更容易应用、成本更低、影响更大的非国家形式的控制工具（如平台自律规则）。在设计、应用和发展规制体系时，规制者需要调整他们的策略，而非适应被规制者的行为。规制者需要关注数个核心要素：规制对象的行为、态度和文化；规制的制度设置，国家和社会的需求；不同规制工具和策略之间互动的不同逻辑。④ 考虑规制对象的行为、态度和文化涉及影响规制对象对规制的处置和反应。这些将包括规制对象对规制和合规的总体态度；规制对象在市场上的声誉和地位；规制对象内部认知和规范操作框架；规制对象特殊的权力结构。⑤ 规制系统的建构需要考虑数字经济中主体、系统和环境的广泛互动。规制制度的设置涉及规制者所处的组织规范、认知和资源分配结构，这包括规制者本身的制度角色、享有的资源和国家宏观布局的需求。规制者的行动在很大程度上取决于该机构与其他组织（尤其是其规制政府

① See Malcolm K. Sparrow, *The Regulatory Craft: Controlling Risks, Solving Problems, and Managing Compliance*, Brookings Institution Press, 2000, p. 192.

② See Malcolm K. Sparrow, *The Regulatory Craft: Controlling Risks, Solving Problems, and Managing Compliance*, Brookings Institution Press, 2000, p. 133.

③ See Neil Gunningham, Peter Grabosky & Darren Sinclair, *Smart Regulation: Designing Environmental Policy*, Oxford University Press, 1999, p. 46; Julia Black, *Rules and Regulators*, Oxford University Press, 1997, p. 141.

④ See Robert Baldwin, Julia Blackm, *Really Responsive Regulation*, 71 The Modern Law Review 59, 62 - 65 (2008).

⑤ See John Braithwaite, *To Punish or Persuade: Enforcement of Coal Mine Safety*, SUNY Press, 1985, p. 51.

部门）之间资源、权力和责任的分配。① 国家和社会的需求是规制者享有的权力和资源服务的目标，也是规制的最终所指。对于规制数字经济来说，就要服务国家数字经济发展、互联网空间治理和制止资本无序扩张、实现共同富裕等重大战略。

系统性数字经济立法体系需要遵循一系列基本原则：

首先，系统性数字经济立法体系要坚持协调一致。数字经济涉及多个层级，包括国家、地区、行业和企业等，需要确保不同层级的法律法规之间保持协调，避免出现矛盾和冲突。国家层面的立法应与地方层面的实施细则相协调，确保政策的连贯性和一致性。数字经济涉及多个部门和领域，如通信、电子商务、数据安全等，需要确保不同部门之间的法律法规相互协调，并形成合力，共同制定和实施相关政策措施。随着数字技术的不断发展和应用，数字经济与其他领域的融合越来越深入，需要充分考虑数字经济与其他领域的相互关系，确保法律法规的跨领域协调性。在制订与数字经济相关的竞争政策时，需要协调好与产业政策、创新政策等的关系。还应确保各项法律法规的立法目标保持相对一致，促进数字经济各领域的整体健康、互相兼顾和可持续发展，形成一个统一、明确的政策导向，引导企业和个人在数字经济领域合规经营、创新发展。数字经济法律法规应形成一个有机统一的法律体系，各项法律法规之间应相互衔接、相互补充，避免出现法律空白和漏洞，为数字经济的发展提供全面、系统的法律保障。由此，应确保执法标准的一致性，防止因执法标准不一而引发的矛盾和冲突，维护法律的公正性和权威性。

其次，系统性数字经济立法体系要坚持灵活适应。鉴于数字经济的快速发展和变革特性，法律法规必须保持足够的灵活和适应力，以便能

---

① See W. Richard Scott, *Institutions and Organizations: Ideas, Interests, and Identities*, SAGE Publications, 1995, p. 241; Walter W. Powell & Paul J. DiMaggio eds., *The New Institutionalism in Organizational Analysis*, University of Chicago, 1991, p. 56.

够及时响应新技术、新业态和新模式带来的挑战。灵活性主要体现在立法过程中能够迅速调整和完善法律法规，以适应数字经济发展的需要。由于数字经济涉及领域广泛、技术更新迅速，传统的刚性立法模式往往难以跟上其步伐。因此，相关立法需要采取更加开放和动态的方式，以便在必要时能够及时调整法律内容，适应数字经济发展的新情况和新需求。适应性则强调法律法规在应对数字经济发展中的问题时，能够保持其有效性和针对性。由于数字经济具有跨界融合、创新驱动、数据驱动等特点，传统的法律框架和规则往往难以完全适应其需求。因此，相关立法需要能够深入了解数字经济的运行机制和特点，制定符合其发展规律的法律法规。同时，还需要密切关注数字经济发展中出现的新问题和新挑战，及时通过立法予以规范和解决。建立动态调整机制，通过定期评估、修订法律法规，确保其能够跟上数字经济发展的步伐。同时，建立快速反应机制，对突发事件或新业态进行及时规范和引导。提升立法技术和水平，运用大数据、人工智能等现代技术手段，提升立法效率和质量。

最后，数字经济立法中需要体现建构中国自主知识体系，并引领国际规则制定。数字经济作为当前和未来经济发展的重要方向，涉及众多前沿技术和创新领域，尤其应当建构中国自主知识体系，以进一步提升国家竞争力和影响力。建构中国自主知识体系的数字经济立法可以应用结构性、统合性和规范性的第五科学范式，[①] 促进研发数字经济领域核心技术和形成关键标准，推动自主研发和创新。数字经济具有全球性和跨界性的特点，需要各国共同合作、协商制定相应的国际数字经济规则。中国作为数字经济大国，应当通过前沿和关键领域的数字经济立法为国际社会提供中国方案和中国经验，并积极参与国际规则制定，加强与国

---

① 参见杨东、高一乘：《建构中国自主知识体系：数字法学范式》，载《法学杂志》2023 年第 2 期。

际社会的合作和交流，共同研究数字经济领域的问题和挑战，率先推动形成公平、合理和有效的数字经济国际规则体系。

为了加强立法工作，推动形成系统完备、科学规范、运行有效的法律体系，更好发挥立法的引领和推动作用，根据《宪法》和有关法律的规定，十四届全国人大常委会制定了新的立法规划。该规划明确了未来一段时期内全国人大常委会在立法工作方面的总体思路、重点任务和目标要求，对于加强和改进立法工作，提高立法质量和效率，推进全面依法治国具有重要意义。本次立法规划明确规范制定数字经济促进法，对于数字经济有重要意义，是继续完善多层次系统性数字经济立法体系的核心关键和生动实践（见表12－1）。

表12－1　数字经济立法体系

系统层次	主要内容
多元化数字经济立法体系	有必要制定融合促进与监管、兼顾风险与效率的法律新体系；探索制定数字经济促进法；构建“综合法（基本法）+部门法”—“中央总括+地方试点”的双维多元数字经济立法体系
建立健全数据基础制度	加快数据产权制度建设，构建柔性产权制度体系；健全数据流通交易制度，全面细化数据流通交易规则体系与监管框架；加强数据要素收益分配规范供给
推动数字技术立法	加快对人工智能、区块链等专项立法规制，重视技术快速迭代的发展特征，以多元共治作为核心治理方式，强调多方参与与行业自律；要求数字技术专门立法中体现科技伦理条款
增强立法科技维度与及时性	提出扎根中国大地的原创性数字经济治理理论；建立全方位、多层次、立体化监管体系，实现事前、事中、事后全链条全领域监管，构建与当前市场经济的频繁创新与演进的相适应的监管工具、监管方式以及监管路径

续表

系统层次	主要内容
完善主体分级分类与责任	建议针对不同主体的风险特征差异及贡献价值，设置差异化的政策管理；完善数字平台主体责任，平台的法律地位亟待公法规范予以重新确认；加强对具有公共性质的元平台的治理立法，确立开放平台原则
积极参与数字经济国际规则制定	我国必须在多项涉及技术、服务、内容提供、风险等领域的规则谈判中坚持发展中成员国身份，对于国际竞争与合作保持开放与警惕并存的心态；积极参与数据跨境流动、数字贸易规则等相关国际规则制定工作